国家社科基金
后期资助项目

枣庄徐楼青铜器科技研究

Scientific Research on the Bronze Artifacts in Zaozhuang Xulou

胡 钢／著

上海古籍出版社

2018年度国家社科基金后期资助项目（18FKG001）

国家社科基金后期资助项目
出版说明

后期资助项目是国家社科基金设立的一类重要项目,旨在鼓励广大社科研究者潜心治学,支持基础研究多出优秀成果。它是经过严格评审,从接近完成的科研成果中遴选立项的。为扩大后期资助项目的影响,更好地推动学术发展,促进成果转化,全国哲学社会科学工作办公室按照"统一设计、统一标识、统一版式、形成系列"的总体要求,组织出版国家社科基金后期资助项目成果。

全国哲学社会科学工作办公室

目 录

第1章 枣庄徐楼青铜器基本情况 ·············1
　一、发掘背景 ·············1
　二、青铜器基本信息 ·············2
　三、文物价值评估 ·············8

第2章 枣庄徐楼青铜器工艺特征 ·············15
　一、型腔控制 ·············15
　二、鼎：范铸特征 ·············26
　三、簠：芯撑分布规律 ·············38
　四、铺：分铸与披缝 ·············43
　五、罍：铸接工艺 ·············47
　六、红铜纹饰青铜器工艺特征 ·············50

第3章 枣庄徐楼青铜器红铜纹饰铸镶工艺 ·············69
　一、红铜纹饰特征与分类 ·············69
　二、透镶红铜纹饰工艺特征与制作逻辑 ·············77
　三、红铜透镶铸镶盘匜制作工艺比较 ·············82
　四、青铜敦半透镶铸镶红铜纹饰工艺 ·············93
　五、青铜舟（M2：21）红铜铸镶工艺探讨 ·············96
　六、青铜舟（M2：21）红铜纹饰固定方式CT分析 ·············105

第4章 枣庄徐楼青铜器材质与腐蚀行为 ·············116
　一、材质分析 ·············116
　二、几种腐蚀特征 ·············127
　三、红铜铸镶青铜器腐蚀行为 ·············134
　四、红铜铸镶青铜舟（M2：21）腐蚀解析 ·············160

五、补铸对青铜器腐蚀的影响 ································· 175

第5章　其他研究 ································· 189
　　一、不知名器（M1∶4） ································· 189
　　二、舟（M1∶11）锻制、錾刻工艺与腐蚀 ································· 195
　　三、铸镶法与嵌镶法工艺比较 ································· 203
　　四、青铜器红铜镶嵌工艺起源与发展 ································· 211
　　五、红铜纹饰青铜器保护修复的几点思考 ································· 218
　　六、提梁罐与车盖的工艺分析与保护建议 ································· 225

结语 ································· 234

参考文献 ································· 236

图表索引 ································· 242

彩版 ································· 249

第1章 枣庄徐楼青铜器基本情况

一、发 掘 背 景

徐楼青铜器出土于山东省枣庄市峄城区徐楼村,其地理位置为北纬34°34′～34°51′,东经117°22′～117°50′。东边紧邻临沂市苍山县,南边为台儿区,西边为薛城区。

峄城区原为峄县治所。该地区历史悠久。据田野考古调查和发掘资料显示,新石器时代人类就在此定居生活,此地曾经发现许多聚落遗址,如红土埠新石器时代大汶口文化遗址、二疏城龙山文化遗址等。夏为鄫国地。商为鄫、偪阳国地。西周时又分为鄫、偪阳以及小邾国。春秋战国时期曾分属齐、楚。秦行郡县制,分属薛郡、郯郡。西汉时分别属东海郡和楚国。东汉、魏属东海郡和彭城国。晋、南北朝属兰陵郡。隋置鄫州及兰陵县。唐又改兰陵为承县。宋以承县属沂州。金置峄州领兰陵县。元代因之。明洪武二年降州为县,峄县之名始出,属济宁府,又改属兖州府。清因明制。民国初,属鲁西区,日伪时期属鲁西道。1939年建立了峄县抗日民主政府,隶属于鲁南行署二专署。中华人民共和国成立后,属台枣专署,后改属滕县专署,又属济宁专署。1962年改名为峄城区至今。

2009年5月3日,枣庄市文物部门接到群众电话,枣庄市峄城区徐楼新村西一房地产开发公司,在施工中发现了古墓葬,接到电话时已经有部分文物流失。枣庄市文物部门迅速组织专业技术人员赶赴施工现场展开调查。两座墓葬是开挖路基时发现的,其中,北面的一座(编号为M1)已被破坏,文物已有部分流失;南面的一座(编号为M2)已露出填土。为防止墓葬继续遭受破坏,现场工作人员立即上报上级业务主管部门,获准后,组织枣庄市文物管理委员会办公室、枣庄市博物馆、峄城区文广新局一起,于5月4日至8日,对墓葬进行了抢救性发掘。

墓地位于峄城区坛山街道办事处徐楼新村西约1000米,东距206国道约1000米，一条小路从墓地北部穿过。西邻锅其山，地势西高东低；北为人工湖和已建好的成排住宅楼。

两座墓葬形制一致、规模大小相同，墓室都为长方形竖穴土坑，未发现墓道。葬具为一棺一椁，南侧为器物箱，墓底四周有熟土二层台。随葬品主要放置在器物箱内，以铜器为主，器物类型包括礼器、乐器、车马器、兵器、工具和杂器，等等。这些器物中，礼器主要是实用器，形体较大，造型精巧，纹饰华丽，铸造精良。两座墓葬还出土了9件带有铭文的铜器，铭文内容为研究这两座墓葬的年代、国别和墓主身份提供了重要线索。从墓葬分布及结构分析，应属夫妻异穴合葬墓。这与长清仙人台邿国墓、北赵晋侯墓地、邯郸赵国墓地相同或相似。M1中无兵器，墓主似为女性；而M2中有剑、戈、矛、镞等兵器，墓主似为男性[1]。

铜礼器的基本组合是鼎3件、敦2件、簠4件、铺2件、盘1件、匜1件、舟1件；钟、镈原应各为1套，现仅存钟3件、镈1件及部分残片；车軎6件，应代表3辆车。陶器的基本组合有鬲、敦、铺、罍等。M1出土铜礼器，以鼎、敦、簠、铺、盘、匜、舟的组合形式呈现。M2随葬品以铜器、陶器为主。铜礼器有鼎3件、盘1件、匜1件、舟1件；兵器有剑、戈、矛、镞；工具有镰、斧、锛、凿、锯；车軎6件。陶器的基本组合为鬲、敦、铺、罍、罐等。两座墓随葬品中均有3件铜鼎，M1的3件鼎形制、纹样、铭文相同，大小略有差异；M2的3件鼎形制、纹样、铭文、大小各不相同。

M2的1件鼎（M2：24）铭文中有"□公"，以此判断，墓主应为"□"国国君，而M1的主人则是由宋国嫁予的夫人[2,3]。综合两座墓葬随葬品的形制以及铭文，且根据M1出土鼎铭指示器主为宋共公固，于公元前588—前576年在位，时值春秋中期之末，可以判断徐楼两座墓葬的年代为春秋中晚期[4,5]。

二、青铜器基本信息

枣庄市徐楼村两座墓葬出土的青铜器，共计193件。

M1出土青铜器92件。其中鼎3件、敦2件、盘1件、匜1件、舟1件、铺2件、簠4件、罍2件、盒2件、提梁罐1件、不知名器1件、钟3件、镈1件、軎6件（3对）、辖5件、衔4件、镳8件、节约4件、管络饰40件、帽1件。

M2出土青铜器101件。其中鼎3件、盘1件、匜1件、舟1件、勺1件、戈2件、剑3件、矛2件、镞36件、斧1件、锛3件、凿1件、锯1件、镰1件、軎6

件、辖6件、衔6件、镳12件、杖首1件、车盖1件、合页3件、镦3件、"Y"形器1件、锁1件、帽1件、盖弓帽3件等[1]。

这批青铜器纹饰精美、制作工艺精湛，且9件带有铭文，具有很高的文物价值。由于年代久远，器物腐蚀较为严重，且因墓葬遭到破坏，许多器物残缺较甚。这批青铜器的基本信息如表1-1中所示[5]。可以看出，这些随葬青铜器极为珍贵，具有很高的价值。

表1-1 文物基本信息表

序号	器物名称	编号	尺寸（厘米）	重量（g）	数量（件）	病害程度综合评估
1	盒	M1：1	口径4.4、上层腹径7.6、下层腹径8.6、底径6.4、圈足径6.6、通高6.8	260	1	锈蚀较严重
2	盒	M1：2	口径4、上层腹径7.2、下层腹径8.6、底径6、圈足径6.4、通高6.6	270	1	锈蚀较严重
3	提梁罐	M1：3	口径5.2、腹径7.4、底径4.8、通高7.5、提梁高20	320	1	锈蚀较严重
4	不知名器	M1：4	最大径12.8、底径5.8、通高12.8	770	1	锈蚀
5	盘	M1：5	口径44、腹径43.2、腹深7.2、通高12.8	4640	1	严重锈蚀严重残缺
6	敦	M1：6	口径25.6、腹径25.6、底径13.8、通高14.6	2650	1	严重锈蚀严重残缺
7	簠	M1：7	口长29.2、宽22.8、底长15.6、宽10.8、足长22.6、宽17.8、通高21.4	2220	1	严重锈蚀严重残缺
8	帽	M1：8	粗端直径0.9、长8.6	10	1	严重锈蚀
9	鼎	M1：9	口径32.8、腹径34.8、腹深12.4、通高26	6150	1	严重锈蚀严重残缺
10	铺	M1：10	口径24、盘深4.4、底径22.4、足径17.8、通高24.6	3310	1	严重锈蚀严重残缺
11	舟	M1：11	口长16.8、宽14.8、腹深6.8、高6.6	190	1	严重锈蚀严重残缺

续表

序号	器物名称	编号	尺寸（厘米）	重量（g）	数量（件）	病害程度综合评估
12	簠	M1：12	口长29.2、宽22.8、底长15.6、宽10.8、足长22.6、宽17.8、通高21.4	3290	1	严重锈蚀严重残缺
13	軎	M1：13	直径4.4~8、辖孔长1.8、宽1、通长7.8	350	4	严重锈蚀
14	辖	M1：14	兽首长2.8、宽2.4、体长6~6.8、宽1.8、厚0.6~0.8	390	5	锈蚀
15	节约	M1：15	长、宽均为2.4、孔径1.1	40	4	锈蚀残缺
16	軎	M1：16	直径5.2~8.8、辖孔长2.5、宽1.2、通长4.4	505	2	锈蚀残缺
17	衔	M1：17	一节长14.8、另一节长13.4、通长26	600	4	锈蚀残缺
18	镳	M1：18	通长19	360	8	锈蚀残缺
19	罍	M1：19	口径28、领高4.4、腹径38.2、底径22、通高38	7670	1	严重锈蚀严重残缺
20	罍	M1：20	口径21、领高4.2、腹径38、底径21.8、通高33.6	5260	1	严重锈蚀严重残缺
21	簠	M1：21	口长29.2、宽22.8、底长16、宽10.8、通高21.4	4430	1	严重锈蚀严重残缺
22	簠	M1：22	口长29.2、宽22.8、足底长16、宽10.8、通高21.4	4120	1	严重锈蚀严重残缺
23	铺	M1：24	口径24、盘深4.4、底径22.4、足径17.8、通高24.6	3470	1	严重锈蚀严重残缺
24	鼎	M1：26	口径32、腹深23、通高26	9360	1	严重锈蚀严重残缺
25	匜	M1：38	口长33.4、宽19.2、腹深6.8、通高11.8	1360	1	严重锈蚀残缺
26	鼎	M1：39	口径32.8、腹深34.8、通高26	8730	1	严重锈蚀严重残缺

续 表

序号	器物名称	编号	尺寸（厘米）	重量（g）	数量（件）	病害程度综合评估
27	钟	M1：40	舞长7、于长10.4、通高13.2	670	1	锈蚀残缺
28	钟	M1：41	舞长9.8、于长12.6、通高19.6	940	1	锈蚀严重残缺
29	钟	M1：42	舞长11、于长13.4、通高21.6	1230	1	锈蚀严重残缺
30	镈	M1：43	严重残缺	490	1	锈蚀严重残缺
31	敦	M1：44	口径25、腹径13.8、底径13.8、通高14.6	2650	1	严重锈蚀严重残缺
32	管络饰	M1：45	端径0.7、腹径0.8、长0.7	30	40	锈蚀严重残缺
33	镦	M2：1	直径2.2、高9.6	80	1	严重锈蚀严重残缺
34	剑	M2：2	身宽3.4、脊厚1、通长26.4	230	1	严重锈蚀
35	剑	M2：3	身宽3.2、通长24.4	180	1	严重锈蚀
36	锁	M2：4	器长6.6、宽0.6～2.4、高5.4、锁键残长14.4	225	1	锈蚀
37	斧	M2：5	长12、刃宽10.4、銎口内长8.4、宽2.4、深9.6	490	1	严重锈蚀
38	锛	M2：6	长7.4、刃宽2.8、銎口长2.2、宽1.4、深3.8	45	1	锈蚀
39	合页	M2：7	长6.6、宽3.4、钮高2.4、直径2	90	1	严重锈蚀
40	合页	M2：8	长6.6、宽3.4、钮高2.4、直径2	90	1	严重锈蚀
41	合页	M2：9	长6.6、宽3.4、钮高2.4、直径2	90	1	严重锈蚀残缺
42	镞	M2：10	Ⅰ式：身宽2.4、通长18；Ⅱ式：翼宽4.8、通长17.3	240	29	锈蚀严重残缺

续 表

序号	器物名称	编 号	尺寸（厘米）	重量（g）	数量（件）	病害程度综合评估
43	矛	M2：11	叶宽2.4、骸口长2.6、宽1.4、通长11	60	1	锈蚀
44	车盖	M2：14	盖斗直径7.6、柄径3、口径3.2、通高8.6	280	1	严重锈蚀
45	镞	M2：18	通长16.8	90	7	锈蚀严重残缺
46	镳	M2：19	通长23	310	2	锈蚀
47	匜	M2：20	通长26.4、宽14、腹深5.8、通高10.6	880	1	严重锈蚀
48	舟	M2：21	口长18.6、宽13.8、腹深7、通高9.6	1030	1	严重锈蚀严重残缺
49	盘	M2：22	口径37.7、腹径36.4、腹深6、通高9.6	3710	1	严重锈蚀残缺
50	杖首	M2：23	长16、柄径2.4、通高8.4	235	1	锈蚀
51	鼎	M2：24	口径21、腹径21.2、腹深8.7、通高17.6	1550	1	严重锈蚀
52	鼎	M2：25	口径23.8、腹径23.2、腹深10.2、通高20.7	2660	1	严重锈蚀
53	鼎	M2：26	口径22.4、腹径25.6、腹深15.4、通高28	4870	1	锈蚀严重残缺
54	辖	M2：30	兽首长2.8、宽2.6、厚1.8，体宽2、厚0.8、通长8.6	120	1	严重锈蚀
55	軎	M2：31	直径5.4～8、辖孔长2、宽1,通长5	275	1	锈蚀
56	軎	M2：32	直径5.4～8、辖孔长2、宽1,通长5	210	1	锈蚀残缺
57	軎	M2：33	直径5.4～8.4、辖孔长2.6、宽0.8～1、通长6.4	400	1	锈蚀
58	軎	M2：34	直径5.4～8.4、辖孔长2.6、宽0.8～1、通长6.4	345	1	锈蚀

续 表

序号	器物名称	编 号	尺寸（厘米）	重量（g）	数量（件）	病害程度综合评估
59	害	M2：35	直径4.4～8，辖孔长2.4、宽1、通长7.8	275	1	锈蚀
60	害	M2：36	直径4.4～8，辖孔长2.4、宽1、通长7.8	245	1	锈蚀
61	镦	M2：40	直径2.2～2.6、高6	35	1	轻度锈蚀
62	镰	M2：45	柄残长7.6、直径1.8～2.2、刃残长8	90	1	锈蚀残缺
63	剑	M2：50	身最宽处3.8、脊厚1、通长36.4	340	1	严重锈蚀
64	凿	M2：51	长13.4、刃宽1.4、銎口长2.4、宽1.8、深6.2	125	1	锈蚀
65	锯	M2：52	长21.2、宽5.4、厚0.2	40	1	严重锈蚀严重残缺
66	辖	M2：55	兽首长2.6、宽2.4、厚1.8、体宽1.8～2.4、厚0.8	125	1	锈蚀
67	辖	M2：60	兽首长2.6、宽2.4、厚1.8、体宽1.8～2.4、厚0.8	95	1	锈蚀
68	戈	M2：61	援宽3.8、通长29	335	1	锈蚀
69	矛	M2：62	叶宽2.2、骹口直径1.6、通长10.8	35	1	锈蚀
70	勺	M2：63	斗长12、宽9.6、柄口直径2、深4	950	1	严重锈蚀严重残缺
71	镞	M2：64	通长19.6	430	12	锈蚀严重残缺
72	衔	M2：65	通长23	1140	4	锈蚀残缺
73	辖	M2：67	兽首长2.8、宽2.6、厚1.8、体宽2、厚0.8、通长8.6	125	1	锈蚀
74	辖	M2：71	兽首长2.8、宽2.4、厚1.8、体宽1.8～2、厚0.6～0.8	95	1	锈蚀

续表

序号	器物名称	编号	尺寸（厘米）	重量（g）	数量（件）	病害程度综合评估
75	锛	M2：83	长10.6、刃宽3.8、銎口长3.4、宽1.4、深5.8	120	1	锈蚀严重残缺
76	锛	M2：84	长12.8、銎口长4.4、宽2.6、深7.8	310	1	锈蚀残缺
77	"Y"形器	M2：85	上口长9.2、柄径2～2.3、通高13.5	165	1	锈蚀残缺
78	镦	M2：86	长3.2、宽2.6、高5	50	1	锈蚀
79	戈	M2：90	残长21.7、援宽3.6	250	1	锈蚀严重残缺
80	盖弓帽	M2：91	首最大直径3、通高13.4、首上端边长0.6、下直径2.8、残高13	50	3	严重锈蚀残缺
81	辖	M2：92	兽首长2.8、宽2.4、厚1.8、体宽1.8～2、厚0.6～0.8	120	1	严重锈蚀
82	帽	M2：93	首径0.8～1.2、身径0.8、口径1.1、高3.9	10	1	锈蚀残缺
合计					193	

三、文物价值评估

枣庄市徐楼村出土的这批青铜器制作精美、工艺精湛，堪称当时青铜制作技术的代表，具有极高的文物价值。其中9件带铭文（有的盖器对铭），为墓葬年代、国别和身份提供了重要线索；7件镶嵌红铜，图案有龙、虎、鸟和菱形纹等，这在枣庄地区尚属首次发现。此外，还有乐器、车马器和工具等。这些青铜器不仅是研究东周时期青铜器制造工艺的重要的实物资料，也为研究东周礼乐制度，以及该地区政治、经济、文化提供了重要的文物资料。由此可见，这批青铜文物具有极高的历史价值、艺术价值和科学价值。

就青铜器铭文而言，一方面，铭文内容具有丰富的史料价值，是文字学和训诂学的珍贵资料；另一方面，铭文书法是中国书法艺术的源头之一，是中国古代书法艺术的杰出代表，对书法艺术的研究具有重要意义[6]。

图1-1至图1-3分别为鼎（M2：24）的整体面貌、内壁铭文照片及拓片。

图 1-1　鼎（M2∶24）　　　　图 1-2　鼎（M2∶24）内壁铭文

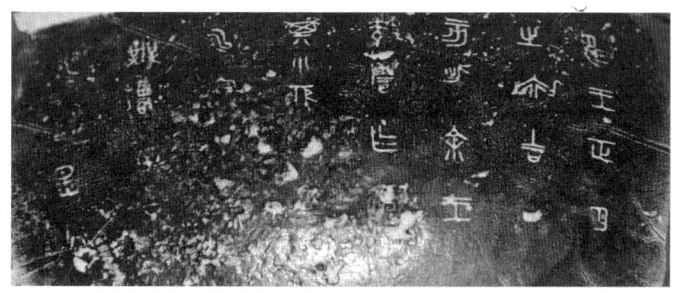

图 1-3　鼎（M2∶24）内壁铭文拓片

鼎（M2∶24）器壁内铸有铭文，共8列33字，重文2字，自上而下，从右至左为[5]：

唯王正月
之初吉丁
亥此余王
□君作铸
其小鼎□□
永宝子孙
无疆子子孙孙
永宝是尚

图1-4为鼎（M1∶39）内壁铭文照片及其拓片，共5列28字，重文2字，自上而下，从右至左为[5]：

有殷天乙唐（汤）
孙宋公䜌（固）作
滆（濘）叔子馈鼎
其眉寿万年
子子孙孙永保用之[□]

图1-4　鼎(M1∶39)内壁铭文及其拓片

图1-5为戈(M2∶61)铭文照片及其拓片,铭文的内容是"鄟子妆之用"[5]。

图1-5　戈(M2∶61)铭文及其拓片

M1的铺(M1∶24)(参见图1-6),器盖对铭,为:"有殷天乙唐(汤)孙宋公䛑(貈)作澲(濫)叔子馈鼎其眉寿万年子子孙孙永保用之。"[5]

图1-6　铺(M1∶24)器盖对铭

"有殷天乙唐(汤)孙",因宋国开国君主微子启是商王帝乙的大儿子,所以铜器铭文自称是商汤的子孙。宋公"圝",此字从"囗",内从"貊"。"圝"字在金文中多见,前人有种种释读,杨树达先生作《毛公鼎跋》,分析"圝"字从"貊"声,而"貊"通"貉",故"圝"当读为"㝬",即"恪"字[3,4]。

这一见解已被学界多数人接受。"圝"与"固""瑕"相通,"固"古音见母鱼部,"瑕"匣母鱼部,"貊"匣母铎部,证明杨树达先生的释读是正确的。"圝"是宋平公的上一代共公,《左传》记他名固,《史记·宋世家》则说名瑕,于公元前588—前576年在位,时值春秋中期之末[4]。可见这些铭文不仅是古文字研究对象,而且有着十分重要的史料价值,对历史研究意义重大。

另外,许多青铜器上饰有精美纹饰,有云雷纹,蟠螭纹、交龙纹、漩涡纹、菱形纹、夔龙纹,等等;其中7件装饰有红铜镶嵌的纹饰。这些纹饰构思巧妙、风格多样、丰富绚丽,展示了当时的审美情趣,具有极高的艺术欣赏价值。其中红铜镶嵌工艺还具有重要的研究价值。举例如下。

敦(M1∶44)顶喇叭形捉手上饰镶嵌红铜齿状纹,内底饰齿状纹和火纹,周围各饰一周镶嵌红铜齿状纹和瑞兽纹;器腹上部饰一周镶嵌红铜瑞兽纹,下饰两周镶嵌红铜齿状纹(图1-7)。

图1-7 敦(M1∶44)镶嵌红铜纹饰

镈(M1∶43)舞部饰雷纹,篆、鼓部饰蟠螭纹,钲部残存"用乐囗"三字铭文,铣部残存"泻(瀉)夫人永"四字铭文[5],如图1-8中所示。

鼎(M2∶26)盖面外饰一周波曲纹,内饰一周夔龙纹,中心钮两端饰兽面纹,耳外侧饰夔龙纹,腹部饰夔龙纹带,下饰三角形纹带,如图1-9所示。

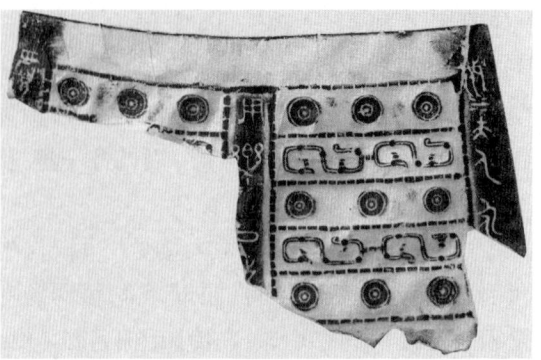

图1-8 镈(M1∶43)的纹饰及其拓片

图1-9 鼎(M2∶26)表面的纹饰　　图1-10 杖首(M2∶23)表面的纹饰

杖首(M2∶23)为兽形首,柄下部有一周凸棱,上饰绹纹,极为精美(图1-10)。

就铸造工艺而言,这些青铜器器型优美、结构精致、选料考究,有的还经过了热处理等工艺,具有很高的科学研究价值。

锁(M2∶4),由连接在一起的5个圆管与2个穿插于左右两侧管中的锁键组成。锁具正中为一四通镂孔竖圆管于上下相连,两侧圆管各饰一龙,并相交于中部镂孔竖圆管上;中部上下两管两面为镂孔兽面纹,左右各有一弯曲小龙;环首圆轴形锁键贯穿于两侧圆管中(图1-11)。结构如此复杂而制作精美的青铜锁罕见,可见当时具有很高的制作工艺。

提梁罐(M1∶3),制作工艺同样复杂精湛(图1-12),颇具研究价值。

图1-11 锁(M2∶4)

图1-12 提梁罐（M1∶3）

舟（M1∶11），口长16.8、宽14.6、腹深6.6、通高8.4厘米。残缺严重，舟沿下折与子口相扣，器身椭圆形，口微侈，尖圆唇，浅腹，上腹近直，下腹缓收，平底，腹部两长边各铆一兽首形环耳。腹壁内近底部及底面周围饰精美的交龙纹，中间有一长方形框，两端各饰一蟾蜍纹[5]（图1-13）。尤其值得关注的是，该舟器壁很薄，为锻制而成，做工精细。这件器物是研究当时青铜器热加工工艺极为珍贵的实物资料。

图1-13 舟（M1∶11） 　　图1-14 匜（M1∶38）红铜镶嵌的菱形纹

匜（M1∶38），腹及底镶嵌红铜菱形纹（图1-14）。

红铜镶嵌工艺虽然在周代的许多青铜器上已有发现，但在山东枣庄地区还是首次见到。本次发掘出土的青铜器中，有7件器物镶嵌有红铜，如前文讨论的敦（M1∶44）、匜（M1∶38）上的红铜纹饰，图案有龙、虎、鸟和菱形纹等，其精湛技艺令人赞叹。

枣庄市徐楼村出土的这批青铜器中，包括礼器，如鼎、敦、簠、罍、铺、匜等；青铜工具和农具，如锯、锛、斧、镰等；兵器，如戈、矛、镞、剑；等等。它们共同组成了枣庄地区东周时期文化研究的系列物证。

总之,枣庄市徐楼村出土的这批青铜器具有非常重要的科学、历史和艺术价值。

---

[1] 尹秀娇,石敬东,苏昭秀,郝建华,刘爱民.山东枣庄徐楼东周墓发掘简报[J].文物,2014(01):4-27+1.

[2] 李学勤.枣庄徐楼村宋公鼎与费国[J].史学月刊,2012(1):128-129.

[3] 杨树达.积微居金文说[M].北京:中华书局,1977:13-14.

[4] 石敬东,尹秀娇,杨晶.枣庄徐楼墓葬及相关问题[A].海岱考古(第七辑)[M].北京:科学出版社,2014:405-410.

[5] 枣庄市博物馆,枣庄市文物管理委员会办公室,峄城区文广新局.枣庄市峄城徐楼东周墓葬发掘报告[A].海岱考古(第七辑)[M].北京:科学出版社,2014:59-127.

[6] 王丽华.徐楼青铜器图形文字信息的保护研究[J].文物修复与研究,2016:198-202.

第2章 枣庄徐楼青铜器工艺特征

中国古代青铜制作技术,在中国悠久的历史中留下了浓墨重彩的一笔,也是中国文化遗产的重要组成。在历史长河中,不同地域在不同历史时期发展出了自己独特的青铜工艺。对青铜器进行深入研究,有助于了解中华民族的悠久历史和文化底蕴。徐楼村出土的青铜器,对了解鲁南地区东周时期的青铜制作技术,具有重要的意义。

科学的文物保护工作,在注重修复工作之外,也要对文物本体所蕴含的铸造工艺等信息和文物的历史文化价值进行发掘和研究。在青铜文物保护工作中,深入了解青铜铸造工艺,也是科学进行青铜文物保护工作的起点和依据。

徐楼村两座墓葬共出土193件青铜器。在这批青铜器中,有9件带铭文,7件为红铜纹饰青铜器[1],不仅纹饰精美,而且制作工艺精湛,是鲁南地区春秋中晚期青铜工艺的杰出代表。这批青铜器研究价值极高。针对这批青铜器,本章选择代表性器物,分别对型腔控制、芯撑控制、分铸与披缝的观察、铸接特征,以及徐楼青铜器最具代表性的红铜镶嵌工艺进行了分析解读,来探讨这批青铜器的制作工艺特征和铸造艺术。

一、型 腔 控 制

1. 型腔控制

中国古代青铜器铸造应用最广泛的一种方法是块范法。所谓块范法,是通过范、芯的有效组装来实现对型腔的控制,即实现对青铜器造型的控制。型腔的厚度决定了青铜器的器壁厚度,也决定了器物的尺寸和稳定性。型腔控制是青铜器制作的决定性环节之一。

以铸造青铜容器为例,一般先设计出器物的模型,即作模或制作母范。再将泥土敷在模型外,然后脱出用来形成铸件外廓的铸型组成部分,即外范。外范往往需要通过合理设计并分割成数块，以便从模上脱下。同时，用泥土制一个体积与容器内腔相当的范，即为芯，或者称为心型、内范。然后使芯和外范精确地套合，芯和外范中间需留有尺寸准确的空隙，即铸造型腔。芯和外范的间隔就是所铸器物的壁厚。浇铸时将熔化的青铜水注入空隙内，待青铜水冷却后，分离外范和必须剥离的芯，即可获得青铜容器[2]。从以上器物制作过程可以看到，型腔控制是保证铸造青铜器尺寸稳定的重要环节，合理设计型腔尺寸是确保铸造成功的关键。

在以往的研究中，学者们对块范设计及分割技巧的相关研究较多，对型腔控制多关注垫片的使用情况。在对徐楼村出土的青铜器的研究中发现，不同形式的青铜器，其型腔控制运用了多种技法，既保障了铸造型腔的稳定，同时也保证了青铜器纹饰和铭文的设计装饰效果，彰显了古代青铜器制作工艺的精湛和艺术的高超。

2. 芯撑控制

为了确保青铜器铸造型腔稳定，在铸型中使用一定数量的耐高温小块材料，合理固定在外范与芯之间，从而保证器物壁厚，同时能形成浇铸型腔，让流动的青铜水在型腔内凝固成器物，即型腔的芯撑控制。这些小块材料，一般包括金属芯撑和自带的泥芯撑两类。金属芯撑，也称"垫片"，铸成器物后，有的在器物表面可以看到，有的可能被打磨或被锈蚀产物覆盖而不能直接观察到，但通过X射线透视成像可以观察到[3]。而泥芯撑一般是指在泥芯上突起的小块，铸后可能在器物上留下小孔，或烧结后留在器物上，也可以直接被观察到。

（1）金属芯撑（垫片）

金属芯撑也被称作垫片。这是古代控制青铜铸造型腔最常用的方法。在利用范铸法铸造青铜器时，在范、芯之间设置金属小片，用以支撑、固定范与芯之间的型腔。垫片一般也为青铜材质，既有专门制作的、形状规整的，也有利用废铜渣制成的、形状不规则的。在泥芯与范之间夹入垫片，防止泥芯在铜水的冲击下偏移，从而保障了铸造器物稳定成型。徐楼出土的青铜器，使用的型腔控制方法大部分是金属芯撑法。

① 不知名器（M1∶4）

徐楼出土青铜不知名器（M1∶4），是徐楼青铜器中最具代表性的，如图2-1中所示。该器物造型独特、纹饰精美、工艺精湛，又因表面生成了良好的黑漆古而保存较好，一出土就受到了学界极大的关注。但因其功能还没有得到学界统一认识，一直被称为不知名器。我们在对其功能进行系统研究后,认为这是一件具有汲酒功能的量酒器[4]。

通过俯视X光片可以看到部分金属芯撑,如图2-2中圆圈所示。X光片显示,器物上金属芯撑对称分布,同时还可以发现在X光片中,其灰度与器身灰度接近,说明芯撑材质与器身材质相同。图2-3中可以直接观察到的金属芯撑状态,也表明这些芯撑材质与器身一致。可见,这件不知名器在铸造时,为保证器物的精美,不仅考虑到了器物外形设计,还使用了与器身相同材质的芯撑来控制铸造型腔。

图2-1 不知名器(M1∶4)

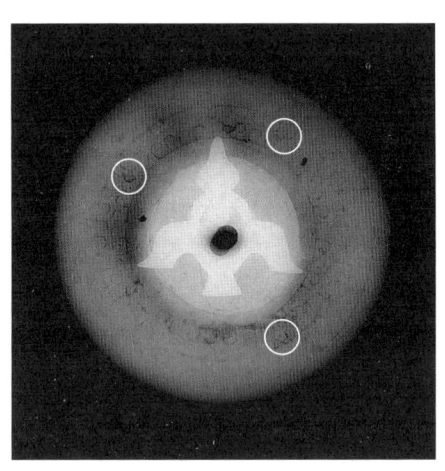
图2-2 不知名器(M1∶4)俯视X光片[①]

图2-3 不知名器(M1∶4)器身的金属芯撑

② 鼎(M1∶39)

徐楼M1出土的三件鼎尺寸相同,均为有铭文的带盖青铜鼎,且器盖

---

① 该X光片是器物立体影像在二维平面的重影叠加。

对铭，研究价值非常高。鼎（M1∶39）口径32.8、通高26厘米，体型较大。鼎底部清晰可见凸起的三角形底范范线，鼎身从口沿至足跟分别有一条清晰范线，足底部未发现范线和打磨痕迹，说明鼎足与鼎身一次铸成，使用了典型的块范铸造技术。鼎盖中心环钮外部可见范线，无铸接痕迹，鼎盖也为浇铸而成。以鼎（M1∶39）为例，考察铸造型腔控制，其保护修复前后的状态如图2-4所示。X光片清晰表明，这件鼎就是通过金属芯撑控制型腔的。

图2-4　鼎（M1∶39）保护修复前后

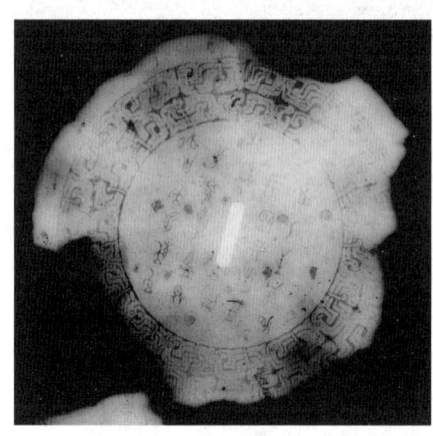

图2-5　鼎（M1∶39）器盖X光片

由于鼎盖锈蚀矿化比较严重，从器物上仅可看到部分垫片，但图2-5的X光片清晰显示，鼎（M1∶39）盖使用了大量垫片作为铸造型腔控制材料，垫片主要在环钮两侧成轴对称分布。根据直接观察，这些垫片为铜质，在X光片上多呈现暗吸收区域，边界明显，腐蚀程度较基体更严重。因鼎盖有大量铭文和纹饰，垫片的布局分布也进行了严格设计控制，X光片显示，它们有意识地避开了铭文和纹饰单元。

从图2-6鼎身的X光片可以看到，鼎身也使用铜质芯撑来控制铸造型腔，一方面因为鼎身器壁较厚，且保存状态好于鼎盖，X光片下垫片影像灰度与鼎身灰度差异不是很明显，垫片在X光片中显现的颜色情况与基体部分大致相同，只有通过仔细观察才能分辨垫片的界线。就可以观察到的垫片分布而言，在型腔中的布局分布也较为规则，如图2-6中的圆圈所示。

③ 簠(M1:7)

徐楼 M1 出土了形制、大小相同的4件青铜簠,簠口长29.2、宽22.8、通高21.4厘米,如图2-7保护修复前后的照片所示。簠的盖顶、下腹部饰交体龙纹,上腹部饰三角形纹,足饰蟠螭纹。虽然这些纹饰细致紧密,也使用金属芯撑对型腔进行了控制,但在铸造型腔控制时,通过芯撑与纹饰合

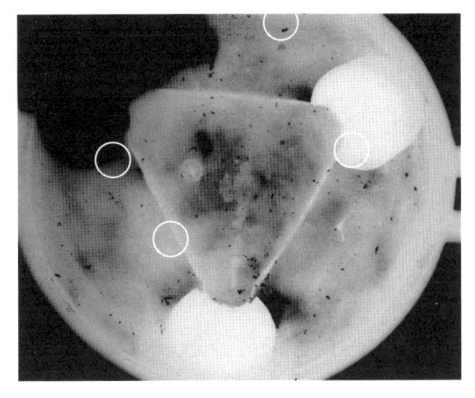

图2-6 鼎(M1:39)器身X光片

理布局,既保障了型腔的稳定,也实现了纹饰的设计效果,颇具代表性。以簠(M1:7)为例说明如下。

图2-7 簠(M1:7)保护修复前后

簠(M1:7)下腹部龙纹处芯撑的使用设计,从图2-8中簠(M1:7)腹部残片及对应X光片中可以观察到。因有一定程度的腐蚀,该残片表面

图2-8 簠(M1:7)腹部残片及对应的X光片

呈现黄褐色。在保护处理中，将浮土清洗完毕，发现芯撑腐蚀较青铜器身腐蚀更为严重，据此可比较清晰地判断8枚芯撑的位置与分布。在X光片下，对应8枚芯撑的位置呈现出较基体材料更暗的吸收区域，同时观察芯撑与交体龙纹的位置关系，可以看到芯撑均设置在纹饰间隙中，这样既能控制型腔的浇铸，又不会破坏纹饰的完整性。

（2）泥芯撑

泥芯撑应用于青铜铸造中范与芯的定位，从而有效控制型腔尺寸。泥芯撑的使用也非常普遍。泥芯撑往往被设计为泥芯上凸起的小块，铸造后可在器物上留下小孔。一般不需要剥离泥芯的部位（如器物的圈足部位）[2]，以及泥芯容易清除的器物，可能使用泥芯撑控制型腔。

徐楼青铜器中，大部分带足的器物采用了分铸法制作，蹄形矮足的几件器物，其足部均可观察到泥芯撑的使用痕迹。如图2-9、图2-10中罍（M1：19）的足部及足底部均使用了泥芯撑。盘（M1：5）的足部也使用泥芯撑来控制型腔，如图2-11中所示。

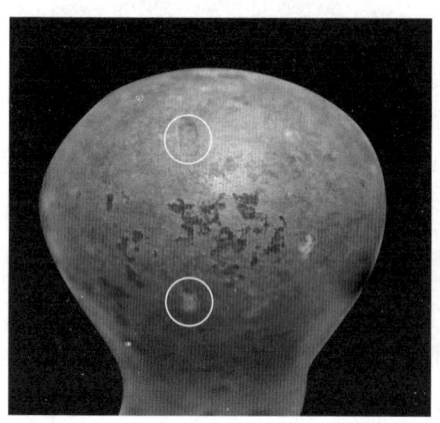

图2-9　罍（M1：19）足部泥芯撑

图2-10　罍（M1：19）足底部泥芯撑

图2-11　盘（M1：5）足部泥芯撑

另外，徐楼出土的几件青铜钟也都是采用泥芯撑控制型腔的方式制作的。为在泥芯和陶范间留好器物浇铸需要的尺寸空间，确保青铜钟器壁所需厚度，在铸造泥芯上设计凸起小块，即泥芯撑，以实现青铜钟铸造的型腔控制。铸造完成后，青铜钟内部往往可以观察到许多呈长方形凹槽型的泥芯撑痕迹，有的呈现出如图2-12中的镂孔。

3. 红铜纹饰替代芯撑

徐楼出土的青铜器中，有7件红铜纹饰青铜器，不仅纹饰精美，其独特制作工艺更体现了东周时期青铜铸造技术的最高水平[5]。尤其是利用红铜纹饰替代芯撑，在合理利用红铜与青铜熔点差异的基础上，保证了

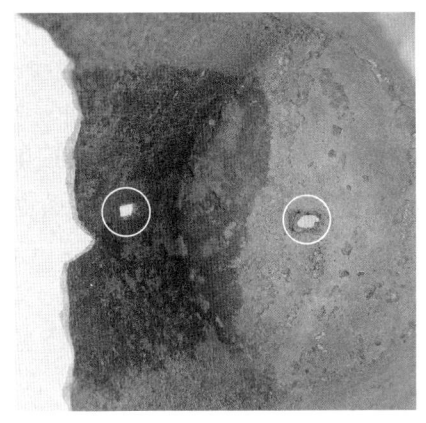

图2-12 钟（M1∶41）泥芯撑镂孔

红铜纹饰与青铜基体的有效结合，满足了铸造型腔控制要求，彰显了铸造艺术的高超。

（1）纹饰直接替代芯撑

徐楼出土红铜纹饰青铜器均为形体较大的容器，除个别采用纹饰与泥芯间补充金属芯撑来支撑型腔的方式外，大部分镶嵌红铜纹饰的部位并没有观察到芯撑的使用痕迹，这些器物铸造型腔控制方法是需要关注的重点。

红铜纹饰青铜盘（M2∶22）是以红铜纹饰直接替代芯撑控制型腔的代表性器物之一。该盘口径37.7、腹深6、高9.6厘米，尺寸较大（图2-13）。青铜盘腹部饰红铜镶嵌的菱形纹，底饰红铜镶嵌的菱形纹和瑞兽纹[1]，从X光片（图2-14）可以看到，红铜纹饰非常清晰。

 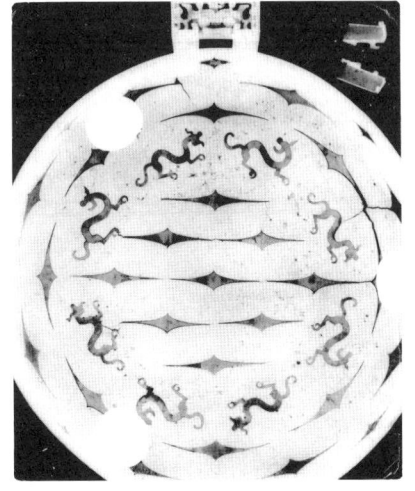

图2-13 盘（M2∶22）　　图2-14 盘（M2∶22）X光片

直接观察可以注意到,盘身红铜纹饰与青铜基体厚度相同,在器物内壁和器物外壁对应位置可以清楚地看到纹饰形态。另外,由于红铜纹饰较青铜基体锈蚀严重,许多纹饰已经矿化脱落,呈现出了清晰的纹饰轮廓。在X光片下,红铜纹饰部分呈现黑度较深的区域,一方面是因为红铜材质与青铜材质存在差异,另一方面也是因为红铜腐蚀更为严重而使其对X光的吸收程度差异在影像上表现出来[11]。

X光片清楚显示了盘(M2∶22)红铜铸镶纹饰形态和特征,盘底不仅有5排菱形红铜纹饰,还有围绕盘底菱形纹饰的一圈龙纹,其中回头龙纹与侧行龙纹各4条,相间排列。需要注意的是,X光片显示,该青铜盘中没有发现芯撑使用痕迹。作为一件口径达37.7厘米的青铜器物,在铸造中未使用芯撑控制型腔尺寸,是非常需要关注的重点。

经过系统研究,发现这件青铜盘采用了以下制作工艺[6]:先铸造出红铜纹饰,将红铜纹饰按图2-15所示的方法,固定在外范和芯之间,形成铸造型腔。因红铜熔点在1080℃,实验分析,浇注青铜水的温度低于红铜熔点200℃—300℃,青铜浇铸时不会将红铜熔化。这样,直接用红铜纹饰替代芯撑,可以实现型腔控制。器物铸造成型后,将厚于器身的红铜打磨平整,使红铜纹饰与器物壁厚相同[7,8]。在这类器物的制作中,红铜纹饰起到了金属芯撑对铸造泥芯和外范进行支撑的作用,实现了型腔控制。同时,红铜纹饰还起到了很好的装饰艺术效果,如图2-16。

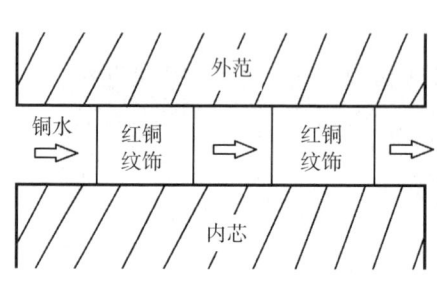

图2-15 以红铜纹饰为垫片的铸造示意图　　图2-16 铸造艺术效果还原图[9]

(2)红铜纹饰+金属芯撑

① 纹饰支钉与型腔控制

徐楼出土的红铜纹饰青铜器中,有3件红铜纹饰与器身壁厚不相等。究其原因,同样是由于青铜基体较红铜纹饰耐蚀,部分红铜纹饰锈蚀后,锈蚀产物结构酥松而从器身脱落。从器身可观察到原为红铜纹饰的凹槽,深度大约为器身壁厚的一半。

以青铜敦(M1∶44)为例,解析这类器物制作中的型腔控制方法。敦(M1∶44)保护修复前后的照片如图2-17中所示。可以看到,器盖和器身均装饰了大量红铜纹饰。敦盖顶部的喇叭形捉手沿面饰有一周镶嵌红铜齿状纹,捉手内饰有镶嵌红铜涡纹,盖面周围各饰一周镶嵌红铜的"王"字齿状纹和一周龙纹。器腹上部饰一周镶嵌红铜龙纹,下饰两周镶嵌红铜"王"字齿状纹。

图2-17 敦(M1∶44)保护修复前后照片

仔细观察可以发现,敦(M1∶44)内壁有许多小孔洞。从图2-18敦(M1∶44)外侧面与内侧面对比照片可以看到,这些孔洞均出现在红铜纹饰底部,与器物外壁红铜纹饰存在明显的对应关系。

图2-18 敦(M1∶44)外侧面与内侧面对比

X光片更清晰地反映了纹饰上孔洞的分布与结构,如图2-19中敦(M1∶44)盖捉手X光片所示。簋盖红铜涡纹与"王"字齿状纹孔洞处X射线透射多,黑度较周边深,孔洞分布较为密集。同时通过X光片也可以发现,有红铜纹饰的区域也没有使用芯撑。

研究证明，孔洞应该是与红铜一体的支钉腐蚀后留下的。这些器物的红铜纹饰与器身的结合采用了支钉固定型。如图2-20所示，红铜纹饰的支钉设计一方面可用来在型腔中固定纹饰，另一方面红铜纹饰和支钉共同充当了型腔控制芯撑。由于支钉尺寸较小，因而与红铜纹饰一体的支钉设计较为密集，以确保外范和芯之间型腔的稳定。

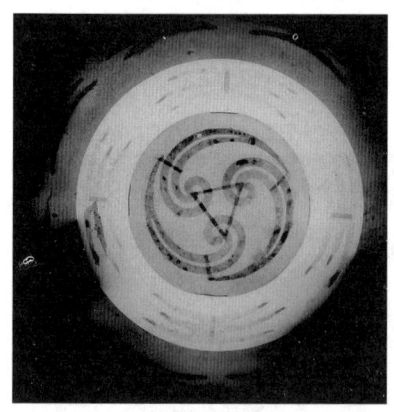

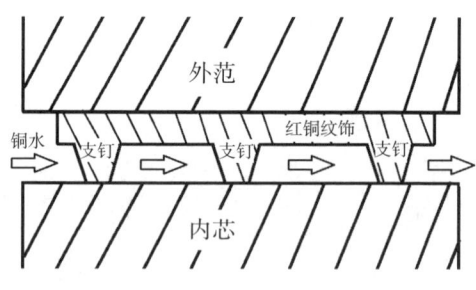

图2-19　敦（M1∶44）器盖捉手X光片　　　　图2-20　支钉设计示意图

从图2-21敦（M1∶44）器身X光片可以看到，敦腹部有大量红铜纹饰，但没有芯撑使用痕迹；而敦底部没有红铜纹饰，因而使用了金属芯撑。由此可见，因器物不同部位的设计需要，工匠灵活使用了红铜纹饰支钉控制型腔与芯撑法。图2-22是敦（M1∶44）铸造效果还原俯视图，通过精湛的铸造艺术设计控制型腔，既保证了器物型体尺寸稳定，同时也获得了红铜纹饰精致的艺术装饰效果。

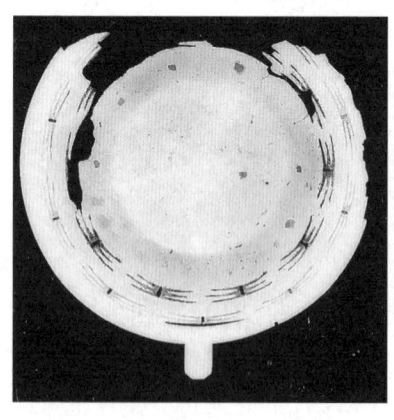

图2-21　敦（M1∶44）器身X光片　　　　图2-22　铸造效果还原俯视图[9]

② 红铜纹饰+金属芯撑

红铜纹饰与金属芯撑共同配合,实现器物型腔控制的代表性器物,还有一件来自M2的舟(M2：21),如图2-23中所示。该舟为椭圆形,口长19.2、宽14.3厘米,腹部饰有红铜禽兽纹和菱形纹。盖面中间有一环钮,盖钮边为红铜"蝙蝠纹"和4个菱形纹。

图2-23 舟(M2：21)保护修复前后

直接观察舟盖。从红铜纹饰断口处可以看到,这些红铜纹饰镶嵌在盖基体的凹槽中,也约为盖壁厚的一半,但其铸造型腔控制方法与前面提及的几种方法均不相同。因锈蚀非常严重,舟盖残碎为十多块,如图2-24所示。锈蚀与土垢结合,覆盖了大部分红铜纹饰,许多纹饰已模糊不清。通过X光片可以看到,舟盖的菱形红铜纹与蝙蝠红铜纹下有金属芯撑,如图2-25中红圈所示。从X光片的灰度可以判断,这些芯撑为青铜材质,且处于红铜纹饰底部,如图2-26所示。从铸造工艺分析,舟盖制作中依靠红铜纹饰+金属芯撑的方式来支撑外范与内芯,从而保证了铸造型腔的稳定。

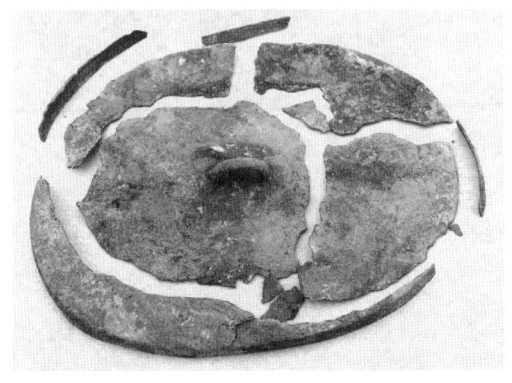 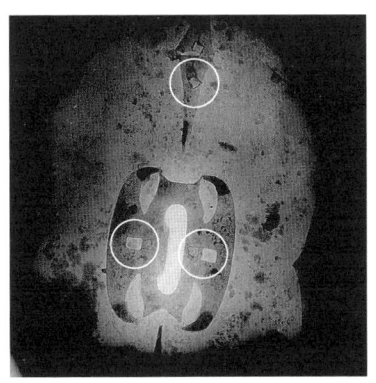

图2-24 舟(M2：21)器盖　　图2-25 舟(M2：21)器盖残片X光片

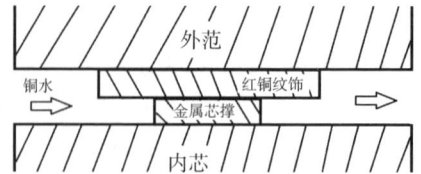

图2-26　舟(M2∶21)器盖红铜纹饰与金属芯撑示意图

4. 结语

徐楼青铜器以其精美的纹饰、精湛的工艺，受到了学界的关注。徐楼青铜器铸造中，通过灵活运用金属芯撑、泥芯撑、红铜纹饰替代芯撑、红铜纹饰与金属芯撑结合等多种方式，既保证了青铜器铸造型腔的精确控制，又合理安排了金属芯撑与纹饰铭文的位置关系。尤其是红铜纹饰替代芯撑的技术，充分利用了红铜与青铜材质的性质差异，既稳定控制了器物型腔，又实现了红铜纹饰的装饰效果。徐楼青铜器是春秋晚期枣庄地区青铜文明的杰出代表，体现了古代工匠高超的铸造艺术。

二、鼎：范铸特征

（一）鼎（M1∶9）

1. 基本情况

主体部分残缺，有盖。盖平顶，周沿下折，上有3个矩形钮，盖面中心有一环钮。鼎身子口微敛，厚唇，口沿下有一周凸棱，腹部两侧长方形附耳微外侈，耳下部各有两个小圆柱与器身相连，浅腹近直，圜底，中空三蹄足肥硕较矮。盖面饰两周夔龙纹带，耳外侧上部饰夔龙纹，下部饰倒"S"纹，腹部饰一周夔龙纹带，下部有一周凸弦纹。

该鼎为实用器，腹内有煮痕，外底部有烟炱[10]，如图2-27所示。

盖面及腹壁内均铸有铭文，共

图2-27　鼎（M1∶9）

5列28字,重文2字,自右至左为:

有殷天乙唐(汤)
孙宋公圛(固)作
浅(濺)叔子饙鼎
其眉寿万年
子子孙孙永保用之[二]

2. 铸造工艺分析

(1)工艺观察

严重残缺。鼎体残缺过半,仅仅残留一足。从鼎腹底部残留一根范线推测,鼎底部有三根范线组成三角形结构。有三足。鼎体从口沿至足跟有一条清晰范线,足底部未发现范线和打磨痕迹,可见鼎足与鼎体一次铸成。一只鼎耳缺失,另一只鼎耳连接于鼎身口沿处夔龙纹下方。没有发现明显的范线痕迹,肉眼观察不到铸接痕迹,鼎耳与鼎体也为一次铸成。

鼎盖口沿断裂变形,主体部分大面积缺失,根据残余部分可以辨识该鼎铭文与鼎(M1:39)相同。残留两个矩形钮,中央环钮缺失,没有观察到范线痕迹。

(2)X光成像分析

鼎盖 从残缺的鼎盖上可以辨识部分铭文,盖上存在5～6个铜质芯

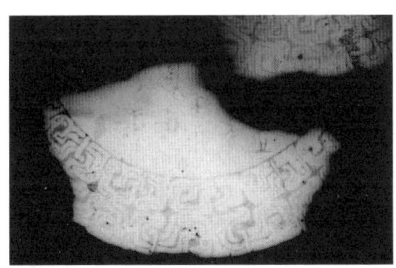

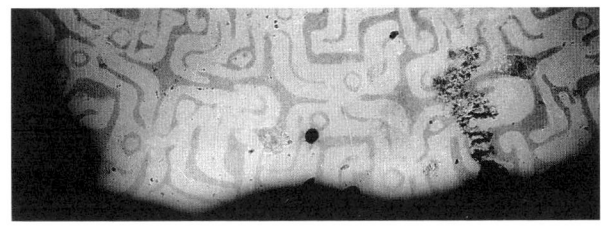

图2-28 鼎(M1:9)器盖残片X光片

撑,其中4个分布在纹饰之间。如图2-28的X光片所示,芯撑所在位置与周围基体呈现出相似亮度的吸收,说明芯撑厚度与基体部分相近,腐蚀程度也与基体材料相仿[8]。

值得注意的是鼎盖纹饰上有一面积较大的铸造缩孔,而在其下方残缺边缘处也能看到该缩孔的一部分。在缩孔附近有一处由一系列连续暗吸收区域构成的一大面积病害区。

鼎体 通过实物图与X光片的对比(图2-29)可以看到,鼎足与鼎体之间无铸接痕迹,为一体铸成。器身隐约可见内部铭文,器壁厚薄并不均一,同时鼎腹部存在一处断裂痕迹。

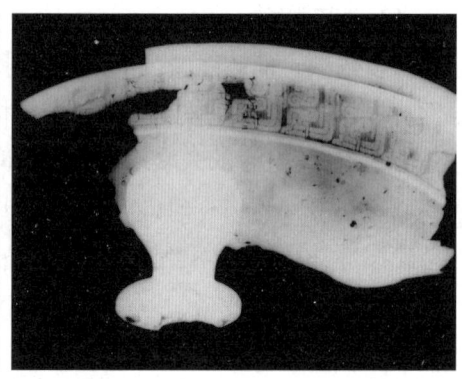

图2-29　鼎(M1∶9)鼎体局部及其X光片

鼎体部分使用铜质芯撑较少,清晰可见者仅2～3枚。值得注意的是其中一枚置于鼎足附近铭文处,避开了铭文,在X光片中显现出与基体相近的吸收,边界非常模糊,因此推测使用的材料与基体组织相近。芯撑上能看到模糊的纹饰痕迹,在实物照片上肉眼很难辨识。

另一枚芯撑位于右侧纹饰下方靠近鼎腹部,在X光片中能看到,芯撑处厚度与周围基体相仿,界线处有比较明显的腐蚀痕迹。该芯撑在实物照片中显示为一处灰白色的锈蚀斑。

与前述两枚芯撑相对比的是鼎盖残片上的两处芯撑。如图2-30所示,盖上的两处芯撑在X光片下清晰可见,呈现出比周边的基体材质偏暗的吸收,芯撑与基体材质界线非常分明。在实物照片中可以看到,两处芯撑所在位置厚度与周围相仿,实物照片中可以模糊看见,以及界线处有一定的腐蚀现象。

这种腐蚀现象与其他地方的腐蚀锈斑不同。通过对比X光片,可以看到,残片上存在大量的锈斑锈瘤,在X光片中不能看到暗吸收的现象。这

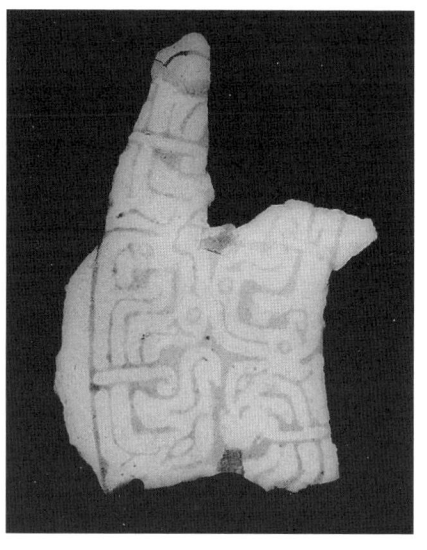

图 2-30　鼎（M1∶9）器盖残片及其 X 光片

些可以说明两枚铜质芯撑所在位置腐蚀现象较周围基体材质严重得多。腐蚀成因源于芯撑材质和基体材质不同。含铜比例高的青铜腐蚀程度一般较为严重，因此可以推测，该鼎鼎盖残片上的两处铜质芯撑来源于不同批次废弃的铜料。而该鼎也使用了两种以上不同来源的铜质芯撑[11]。

（3）小结

推测该鼎鼎体为三分型范，铸型由三块腹足范、一块三角形底范和一块腹芯组成；此外还使用了两块鼎耳外范、三块足外范、三个足泥芯组成铸型。该鼎为一次浇铸而成。鼎盖使用一块外范、一块内芯铸成。

（二）鼎（M1∶26）

1. 基本情况

口径 32、腹径 34.8、腹深 23、通高 26 厘米，保存状况如图 2-31 所示。该鼎有盖，平顶，周沿下折，上有三个矩形钮，盖面中心有一环钮。鼎身子口微敛，厚唇，口沿下有一周凸棱，腹部两侧长方形附耳微外侈，耳下部各有两个小圆柱与器身相连，浅腹近直，圜底，中空三蹄足肥硕较矮。盖面饰两周夔龙纹带，耳外侧上部饰

图 2-31　鼎（M1∶26）保存状态

夔龙纹,下部饰倒"S"纹,腹部饰一周夔龙纹带,下部有一周凸弦纹。

该鼎为实用器,腹内有煮痕,外底部有烟炱[10]。

盖面及腹壁内均铸有铭文,共5列28字,重文2字,自右至左为:

有殷天乙唐(汤)

孙宋公䵼(固)作

潨(濸)叔子饙鼎

其眉寿万年

子子孙孙永保用之[10]

2. 铸造工艺分析

(1) X光成像分析

从X光片(图2-32)观察可知,鼎盖盖面破损,中心环钮与盖面无明显铸接痕迹,盖表面无范线的存在。盖面上能明显观察到铜质芯撑的存在。铜质芯撑可以保证器物型腔几何尺寸,使器物顺利成型、厚薄均一[3]。

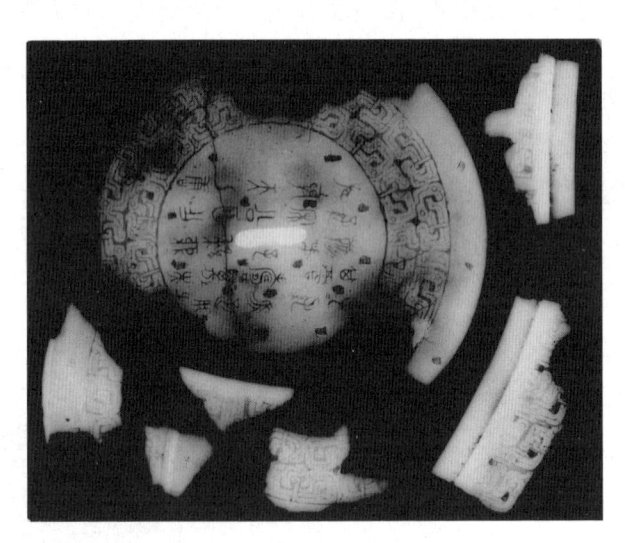

图2-32 鼎(M1∶26)盖X光片

该鼎以中心环钮方向为轴,左右两侧有多处对称排列、数量众多的暗色多边形影像,以近似四边形居多,形状不是很规则。这些暗色影像即铜质芯撑。该鼎铸造过程中使用了大量铜质芯撑,仅在残损的盖面主体部分便达到22枚之多。值得注意的是,铜质芯撑的分布,有意识地避开了盖面铭文部分；在纹饰部分必须使用铜质芯撑的位置，也将铜质芯撑固定在了纹饰的缝隙中，不影响纹饰整体的造型和美观。

从鼎盖X光片可以看到，三个矩形钮已缺失，在靠近三个矩形钮位置，能明显看到较多的气孔，在X光片中呈现出密集分布的暗色的点状成像，笔者推测鼎盖浇口在矩形钮之上。

通过该鼎底部X光片（图2-33）可以看到，一鼎足缺失，侧壁可以看见部分铭文。整个鼎侧壁和鼎底使用了铜质芯撑，分布不规则，在X光片上呈现为暗色点，推测芯撑含锡铅较少，腐蚀速度较顶部快。鼎底有一大面积、轮廓模糊不清的暗区，是鼎底腐蚀较为严重的部分；除此之外，还存在轮廓模糊的暗点和暗斑，也是腐蚀的痕迹。鼎身和鼎底有大量颜色较黑、轮廓清晰的小暗点，推测是铸造时的夹杂或是铸造缩孔[3]。

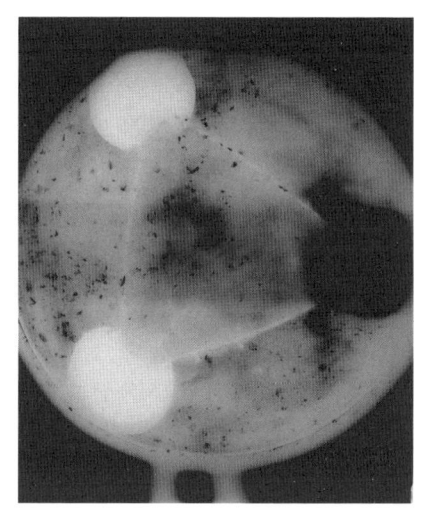

图2-33　鼎（M1∶26）底X光片

底部三条范线清晰。仔细观察，可以发现三条范线中部存在明显宽于范线的明亮射线吸收，左右两侧范线中部附近还分布有较大的铸造缩孔。下侧范线附近有三处轮廓模糊的白色吸收斑点，推测是较高温度的铜水使范土过烧，导致孔隙增大，铜水渗出所形成。因此根据以上观察可以推断，除了足部的浇口和冒口以外，在三角形底范的三条边上还存在三个冒口，其中下边的一个可能是浇口。

从图2-34的X光片还能看到，鼎耳与鼎身之间没有铸接痕迹。同时可以隐约看到，鼎耳左侧的鼎身有一条平行于鼎耳的白色吸收线，肉眼难以发现，可以推断这是鼎耳与鼎身分范留下的范线痕迹，说明鼎耳与鼎身一次铸成。

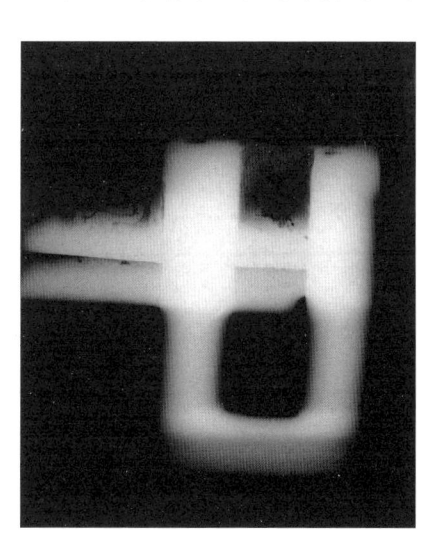

图2-34　鼎（M1∶26）耳X光片

(2) 铸造工艺分析

鼎外壁沿三足中心线位置，可见三条垂直范线，由口沿而及足跟。鼎外壁范线贯穿于纹饰之间；器底部可见凸起的三角形底范范线，一足上可见浇（冒）口残余的痕迹。

鼎体为三分型范，铸型由三块腹足范、一块三角形底范和一块腹芯组成；此外还使用了两块鼎耳外范、三块足外范以及三个足泥芯组成铸型。该鼎为一次浇铸而成。鼎盖使用一块外范、一块内芯铸成。鼎体采用倒浇的方式，浇口设置在足部，或许鼎底部三角形范线中部也存在浇口。鼎盖残破，根据气孔分布，笔者推测浇口设置在矩形钮上[12,13]。

该鼎使用了大量的铜质芯撑，分布较为随意，大致对称于中线。鼎体铸造缩孔较多，说明其铸造比较粗糙。但鼎盖和鼎身纹饰精美，铭文清晰可见，具有相当的艺术价值和历史价值。

（三）鼎（M1∶39）

1. 基本情况

口径32.8、腹径34.8、腹深12.4、通高26厘米，如图2-35和图2-36所示。该鼎有盖，平顶，周沿下折，上有三个矩形钮，盖面中心有一环钮。鼎身子口微敛，厚唇，口沿下有一周凸棱，腹部两侧长方形附耳微外侈，耳下部各有两个小圆柱与器身相连，浅腹近直，圜底，中空三蹄足肥硕较矮。盖面饰两周夔龙纹带，耳外侧上部饰夔龙纹，下部饰倒"S"纹，腹部饰一周夔龙纹带，下部有一周凸弦纹[10]。

图2-35　鼎（M1∶39）底　　　图2-36　鼎（M1∶39）盖

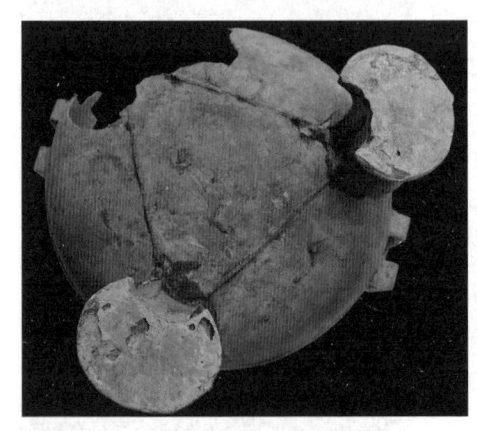

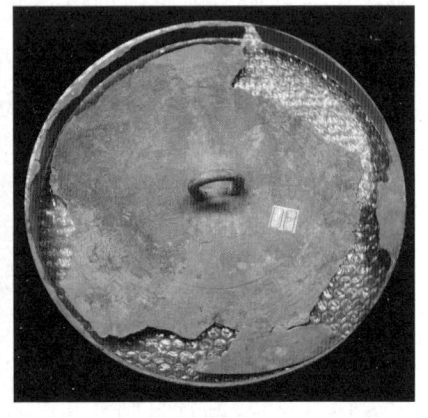

盖面及腹壁内均铸有铭文，共5列28字，重文2字，自右至左为：

有殷天乙唐（汤）
孙宋公䰯（固）作
泧（濽）叔子馈鼎
其眉寿万年
子子孙孙永保用之[10]

该鼎为实用器，腹内有煮痕，底外有烟炱，如图 2-35 所示。

2. 工艺特征

该鼎底部可见凸起的三角形底范范线，鼎体从口沿至足跟各有一条清晰范线，鼎足底部未发现范线和打磨痕迹，推测鼎足与鼎体一次铸成。

鼎一足残缺，一足底部锈穿，可以明显看到足内盲芯。鼎底部中心偏左处有一明显的补铸痕迹。鼎盖口沿断裂，部分残缺，中心环钮外部可见范线，无铸接痕迹，推测与鼎盖一次浇铸而成。

3. 铸造工艺分析

(1) X 光成像分析

① 鼎盖

从图 2-37 中的 X 光片可以看到，鼎盖主体部分铭文清晰可见，使用铜质芯撑数量多达 29 枚，大致在环钮两侧成轴对称分布。这些铜质芯撑有意识地避开了铭文和纹饰单元。鼎盖上的铜质芯撑在 X 光片上多呈现暗吸收区域，边界明显，腐蚀程度较基体更严重。

鼎盖矩形钮残缺，铸造缩孔密集分布在三个矩形钮位置附近。

② 鼎体

如图 2-38 所示，在 X 光片下可以清晰看到底部三角形范线。三条范线粗细程度较为均匀。

三角形中部横向的一系列吸收斑，为鼎腹腔内部的锈瘤，中心附近有一处明显的近圆形补铸痕迹，可以清晰看到其中补铸材料较基体部分更厚，在 X 光片上显示出较白的吸收区域。中央三角形范线左下部有一处白色吸收，这里青铜基体材质较周围更厚，形状不规则，是一处较大的断裂痕迹。

在 X 光片中可以看到存在大量的铸造缩孔，与鼎（M1：26）类似。这

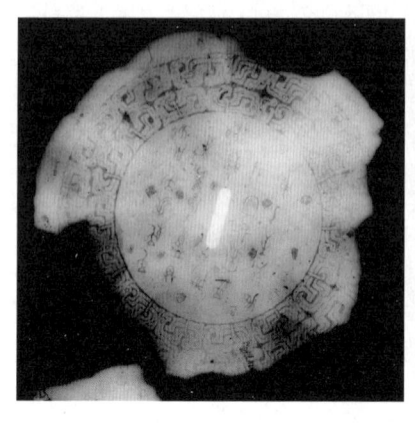

图2-37　鼎（M1∶39）盖X光片 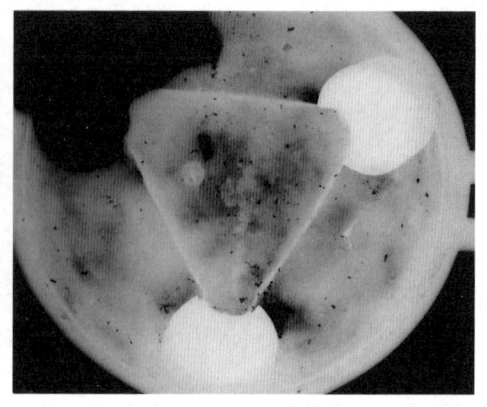　　　　图2-38　鼎（M1∶39）体X光片

些铸造缩孔主要密集分布在两处位置：a.鼎盖的三个矩形钮附近；b.鼎体底部的三角形范线周围。究其来源，铸造缩孔通常可能是铜水浇铸过程中，因铜水冷却，发生冷缩导致。浇铸过程中，浇口位置持续提供高温铜水；而在流动过程中，铜水冷却，发生冷缩现象。铜水在型腔内流动，最后到达型腔中的某些部位。若这些部位的铜水冷却幅度最大，发生铸造缩孔的可能性也应当最大，通常在青铜器冒口附近。因此，可以推断，在鼎盖的矩形钮上，以及鼎体底部的三角形范线上，存在冒口[13]。

此外，通过仔细观察鼎盖以及鼎体的铜质芯撑，可以发现，鼎盖上主要使用的铜质芯撑，在X光片中普遍呈现为暗色吸收区域，颜色明显较周围青铜基体材质暗，腐蚀程度大于青铜基体。而鼎体底部同样存在大量铜质芯撑。这些铜质芯撑具有两个特点：

a.芯撑在X光片中显现的颜色情况与基体部分大致相同，只有通过仔细观察才能分辨界线；

b.芯撑中的部分甚至存在纹饰。

通过这两个特点，以及与鼎盖普遍的芯撑进行比较，我们可以得出以下结论和推测[14,15]：

a.鼎（M1∶39）使用了两种以上来源的铜质芯撑；

b.鼎盖和鼎体部分并非同时铸造而成；

c.鼎盖上使用的铜质芯撑腐蚀速度较基体更快，芯撑材料中铜含量可能较基体青铜更高；

d.鼎体部分使用的芯撑，其材料与基体材料相近，加上其上有纹饰，很有可能来源于同一批铸造的残次品青铜器。

（2）铸造工艺分析

推测鼎体为三分型范，铸型由三块腹足范、一块三角形底范和一块腹芯组成；另外使用两块鼎耳外范、三块足外范、三个足泥芯组成铸型，一次浇铸而成。鼎盖使用一块外范、一块内芯铸成。鼎体采用倒浇的方式，浇口设置在足部，鼎底范线处可能存在冒口。鼎盖残破，推测矩形钮上存在冒口。

该鼎使用了大量的铜质芯撑，其分布回避了铭文和纹饰，但大致对称于中线。鼎体铸造缩孔较多，铸造比较粗糙。对芯撑材料的组成成分以及具体来源的探讨，是研究该鼎的一个重要话题。

（四）鼎（M2∶26）

1. 基本情况

口径22.4、腹径25.6、腹深15.4、通高25.8厘米。该鼎由鼎盖、鼎体、鼎耳、鼎足组成，整体造型圆润，表面精致，装饰朴素，以带状纹饰为主。鼎身较完整，足部残缺。鼎盖平顶，沿下折，上有三个矩形钮，中间一个长方形环钮。器身子口微敛，口沿下两侧长方形附耳直立内敛，深弧腹微鼓，圜底近平，中空三蹄形足较高，其中一足经修补。盖面外饰一周波曲纹带，内饰一周蟠螭纹带，中心钮两端饰兽面纹，耳外侧饰蟠螭纹，腹部绹纹上下饰蟠螭纹和三角形纹[5]。

2. 工艺特征

（1）范线

三条范线贯穿鼎体，铸造痕迹明显，推测为三分范、一腹底范、一腹芯。有一条范线有明显弯曲，在带状夔龙纹饰处向右侧偏移（如图2-39），可能为铸造过程中范偏移造成的。三鼎足有明显范线，位于鼎足侧边，与鼎体范线相分离，鼎足与鼎身连接处有铸接痕迹，推测鼎足是单独铸成的[16]。

（2）鼎耳

鼎上腹部有两方形耳，表面光滑，正面有一周夔龙纹装饰，耳内部可见泥芯。每一侧耳有两条榫状结构与鼎身相连，共4条，推测可能起到加固鼎耳的作用（如图2-40）。鼎耳与鼎体连接部分无范线和铸接痕迹，推测鼎耳与鼎体一次铸成。

图2-39　范线特征

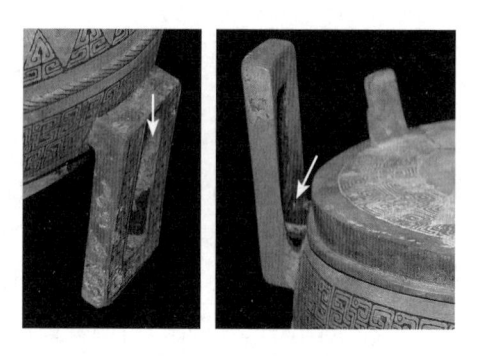

图2-40　鼎耳与鼎体连接方式

（3）鼎盖

鼎盖平顶，残缺，断为13块，饰两圈带状纹饰，内圈饰夔龙纹，外圈饰二周波曲纹，有一矩形环钮，钮两端饰兽首，一端兽首保存相对完整，纹饰造型相对清晰；另一端兽首残缺腐蚀严重，前面部分残损，纹饰细部腐蚀严重，不能辨认（如图2-41）。

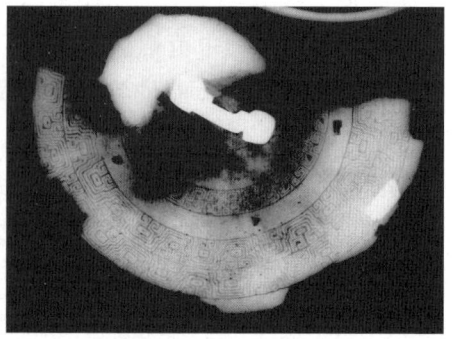

图2-41　鼎盖保存状态及其X光片

鼎盖表面光滑，无明显范线，有少量纹饰粘连等铸造缺陷。口沿背面有部分打磨痕迹，可能是浇口或冒口。矩形钮内侧有一条范线，外侧及兽首部分光滑无范线，可以看出与鼎盖并非一次铸成，可能矩形钮端处铸有凸榫，与鼎盖兽首结构相连接。

3. 铸造工艺分析

盖残片上有6处铜质芯撑，3处位于两圈纹饰中间，呈对称分布，3处位于顶盖边缘，矩形钮正下方有一圆形痕迹，疑似芯撑或补铸（如图2-41）。有一处腐蚀穿透。两端兽首无明显铸接痕迹，与鼎盖残片一体，说明矩形钮分铸成型后，可能用榫卯结构与兽首相连接。鼎盖残片下部有较多缩孔，推测下部的盖沿可能存在浇口或者冒口。

鼎腹部有大量铜质芯撑，分布不规则。部分芯撑可能在浇铸过程中由于铜水流动，发生了位移。其中两个明显的芯撑在环状范线左下侧，X光片中显示覆盖在范线之上，推测是因为铜水流动发生位移所致[16]。

通过X光片可以看到，该鼎所使用的铜质芯撑，大多数与基体腐蚀程度相当，推测这些芯撑来源于一件或数件同一批铸造的废弃青铜器。而包括范线上的芯撑在内的少量芯撑，呈现出明显的暗色吸收，说明其腐蚀程度远大于基体材料，据此推测这些铜质芯撑存在其他材料来源。

在图2-42右上方鼎足附近有一块边缘清晰的明显暗区。鼎底部中心偏左处有一大块边缘模糊的暗区，推测是大面积腐蚀区域。

X光片显示，鼎体部分范线细而均匀，并不明显。左上、右侧、下侧环状范线中存在明显宽于范线的白色吸收，推测为冒口或者浇口。环状范线左上部分存在大面积明亮吸收区，是较厚

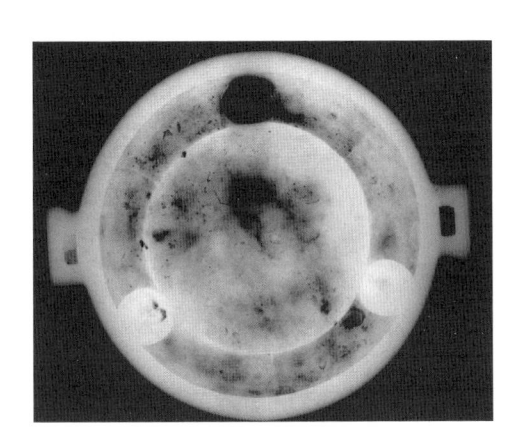

图2-42　鼎身X光片

或者腐蚀程度较轻的区域。鼎足有一条明显范线，可以看到足上暗色吸收区为泥芯。

推测该鼎鼎体采用倒浇的方式，为三分型范，使用三块腹范、一块圆形底范和一块腹芯组成铸型，一次浇铸而成。可能存在三个浇口或冒口，位于鼎底部环状范线位置。鼎耳使用泥芯，与鼎体一次浇铸而成。鼎足使用

两块外范和一块泥芯,单独浇铸而成。鼎盖与鼎环钮分铸,通过榫卯结构连接;鼎盖浇口可能位于鼎盖口沿处。

三、簠:芯撑分布规律

簠(M1∶7)

1. 基本情况

口长29.2、宽22.8厘米,足长22.8、宽17.8厘米,通高21.4厘米。盖、器相扣,器身呈长方形,平折沿,斜折腹,平底,下有四矩尺形足,足间有缺口。盖、器两端各置一兽首耳。盖顶、下腹部饰交体龙纹,上腹部饰三角形纹,足饰蟠螭纹[10]。如图2-43所示。

图2-43 簠(M1∶7)

器身和盖均残,器身变形较为严重。无明显范线痕迹。推测斜折腹起棱处为范线。从该簠残缺的一只耳可以看到,器耳与器身有明显的铸接痕迹。推测该簠器身部分铸造时,由底部一块外芯、一块腹芯,以及四块腹部外范组成铸型。浇铸器身之后,器耳使用一块内芯和两块外范,铸接于器身之上。而器盖的铸造方式与器身类似,由一块外芯、一块腹芯、四块外范组成铸型,并将器耳铸接其上。

2. 工艺特征

器身铸造工艺痕迹中,值得注意的是下腹部龙纹处芯撑的使用。如

图2-44，残片表面清晰可见8～9枚芯撑痕迹，以S1～S8标记。S1～S8在器物表面呈黄褐色，将浮土清洗毕，用机械方法在8枚芯撑位置可以轻易刮出土壤样品。其中S2、S3、S6、S8四枚芯撑位置几乎完全由土壤填充，无青铜壁。S1、S4、S5、S7四枚芯撑内部存在一层青铜壁结构，青铜壁厚度显著薄于周围基体。薄壁外由泥土填充，整体厚度与周围器壁大致相当。

在X光片中可以看到如下现象：

a. S1～S8八枚芯撑的位置呈现出较基体材料更暗的吸收区域。

b. 不同芯撑的明度在X光片中有差异：S1、S2、S4、S5四枚芯撑整体暗于S3、S6、S7、S8。

c. S1～S8八枚芯撑中，每枚芯撑内部明暗程度又有所不同，芯撑内部存在相对较暗的吸收区域，以其中几个显著的芯撑为例：S1暗吸收区在右下区域；S2暗吸收区横向贯穿于整个芯撑；S4暗吸收区在右上半区；S5暗吸收区面积较大，分布在左侧和下方。总之每枚芯撑内部的明暗分布近似随机，芯撑与青铜基体接触的界面处不存在突出的暗色吸收条纹。

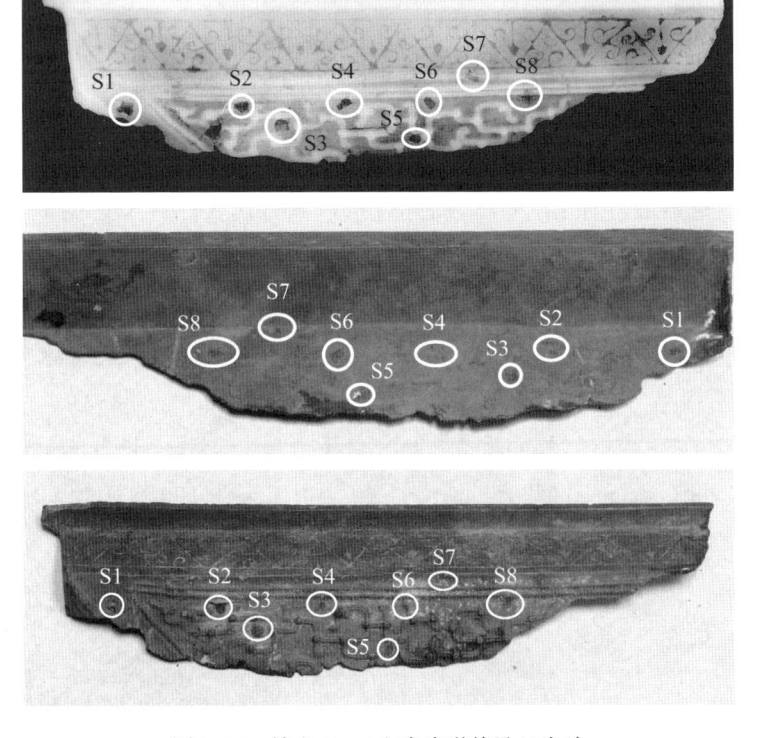

图2-44 簋(M1∶7)残片形貌及X光片

结合器物外观以及X光片，可以得出如下推论：

a. 考虑到器壁厚薄相当，金属成分对X光的吸收能力强于其上的腐蚀产物和泥土。因8枚芯撑位置几乎都填充了泥土，泥土对X光吸收弱，故X光片上明度不同，主要体现在金属器壁残留厚度的差异上。

b. S1～S8芯撑位置青铜壁的厚度远小于周围基体。观察器物表面，可以看到，部分芯撑位置已无金属壁残留。

c. S1～S8芯撑使用的是非金属材料：若S1～S8使用的是如红铜等易腐蚀的金属材料，根据腐蚀理论，芯撑与周围青铜相接触处腐蚀速率最高，在X光下应当呈现出边界明显暗于芯撑内部的现象，在芯撑轮廓位置出现暗吸收条纹；但在S1～S8的观察中都没有发现这一现象，说明S1～S8芯撑使用了非金属材料。

d. S1～S8应当采用了泥芯撑的工艺：在制范过程中做成突起，撑于内芯与外范之间，铜水在型腔内流动时会压缩泥芯撑体积，冷却后在泥芯撑位置形成薄壁，不影响器物的使用。薄壁材质与基体相近，然而在长期埋藏的过程中容易被蚀穿，导致该簠残片上的S2、S3、S6、S8芯撑几无青铜壁残留的现象。

e. 考虑到该簠为实用器，需要优先保证内部青铜壁平整，泥芯撑很可能是在外范上制成的三角形突起，撑于内芯上，便于在靠器物内壁处形成青铜薄壁。而泥芯撑的范土可能填充在器壁内，从器外壁用机械方法在芯撑位置取得的土样，很可能包含了泥芯撑的范土残留。

与前述泥芯撑作为对比的是器底的芯撑（如图2-45中所示）。可以看到，该簠器底存在14～15枚芯撑，选取具有代表性的6枚芯撑，标记为

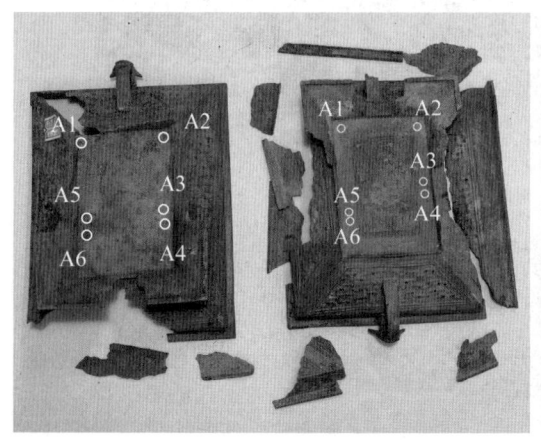

图2-45 簠（M1∶7）器底X光片

A1～A6。在X光片中可以直观观察到A1～A6六枚芯撑,然而在实物上,六枚芯撑与周围材质融为一体,肉眼很难识别出来,表面均为金属材质,厚度也与周围基体差距较小。

A1～A6强度高,与周围基体材质接近,与该簠腹部芯撑不同,使用机械方法无法提取出土壤样品。从X光片可以看到,A1～A6对X光的吸收有明显的特征:

a. A1、A2、A5、A6四枚芯撑内部整体明暗度与周边基体相近;

b. A3、A4整体呈现为较暗的吸收区,较周围基体暗;

c. 以A1～A6为代表的每一枚芯撑虽然具体的明暗度有差异,但芯撑与周围基体材质接触的界面,均存在沿着界面轮廓分布的一圈连续或者间断的暗色线状吸收。这些线状吸收暗于基体材质,也同时暗于芯撑内部整体。

根据上述现象,基于A1～A6的厚度和外观与周围几无差异,可以有如下推论:

a. A1～A6六枚芯撑与基体接触的界面存在暗色吸收条纹,意味着在界面区域的腐蚀在不同程度上深于芯撑材料和基体材料,这是不同材质金属界面腐蚀的典型特征,证明这六枚芯撑为金属材料,并且与基体金属材料成分有所区别。

b. A1、A2、A5、A6四枚芯撑材料,其腐蚀程度与基体相接近,在X光片中明度与周围基体接近,应属于与基体材料接近的青铜材料。

c. A3、A4两枚芯撑明度暗于周围材质,在厚度接近的情况下,是由于芯撑材质腐蚀程度高于基体导致的,推测使用了铜锡含量比例不同的青铜材料。就主要与铜锡二元合金青铜材料比较而言,含铜量较高的青铜材料腐蚀速率往往大于含锡量较高的青铜材料,故可以推断A3、A4芯撑材料与基体材料不同,也与A1、A2、A5、A6四枚芯撑有差异,其铜含量应当高于基体以及A1、A2、A5、A6芯撑。在极端情形下,可能使用了不含锡的红铜作为芯撑材料。

根据以上分析可以得出结论:

a. 该簠同时使用了泥芯撑与铜质芯撑,也就是两种工艺:下腹部龙纹处S1～S8使用的是泥芯撑的工艺;而A1～A6是铜质芯撑。

b. S1～S8八枚泥芯撑,应当是在外范上做成的三角形泥范突起,并形成了一层青铜薄壁,泥芯撑可能残留在器外壁。

c. A1～A6六枚铜质芯撑,至少使用了两种不同材质的青铜材料,其中A3、A4芯撑使用的青铜材料含铜量应当高于基体和其他四枚芯撑。

泥芯撑和铜质芯撑这两种青铜器铸造工艺技术同时应用在簋（M1：7）之上，对两种工艺的区别，是青铜器铸造工艺研究的一个重要话题。根据对簋（M1：7）的上述研究，关于泥芯撑和铜质芯撑的区别可以归纳如下：

泥芯撑与铜质芯撑都能起到撑起型腔的作用，泥芯撑是作为外范（内芯）的一部分，支撑于型腔中的。而铜质芯撑则是将铜块置于外范和内芯中，撑起型腔。

在使用泥芯撑的情况下，铜水在型腔中流动，会在一定程度上压缩泥芯撑，并形成一层铜壁。该铜壁往往与残留的泥芯撑共同组成芯撑位置的器壁，使器壁在外观上可以保持完整。在长期的使用或埋藏过程中，泥芯撑可能脱落而在相应位置出现凹陷，所形成的铜壁本身较薄，可能被蚀穿。

在使用铜质芯撑的情况下，铜水流过芯撑，冷却之后结附在芯撑之上，最终铜质芯撑与基体融为一体，形成器壁。由于铜质芯撑仅仅卡在型腔之间，在某些情况下，铜水在型腔中流动时可能冲击铜质芯撑，使其产生一定的位移，甚至发生芯撑遮盖纹饰或者铭文的现象[15,16]。

泥芯撑所在位置通常填充了部分泥芯撑的范土，或在埋藏过程中填充土壤，通过机械方法可以掏除一部分，剩余的青铜壁较周围更薄。

铜质芯撑的位置，肉眼往往难以观察。大部分铜质芯撑的质感和厚度与周围青铜材料相近，而芯撑与基体接触的界面处往往能观察到线状轮廓[16]。

泥芯撑在X光片上的特征：泥芯撑所在位置因青铜壁薄，对X光吸收较少，通常出现较周围更暗的吸收区域，其明度的高低主要取决于残留铜壁的厚度以及泥芯撑范土（或泥芯撑脱落后在埋藏过程填充的土壤）的密度。泥芯撑与周围基体材质接触的界面区域没有明显的暗色吸收条纹。

铜质芯撑在X光片上的特征：铜质芯撑材料若是容易被腐蚀的，在X光片上往往呈现较暗的吸收；若与基体材料组成接近，在X光片上整体明度与周围相仿；若为耐腐蚀性高于基体材料者，在X光片上甚至呈现较亮的区域。铜质芯撑内部明度普遍较泥芯撑均一，而最典型的特征是在与周围基体接触的界面存在暗色连续或间断的吸收线，从而勾勒出芯撑的轮廓。

四、铺：分铸与披缝

铺（M1∶10）与铺（M1∶24）

1. 基本情况

铺（M1∶24）与铺（M1∶10）形制、大小、纹饰及铭文相同，均残，如图2-46所示。口径24.6、底径22.4、足径17.6、通高24.6厘米。覆钵形盖，盖顶有8个外卷的花瓣，盖沿有4个对称小钮与器口相扣。器为浅盘，直口，平折沿，方唇，腹壁较直，平底，粗柄，喇叭形圈足。花瓣内为镂空蟠螭纹，盖顶中心、外围及腹部各饰一周交体龙纹，柄、圈足饰长方形镂孔[10]。

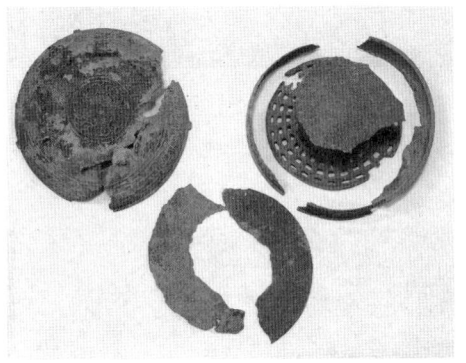

(a) 铺（M1∶24）　　　　(b) 铺（M1∶10）

图2-46　铺保存状态

盖内及盘底部均铸有相同铭文，6列28字，重文2字，盖铭为：

有殷天乙唐（汤）
孙宋公𩰙（固）作
浅叔子馈篚（铺）
其眉寿万年
子子孙孙永保用
之[10]

2. 铸造工艺分析

如图2-47显示，通过X光片可以看到，铺（M1∶24）与铺（M1∶10）盖厚度不均，铭文清晰可见。仔细观察能看到四条披缝痕迹，已被打磨干净；通过观察纹饰细部，也能看到披缝痕迹。一共四道披缝，间隔盖上的四枚钮呈对称分布，盖上的交体龙纹在披缝对应位置出现断裂。因此可以判断敦盖为四分范浇铸，花瓣与盖体部分没有发现铸接痕迹，应为一体整铸，如图2-48所示。

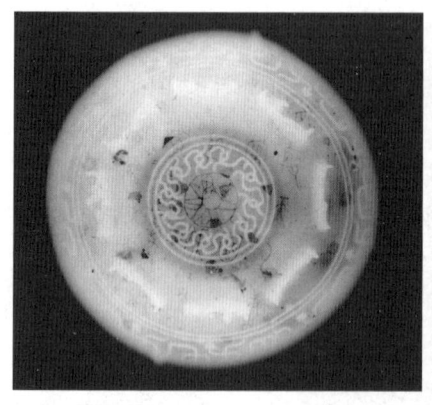

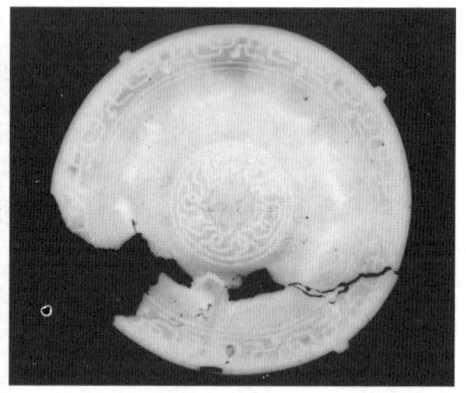

(a) 铺(M1∶24)　　　　　　　　(b) 铺(M1∶10)

图2-47　铺盖X光片

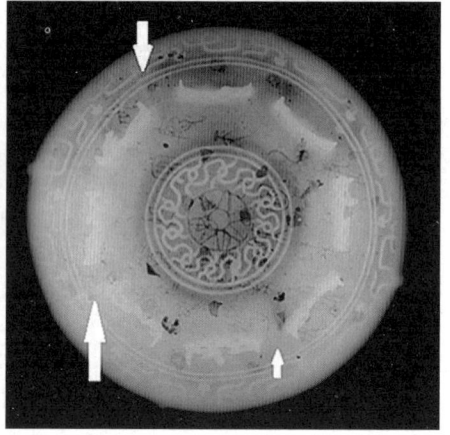

图2-48　铺(M1∶24)盖纹饰断裂处与披缝痕迹

铺(M1∶24)与铺(M1∶10)圈足部分为焊接制成，铺腹部有三道披缝痕迹，器身为三分范浇铸而成。镂空喇叭形圈足上方存在披缝、芯撑孔以及焊接的痕迹(图2-49)。两件铺圈足在细节上有一定区别。

铺(M1∶10)圈足焊接位置(图2-50)可以看到三圈矩形焊料痕迹，颜色较基体偏灰黑色，应为铅锡焊料[3]，内部对应3枚榫头，附近分别分布

图2-49 铺(M1：24)披缝局部

2枚芯撑孔，一共6枚芯撑，分布不均匀，呈矩形。靠下部的镂空纹饰处能观察到未打磨完全的环形披缝痕迹。推测喇叭圈足至少使用了3块内芯：靠近腹部无镂空部分使用了1块内芯，这解释了6枚芯撑的使用原因；由于镂空纹饰规划线与披缝不易区分，因此镂空部分以披缝为分界，至少分为2块内芯，也可能更多。由于铺喇叭形圈足为两端大中间小的结构，因此3块内芯是比较合理的推测[13]。

图2-50 铺(M1：10)圈足局部

铺(M1：24)圈足部分同样为焊接(图2-51)，三圈焊料为椭圆形，而非铺(M1：10)的矩形，颜色呈发亮的黑色，应为铅锡焊料。内部同样存在3枚榫头，分别在焊接位置附近固定1枚泥芯撑。泥芯撑呈扁平状，与铺(M1：10)的芯撑形状设计也有显著区别。铺(M1：24)焊接位置能清晰看到披缝，为铺腹三分范留下的披缝。据此可以推测焊接时，利用了铸成器腹之后残留的三道披缝。

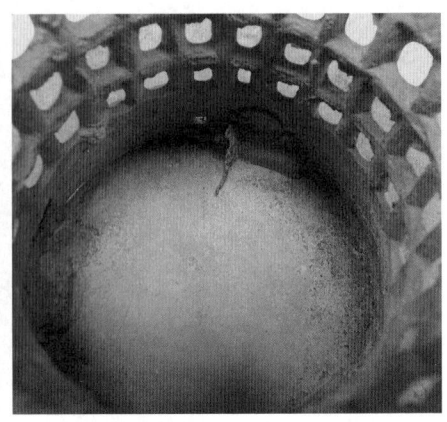

图 2-51　铺（M1∶24）圈足局部

两铺焊接部分细节工艺区别较大，推测并非出自同一匠师之手。而圈足镂空部分的规划线并不均匀，包括交体龙纹也存在较多缺陷，人工刻画痕迹高低不平，所以两件铺设计精美，但工艺不算精致。

铺（M1∶24）大量使用了垫片。仅仅铺（M1∶24）盖上即使用了21枚之多，在 X 光片上可以比较清晰地辨认，这体现了垫片工艺的滥用。泥芯撑通常呈三角钉型或四边形、十字型等规则形状；而铜质芯撑来源于废铜，通常呈四边形或多边形[17]。另外，泥芯撑通常整体呈现暗色吸收，其界线位置与周边青铜基体材质分界不明显。这是由于泥范的材质以二氧化硅为主，包含部分钙、镁的硅酸盐，以及可能存在的少量铁等其他元素，系以非金属为主的材质。而铜质芯撑，通常使用同批废弃铜料制成，其成分为以青铜为主的金属。在埋藏环境中发生腐蚀时，垫片与基体作为两种不同材质的金属，在土壤中形成微电池。垫片与基体材质之间存在缝隙，阳极材料会在界线处加速腐蚀，即发生缝隙腐蚀。这种情况下通常能观察到深色的腐蚀呈线状勾勒出垫片边缘的现象。通过这些现象可以区分铜质芯撑与泥芯撑[16]。

两铺垫片分布随机性比较大，这与M1出土的鼎（M1∶26）、鼎（M1∶39）、鼎（M1∶9）类似，其铭文也与三鼎相同，因此应当是由同一工坊铸造的青铜器。这几件青铜器相对于同时期中原地区青铜器而言，做工并不精致。

五、罍：铸接工艺

罍（M1∶20）与罍（M1∶19）

1. 基本情况

罍2件，均残破较甚。标本（M1∶20），口微侈，斜折沿，方唇，直领，圆肩，腹内收，平底微内凹，三蹄形足。肩部有四个兽首耳，耳间各有一隆起的圆形泡，上饰云雷纹、重环纹各两周。腹上部饰两周绚纹，间饰云雷纹，下部饰六组蟠螭纹。M1∶19与M1∶20的形制、纹饰基本相同，唯无三蹄形足（图2-52）。

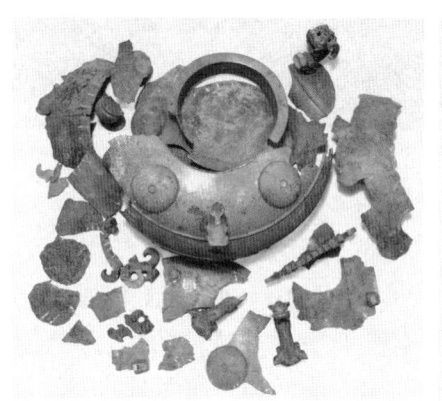

图2-52 罍（M1∶19）修复前后整体外观

2. 铸造工艺分析

两罍整体均残（图2-52），四耳分兽耳与交体龙耳两种形制，对称排列。披缝打磨光洁，在兽耳下阴处分别有一道残留痕迹（图2-53）。兽耳为镂空造型，与罍身连接部分有铸接痕迹。

罍（M1∶20）耳部与罍身连接部分能观察到凹槽（图2-54），呈现明显的铸接特征。罍耳先铸，在耳范靠近罍身的连接部分置一块泥芯，待罍耳铸出后，形成一个凹槽。待浇铸罍身时，将罍耳及耳块范一同置于罍外范中，铜水将流入凹槽，将罍耳与罍身连接[12]~[14]。除此之外，可以在X光片中观察到连接部位存在一个黑色的孔洞，为插销结构，可以确保罍耳与罍身连接牢固。插销的做法即在铸造罍耳时的泥芯上设置一对芯撑，铸成的罍耳便有一对芯撑孔，待罍身浇铸完成，则形成插销结

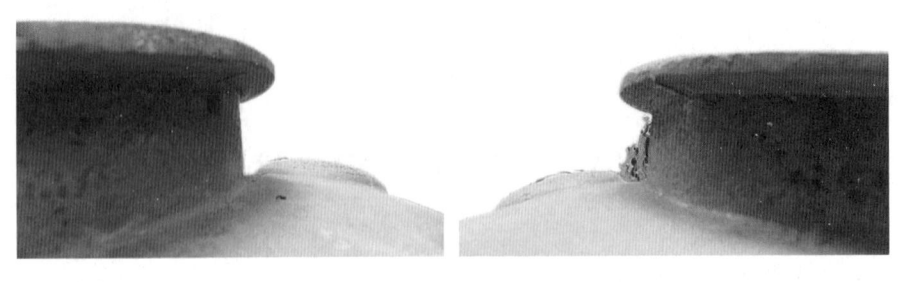

图 2-53 罍（M1∶19）披缝痕迹

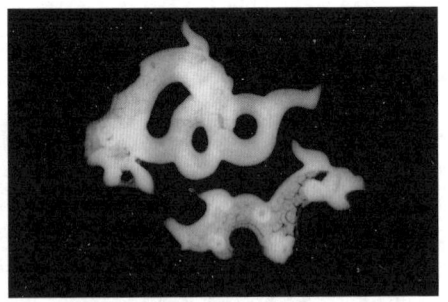

图 2-54 罍（M1∶19）耳局部与 X 光片

图 2-55 罍（M1∶19）耳局部的插销结构

构[15]（图 2-55）。

罍（M1∶20）耳上能观察到镂空部分左右错位的痕迹：镂空部分左右两边存在明显的高低差异。兽脊上中部贯穿的披缝，内部也发现范土痕迹（图 2-56）。这显示了兽耳的铸造方式：镂空兽耳使用两块外范以及泥芯组成铸型，浇铸而成[14]。左右两边错位则是因合范时错位引起的，分型面即为兽脊截面。

此外，罍（M1∶20）耳兽首上牙部分脱落，可以看到，兽首上的牙铆接于兽首之上，能观察到明显的铆接痕迹（图 2-57）。

罍（M1∶19）无足，罍（M1∶20）有三蹄足。蹄足上能观察到 6 枚泥芯撑以及底部方形芯撑孔（图 2-58），足内部为泥芯。蹄足与罍的连接部分可以看到明显的铸接痕迹，可以推断足部与罍耳铸接工艺相似，先铸出足，然后将足范置于外范，再浇铸器身[13]。

罍（M1∶19）纹饰较多，其中有典型的重复纹饰单元结构，其制作

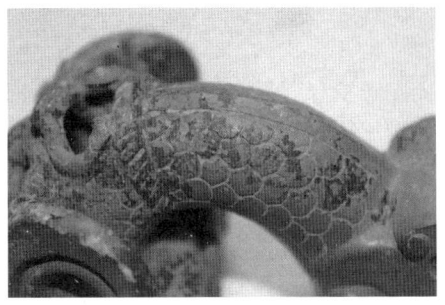

图 2-56　罍（M1∶19）耳局部的错位与披缝

图 2-57　罍（M1∶19）耳兽首局部

图 2-58　罍（M1∶20）蹄足局部

方法以腹部蟠螭纹最为典型。可以观察到纹饰左右两端高低不等，虽经打磨，仍能看到中部从上至下的披缝（图2-59），这是纹饰的块范分范留下的痕迹。同时所有蟠螭纹上出现的手工处理痕迹相同，说明罍（M1∶19）蟠螭纹并非手工一个个刻划，而是运用了活块范工艺，通过一个纹饰模，翻出6套带有纹饰的活块范，嵌入器身外范中，整体二分范浇铸而成[15]。

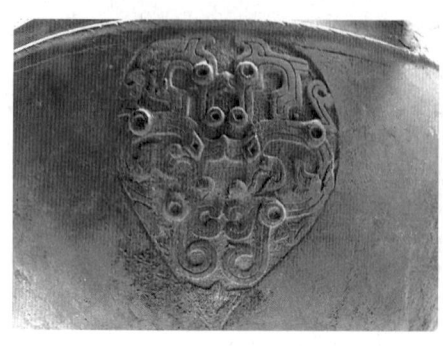

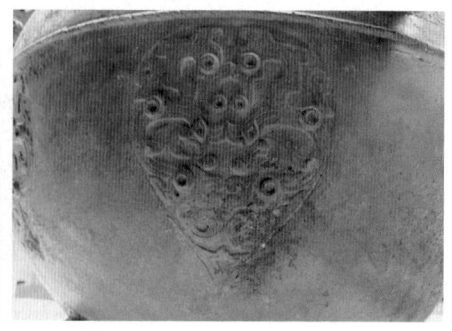

图2-59 罍（M1∶19）不同蟠螭纹局部

两罍工艺精致，尤其是在兽首等局部，披缝打磨细致。纹饰整体比较标准，刻纹缺陷较少，体现了较高的工艺水平。

六、红铜纹饰青铜器工艺特征

（一）敦（M1∶6）与敦（M1∶44）

1. 基本情况

敦（M1∶6）与敦（M1∶44）为两件完全相同的器物，口径25.6、底径13.8、通高14.6厘米，如图2-60所示。盖、器相合近椭圆形。弧形盖，顶置喇叭形捉手，口沿有3个小钮与器沿相扣。器侈口，略束颈，斜弧腹，平底。盖、器两侧各有对称的三棱形环钮。喇叭形捉手内饰红铜纹饰齿状纹和涡纹，盖面饰一周红铜纹饰齿状纹，近沿处饰一周红铜纹饰瑞兽纹。腹部饰红铜纹饰瑞兽纹和齿状纹[10]。

2. 铸造工艺分析

敦（M1∶6）与敦（M1∶44）成对，形制、纹饰及大小基本相同。两敦盖顶喇叭形捉手位置饰4枚齿状纹，盖面饰8枚齿状纹，近沿处饰8枚红铜纹饰瑞兽纹，腹部饰8枚红铜纹饰瑞兽纹以及20枚齿状纹。除此之外，捉手还饰3枚红铜纹饰涡纹。这些红铜纹饰仅露出在外壁，器内壁皆为青铜。两敦做工精致，工艺水平极高。

比较图2-61和图2-62可以看到，敦（M1∶6）与敦（M1∶44）两捉手上分别有明显的两道披缝，其余部分均看不到披缝，已被打磨干净。推测敦盖为二分范浇铸而成，敦身亦为二分范浇铸而成，分型面为两捉手的

(a) 敦(M1∶6)　　　　　　　　　　　(b) 敦(M1∶44)

图2-60　敦保存状态

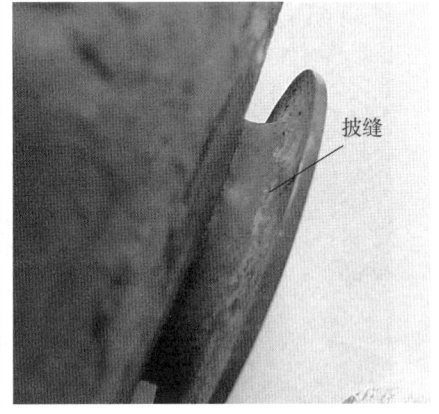

图2-61　敦(M1∶6)捉手与盖上披缝

图2-62　敦(M1∶44)捉手与盖钮细部

连接面。敦盖上没有观察到披缝痕迹，但敦盖存在3个钮，与同墓出土铺(M1∶24)与铺(M1∶10)盖类似。推测敦盖为三分范浇铸而成。

敦(M1∶6)与敦(M1∶44)在工艺细节上有区别。敦(M1∶6)捉手处每枚涡纹置2枚支钉,而敦(M1∶44)则只置1枚支钉。另外,敦(M1∶44)捉手与敦盖联结位置,对称地置4枚支钉,从内部仔细观察敦盖能看到支钉的痕迹,4枚支钉在X光片中较为清晰。

通过X光片可以看到(图2-63和图2-64),敦(M1∶6)与敦(M1∶44)的红铜纹饰使用了大量的支钉来固定。每一枚齿状纹中部皆有一枚竖直方向的支钉。每一枚瑞兽纹尾部、后爪与身部,前爪与头部,口部共设4枚支钉,捉手涡纹处也置有支钉。盖中部有三角形纹饰,置于盖内侧面。

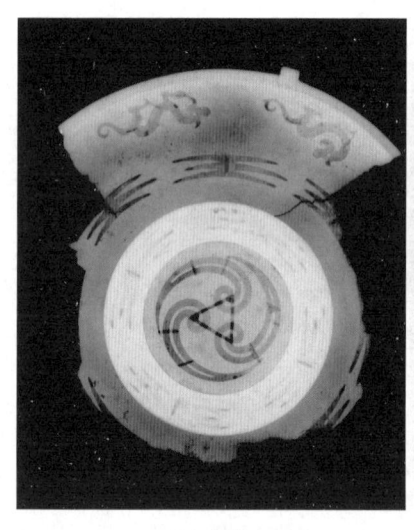

(a) 敦盖 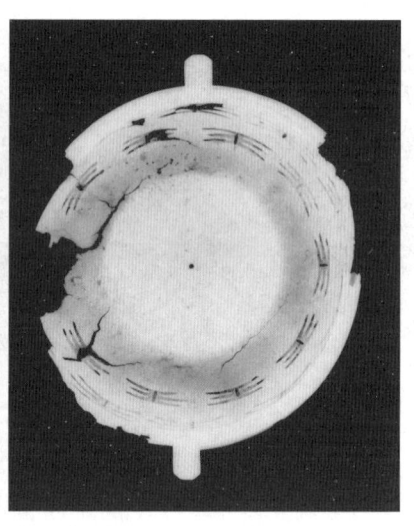　　　　　　　(b) 器身

图2-63　敦(M1∶6)X光片

图2-64　敦(M1∶44)盖X光片

目前对红铜纹饰的制作方式通常归纳为三种,其一是"镶嵌法",即先铸出青铜器物,用红铜片嵌错压入预先铸出的纹饰凹槽内,最后磨错平整。

其二是"铸镶法",即用锻制或用铜汁浇铸成纯铜的花纹薄片,然后排列在范芯上,再设置浇口和冒口,浇入铜汁,成型后错磨抛光,即得成品。

其三被称为"液态浇灌法",即同样先铸出青铜器,再通过类似于补铸的方法,在凹槽内铸出红铜纹饰,最后进行打磨[10][11]。

"镶嵌法"和"液态浇灌法"均需要先铸出青铜器,而"铸镶法"则将纹饰嵌件预先置于型腔。若先铸青铜器,则通常通过刻划纹饰或贴纹饰片的方式铸出纹饰凹槽。若以刻纹法制凹槽,不需要置垫片。徐楼青铜器大多使用以方形为主的垫片,而非两敦上观察到的条形。因此两敦红铜纹饰为"铸镶法"制得,并使用了支钉。

现有的关于"铸镶法"红铜纹饰的文献中,关于红铜纹饰本身制作方式鲜有确凿的推断,以猜测居多。就敦(M1∶6)而言,我们测量了红铜纹饰的细节数据。瑞兽纹分为头朝前(正向)与头朝后(回头)两种纹饰。使用游标卡尺测量每枚瑞兽前爪与后爪相同位置间距,回头瑞兽纹爪间距均为14厘米,而正向瑞兽纹爪间距均为12厘米,几乎没有误差。

如果纹饰为锻制成型,其形状受锻打的力道影响,不同细节数据不可能完全相同。因此两敦红铜纹饰嵌片应当为铸造而成,同样的纹饰嵌片使用了同一套模具。

(二)盘(M1∶5)与盘(M2∶22)

1. 基本情况

(1)盘(M1∶5)

平折沿,方唇,微鼓腹,平底,三蹄形矮足。附耳曲折,耳上饰兽面纹。腹及底部饰红铜纹饰菱形纹。口径44、腹径43.2、高12.8厘米。通体无垫片,但镶嵌有29枚菱形红铜纹饰,其中上腹一周10枚,下腹一周10枚,底部排列9枚,耳与蹄足皆叠压在菱形红铜纹饰上。这些红铜纹饰厚度与器壁相当,透镶于盘内外壁[10],如图2-65所示。

图2-65 盘(M1∶5)整体外观

从脱落的盘耳位置可以看到,盘耳为分铸,后铸接于盘身,是通过榫卯结构连接的[15]。通过该位置,也能细致地观察到盘耳与盘身的叠压关系,菱形红铜纹饰的角被榫头结构所打破,红铜纹饰应早于盘耳先铸。榫头处结构复杂,涉及红铜青铜合金电极腐蚀、缝隙腐蚀等综合腐蚀机理,因而呈现出复杂的腐蚀特征,同时存在氧化亚铜、蓝铜矿、孔雀石等多种腐蚀产物,如图2-66所示。

图2-66 盘(M1∶5)耳细部

三蹄足为分铸,底部正中分别有一道凸出痕迹,可能为浇口或冒口。足空心,靠底端细颈处对称置4枚泥芯撑,可以观察到明显的矩形芯撑孔,靠外侧对称分布3枚,内侧1枚,形态较小,不甚均匀,如图2-67所示。

图2-67 盘(M1∶5)足细部

盘上每一枚红铜纹饰皆透镶于盘身。另外,在锈蚀脱落的红铜纹饰镶槽中部,可以清晰观察到青铜基体部分支出的"榫头"结构。每一处脱落的菱形红铜纹饰镶槽的四条边上都存在这种榫头,如图2-68所示。榫头位于器壁中间,厚度约为器壁的三分之一。

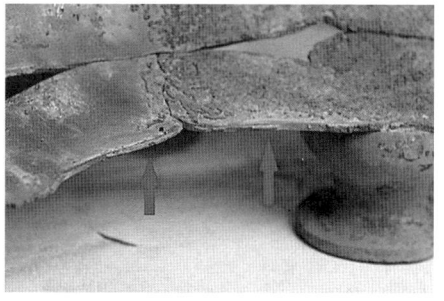

图 2-68　盘(M1∶5)镶槽细部

（2）盘（M2∶22）

平折沿，方唇，附耳折曲，上腹近直，下腹内收，平底，三蹄形足较矮。腹部饰红铜纹饰菱形纹，底饰红铜纹饰菱形纹和瑞兽纹。腹深6、高9.6厘米，存在变形，口径最大38、最小37厘米。菱形红铜纹饰长94、宽17毫米。耳长7.3、高8.3厘米。通体无垫片，但镶嵌有29枚菱形红铜纹饰，其中上腹一周10枚，下腹一周10枚，底部排列9枚。另外，在底部饰有8枚瑞兽红铜纹饰。红铜纹饰瑞兽纹可分为奔走瑞兽与回首瑞兽，交替排列于底部9枚菱形红铜纹饰外周，所有红铜纹饰皆透镶于器壁[10]，如图2-69。

图 2-69　盘(M2∶22)整体外观

三蹄足为分铸，分别叠压1枚菱形红铜纹饰。底部正中各有一道凸出的痕迹，可能为浇口或冒口，如图2-70所示。足部外观光整，未观察到泥芯撑的存在。盘耳亦为分铸，且叠压菱形红铜纹饰，如图2-71所示。其铸接方式类似于盘（M1∶5），采用榫卯结构固定。该盘红铜纹饰脱落较少，从细部照片（图2-72）可以看到，该盘采用了普通的平口镶槽而非如盘（M1∶5）那样带凸榫的镶槽。

图 2-70　盘（M2∶22）足

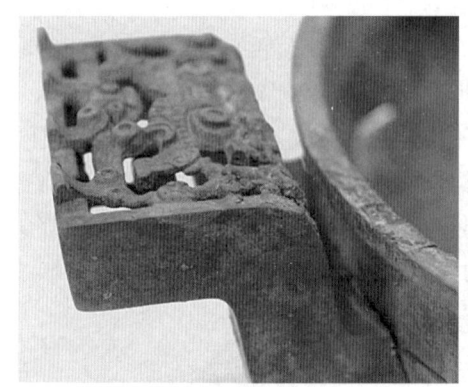

图 2-71　盘（M2∶22）耳

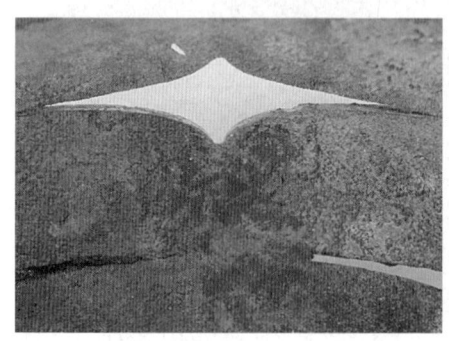

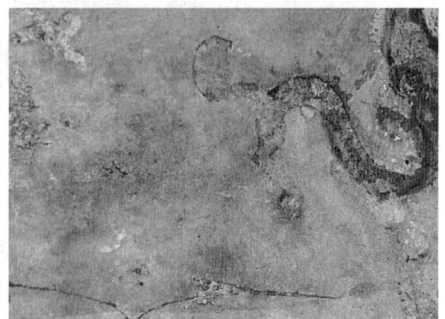

图 2-72　盘（M2∶22）镶槽局部

从残存的红铜纹饰所在处（图 2-73）可以看到，在盘外壁，大多数菱形/龙形红铜纹饰与青铜基体相接触的部分，其界线并不清晰，出现了缺陷，纹饰所在被一层与周边青铜相近的青铜薄壁覆盖。这种情况在内壁出现较少，外壁较多；盘侧壁出现较少，底部较多。

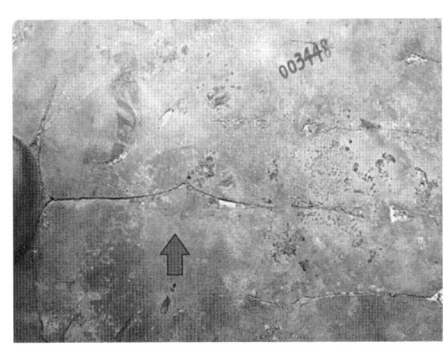

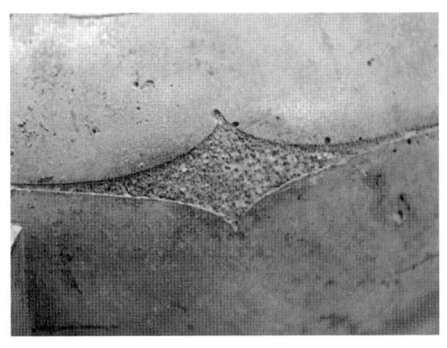

图2-73 盘(M2:22)底部和侧壁红铜纹饰

2. 铸造工艺分析

盘(M2:22)器体无垫片,通体镶有27枚菱形红铜纹饰,以及8枚虎纹红铜纹饰,如图2-74所示。这些红铜纹饰厚度与器壁相当,贯穿于盘内外壁。对该器物红铜纹饰的制作给出三个可能的工艺假设:

a. 先浇铸盘整体,预留出菱形以及虎形孔洞,再将红铜纹饰镶嵌其中。

图2-74 盘底菱形纹

b. 先浇铸盘整体,预留出菱形以及虎形孔洞,再在孔洞位置设两块泥范,浇铸红铜纹饰,打磨光洁。

c. 先铸出红铜纹饰。待制出盘外范及内芯之后,将红铜纹饰置于型腔之中并固定,再将盘整体浇铸成型[16]。

红铜与青铜材质不同。红铜的腐蚀产物中以铜的腐蚀产物为主,腐蚀速度高于青铜,红铜靠外层很快被腐蚀,并导致红铜部分体积膨胀;而青铜材质在腐蚀过程中,锡氧化电位较高,会形成致密的锡氧化膜,阻碍内部铜成分与环境接触,因此腐蚀速度较低,同时体积膨胀的程度较红铜小。在埋藏过程中,由于体积膨胀程度不同,红铜纹饰与青铜壁连接能力下降,在界线位置出现裂缝,甚至发生红铜纹饰脱落现象。同时,由于腐蚀产物的差异,青铜器壁表面将会生成一层锡氧化膜,而红铜表面主要是铜的腐蚀产物,在外观以及成分构成上有明显的差异。

对于盘(M2:22),从腹部观察红铜纹饰内壁,可以观察到红铜纹饰呈红褐色以及蓝黑色腐蚀,而周围基体部分则多灰绿色锈蚀;同时,红铜纹饰上半部分有明显菱形裂纹。整个红铜纹饰分界线清晰可见。几乎所有菱形红铜纹饰内壁都能观察到类似的现象。便携XRF对红铜纹饰内壁表面以及周围基体表面成分分析结果如表2-1所示。

表2-1 便携XRF对红铜纹饰内壁表面以及周围基体表面检测结果

（Wt%）

成 分	Cu	Sn	Pb
基体表面	29.028	32.854	25.185
红铜纹饰表面	60.519	13.038	6.908

可以看到，红铜纹饰内壁表面铜成分显著地高，锈蚀成分差异导致红铜纹饰和青铜基体在外观上界限分明。红铜纹饰内壁锈蚀产物基本是由红铜腐蚀形成的。

从外壁观察，可以看到，如图2-75所示，盘底部红铜纹饰普遍出现了铸造缺陷：这些红铜纹饰在外观上与旁边基体材质接近，某些部分甚至不能观察出与周围青铜界线的存在。

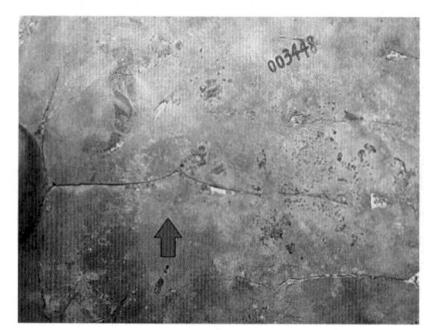

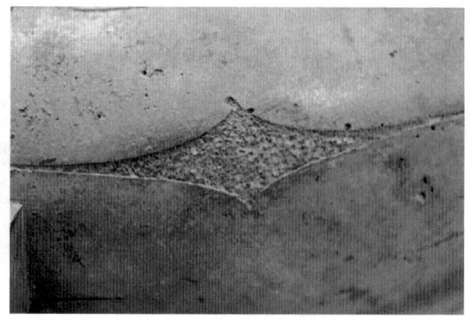

图2-75 盘底菱形纹饰对比

然而菱形红铜纹饰这种铸造缺陷在侧壁上却鲜有所见：器壁上，菱形红铜纹饰外壁与周围青铜材质在外观上有明显差异，锈蚀形态差别显著，而接触界面清晰可见。

通过便携XRF分析底部红铜纹饰外壁表面、侧壁红铜纹饰外壁表面以及基体表面成分，结果如表2-2中所示。

可以看到，底部与侧壁红铜纹饰外壁表面成分有非常显著的差别，侧壁铜含量非常高，而底部锡铅含量较高，整体成分与基体青铜接近。可以认为：侧壁红铜纹饰外壁表面锈蚀产物主要是由红铜腐蚀形成的；而底部

表 2-2 便携 XRF 检测结果

(Wt%)

成　分	Cu	Sn	Pb
青铜基体表面	29.028	32.854	25.185
红铜纹饰（底部）	24.162	33.554	27.139
红铜纹饰（侧壁）	70.402	9.27	9.185

红铜纹饰外壁表面锈蚀产物由与基体材质接近的青铜形成。

结合内外壁观察和分析，可以有如下推论：

a. 侧壁和底部菱形红铜纹饰在盘内壁表面均为贯穿内壁的红铜材料。

b. 侧壁菱形红铜纹饰在盘外壁表面也为贯穿外壁的红铜材料。

c. 而底部菱形红铜纹饰在盘外壁表面则为与周围基体材料接近的青铜。

根据以上推论，可以对前文所述红铜纹饰的三种主要工艺假设进行判断：

a. 若采用先整体浇铸出器物，预留空槽，再镶嵌红铜纹饰的工艺，工匠可以通过外范和内芯组合铸成多空槽的器物形制。而为能嵌入红铜纹饰，在浇铸成型后，必须打磨空槽，预留出红铜纹饰的位置，才能确保红铜纹饰内外相通地镶入盘中。若由于铸造缺陷导致红铜位置出现青铜薄壁，工匠也必须打磨薄壁，预留空槽，不可能出现盘（M2∶22）底部红铜纹饰外壁表面的现象。

b. 若采用先铸器物，预留出空槽，再浇铸红铜成型的工艺，那么，与a判断类似，工匠会明显地观察到青铜薄壁的铸造缺陷，打磨青铜薄壁，以确保铸成的红铜纹饰内外壁贯通，同样不可能出现盘（M2∶22）底部红铜纹饰外壁表面的现象。

c. 若采用先铸出红铜纹饰，将其置于型腔之中，再浇铸器物的工艺。为了确保红铜纹饰固定在型腔之中，必须在泥范尚未彻底干燥时，将红铜纹饰贴于范上。然而在干燥甚至焙烧的过程中，泥范体积收缩，可能导致原本填充在型腔中的红铜纹饰不能完整填充整个型腔，在内芯与外范之间留下一个空腔（如图2-76），导致青铜浇铸过程中有铜水流过，这样则会在红铜纹饰空腔位置留下一层青铜壁。空腔靠外范，故最终可能形成盘（M2∶22）底部红铜纹饰外壁表面的现象。因此推测盘（M2∶22）使用了该种工艺[12]。

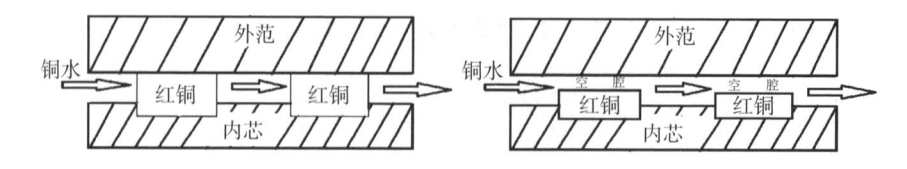

图2-76　红铜纹饰镶嵌示意图

3. 讨论

盘(M2∶22)的每一只足分别使用了3枚泥芯撑,而整个器身未发现泥芯撑或者垫片的存在。若盘(M2∶22)使用了前述铸造工艺,在器身铸造过程中,由于在型腔内放置了菱形和虎形红铜纹饰,这些红铜片已经起到了铜质芯撑的作用,故并不需要额外放置垫片。

盘(M2∶22)底部红铜纹饰多有前述外壁铜水流过的铸造缺陷,而侧壁多无。图2-77可以观察到盘(M2∶22)三只足上分别有浇口(冒口),足与器体为一次铸成,故盘(M2∶22)应当为倒浇。

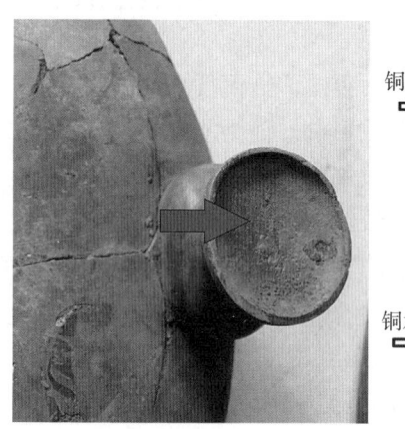

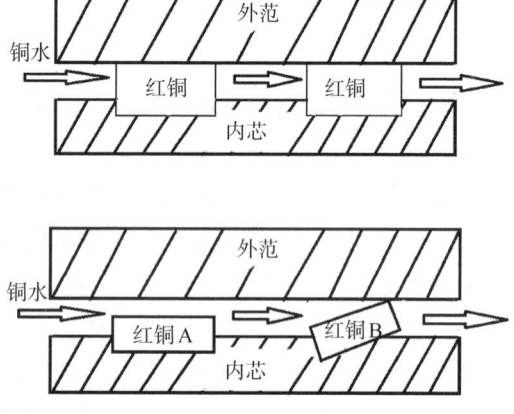

图2-77　足部冒口　　　　图2-78　红铜纹饰移动示意图

由于红铜纹饰采用了预先贴敷的固定方式,倒浇的条件下,相对于侧壁,底部红铜纹饰置于尚未干燥的内芯上(如图2-78),受重力和内芯收缩作用的影响,在干燥焙烧的过程中,红铜纹饰易随内芯收缩向下发生规则(红铜A)或不规则(红铜B)的沉降,导致靠外范位置出现完整或者不完整空腔,这些空腔在铸造过程中有青铜水流过,最终形成一层青铜薄壁。由于重力作用,底部红铜纹饰更容易发生位移。这就解释了盘(M2∶22)底部菱形和虎形红铜纹饰多出现铸造缺陷,而侧壁缺陷较少的现象。

（三）匜（M1∶38）与匜（M2∶20）

1. 匜（M1∶38）

匜（M1∶38）与盘（M1∶5）成对。该匜微残，口呈椭圆形，两侧有对称的弯曲凹槽，浅腹，圜底，三蹄形矮足（图2-79）。虎首形管状流微上昂，尾端附一兽首鋬手，鋬手与流处分别覆压一片状兽首（图2-80）。长33、宽19.2、高11.8厘米。匜表面光洁，尤其是器物外壁在光照下略微泛光，近似绿漆古。通体无垫片，镶嵌22枚菱形红铜纹饰，厚度与器壁相当，贯穿于匜内外壁。其中上腹一周8枚，下腹一周7枚，底部排列7枚，间错布置。下腹3枚被三蹄足所叠压[10]。红铜纹饰多已脱落，保存较好的部分红铜纹饰腐蚀严重，其上覆盖了较厚的浮锈层。

鋬手部分与器身有明显的分铸接缝（如图2-80）。另外，在鋬手下方，

图2-79 匜（M1∶38）整体外观

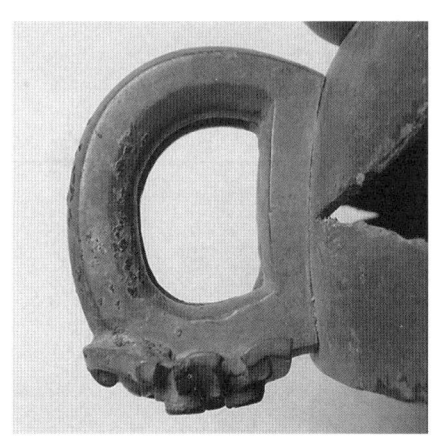

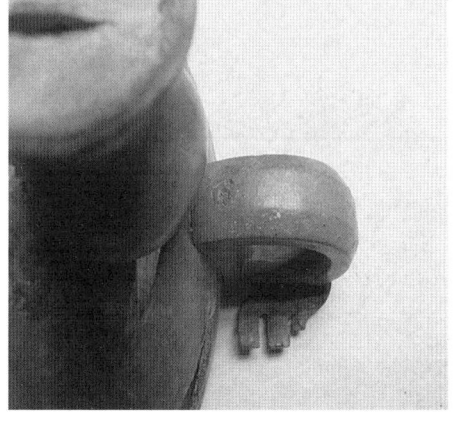

图2-80 匜（M1∶38）鋬手局部

为确保鋬手与器身连接牢固而设置了榫卯结构,在鋬手表面留下了青铜榫头。

在匜(M1∶38)流与片状兽首连接处也能观察到类似现象。如图2-81所示,片状兽首铸接于流之上,从内部可以观察到左右两侧凸起的青铜铸接结构,流的侧面可以观察到圆柱形榫卯结构。这种榫卯结构存在于流左右两侧,用来确保兽首连接稳固[15]。

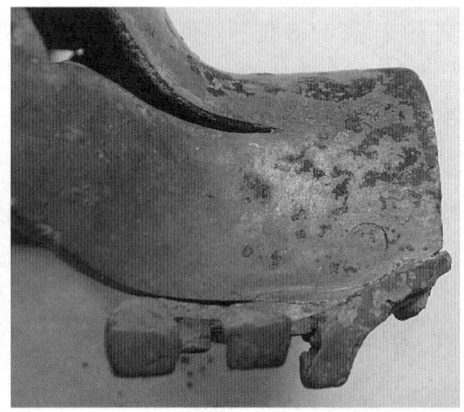

图2-81　匜(M1∶38)流局部

该匜存在几处值得注意的补铸痕迹。其一为鋬手处的补铸,如图2-82。该鋬手为空心半环鋬。匠师在铸造匜身后,在鋬手紧贴匜身处用补铸材料加固鋬手与匜身的连接。补铸材料颜色较青铜基体偏黑,更有光泽,可能采用了流动性更好的高锡青铜材料,细部的浇铸工作更易于操

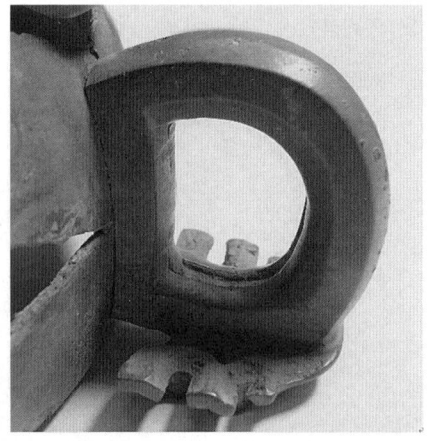

图2-82　匜(M1∶38)鋬手补铸痕迹

作[8]。而鋬手靠外侧的内部，则能明显观察到土黄色的范土。

除了鋬手外，在流处也进行了补铸，如图2-83。补铸位置为流与片状兽首前端部分左右两边的接口处，仅通过榫卯结构与流连接的片状兽首容易掉落，通过补铸可以加固兽首的连接结构。

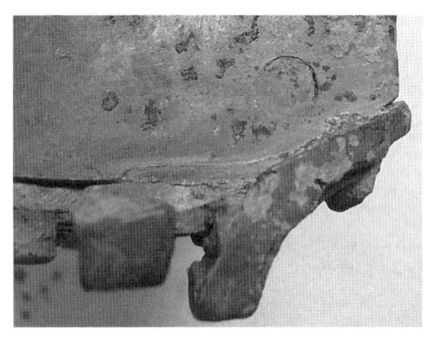

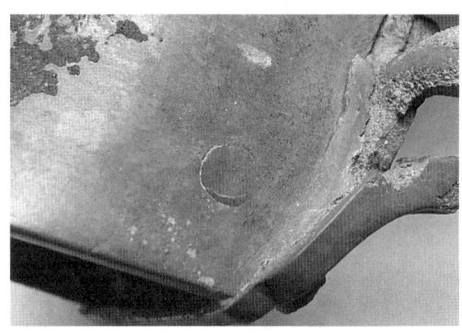

图2-83　匜（M1∶38）流处补铸痕迹

该匜的每一枚红铜纹饰皆透镶于匜身。另外，如图2-84所示，在锈蚀脱落的红铜纹饰镶槽中部，可以清晰观察到青铜基体处支出的榫头结构，与盘（M1∶5）相同。

2. 匜（M2∶20）

匜（M2∶20）与盘（M2∶22）

图2-84　匜（M1∶38）红铜纹饰镶槽

成对。该匜为椭圆形，半筒状流，口微敛，腹微鼓，环形鋬手，圜底，四环形足（图2-85）。流口及鋬手饰兽面纹，鋬手处覆压一片状兽首，流处或亦有一片状兽首，但已脱落，无法分辨。腹部饰红铜纹饰瑞兽纹，底饰红铜纹饰菱形纹。长26.8、宽14、腹深5.8、高10.4厘米。通体无垫片，但镶嵌9枚菱形红铜纹饰和4枚瑞兽纹红铜纹饰，其中鋬部与流各饰1枚弯曲状菱形红铜纹饰，底部排列有7枚菱形红铜纹饰。腹部一周饰4枚瑞兽纹红铜纹饰，鋬手叠压于1枚菱形纹饰上。红铜纹饰保存相对较好，几无脱落的情况，表面覆盖土锈。

可以看到，该匜外壁菱形红铜纹饰表面有一层外观上与周边青铜材质接近的覆盖，与盘（M2∶22）情况相同，为铸造过程中产生的缺陷（如图2-86所示）。腹底部5枚菱形红铜纹饰均存在该缺陷，又以居中的红铜纹

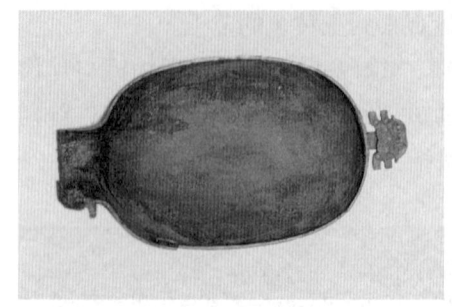

图 2-85　匜(M2∶20)整体外观

（a）盘(M2∶22)　　　　　　　　（b）匜(M2∶20)

图 2-86　盘(M2∶22)和匜(M2∶20)红铜纹饰缺陷

饰最为严重。

该匜鋬手为分铸,再铸接而成。在鋬手鋬环底部也有一榫卯结构痕迹,与匜(M1∶38)相似,但是鋬环鋬手内部并没有类似于匜(M1∶38)的补铸痕迹,如图2-87所示。

图 2-87　匜(M2∶20)鋬手局部

类似的榫卯结构同样出现在流的位置(图2-88),位于流与片状兽首连接处左右两侧,然而上述两处榫卯的形状为方柱型[15],其作用依然是固定片状兽首与流,但是并未使用补铸工艺来提升连接强度。

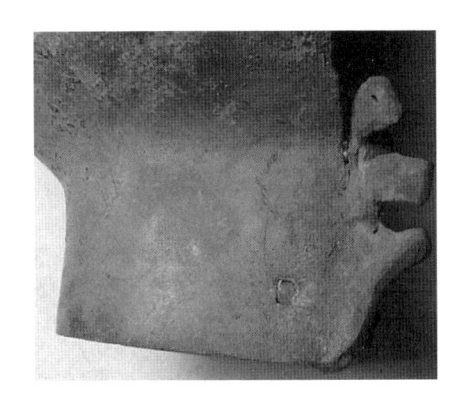

图2-88 匜(M2∶20)流局部

(四)舟(M2∶21)

1. 基本情况

该舟椭圆形,子母口。盖面微鼓,中间有一环钮。器口微侈,圆唇,短束颈,弧鼓腹,一侧有一环形銴手,平底微内凹,如图2-89所示。口长19.2、宽14.3厘米,腹长20、宽15.4、深7厘米,通高9.6厘米。腹部饰两圈禽兽纹和菱形纹。上腹部饰走兽与禽鸟,靠近銴手两侧为禽鸟,背对背,各自间隔一走兽,再为两只禽鸟,共计4禽鸟2走兽;下腹部与上腹部间错排列6枚菱形红铜纹饰。舟盖正中环钮处镶嵌1枚蝠形红铜纹饰。蝠形红铜纹饰前后左右四个方向分别嵌1枚菱形红铜纹饰[10]。所有红铜纹饰皆置于盖外壁。

图2-89 舟(M2∶21)整体外观

2. 工艺特征

舟盖破碎,舟腹部饰菱形与禽兽纹红铜纹饰,环钮处置1枚蝠形红铜纹饰。红铜纹饰皆置于盖外壁,与盖内壁不连通。通过X光片可以观察到菱形纹饰与蝠形红铜纹饰上分别置有2枚垫片，垫片被自然腐蚀，在图2-90中清晰可见。蝠形红铜纹饰的垫片位于环钮两侧，可见缝隙腐蚀，整体亮度与周围纹饰相似，比较典型，为铸造青铜型腔时使用的垫片。垫片材质为青铜，在X光片上显示其成分大体与基体接近。

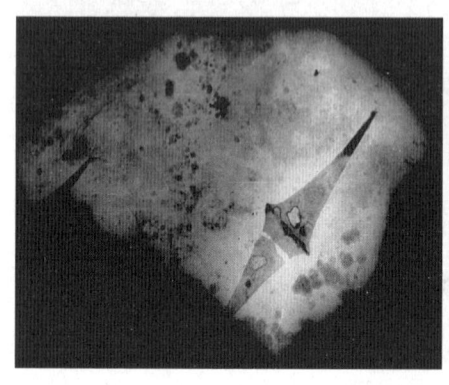

图2-90　舟(M2∶21)X光片

3. 铸造工艺研究

舟(M2∶21)的红铜纹饰非常值得关注，是该批青铜器中唯一带有禽兽与蝠纹红铜纹饰的青铜器，也是该批青铜器中唯一在红铜纹饰上设置垫片的青铜器。

如前所述，目前对红铜纹饰的制作方式通常归纳为三种，其一是"镶嵌法"，其二是"铸镶法"，其三被称为"液态浇灌法"[16]。

为研究舟(M2∶21)盖红铜纹饰的具体铸造工艺，于舟盖菱形红铜位置切取样品，通过对样品进行金相分析，以最终确定铸造工艺。使用冷镶法对样品进行镶样处理，并打磨光洁。

样品使用三氯化铁溶液侵蚀之后的金相显微组织如图2-91所示。金相整体显示为铸造态青铜组织，为α固溶体与(α+δ)共析体组成，几乎观察不到偏析，有少量铅颗粒与孔洞。其中共析体形态细小，部分共析体已被腐蚀，呈岛状弥散分布在α固溶体之间。这说明舟(M2∶21)盖整体为一次铸造而成[25]。

于舟盖菱形红铜位置另切取部分样品，使用冷镶法对样品进行镶样处理，并打磨光洁。使用三氯化铁溶液对红铜部分进行侵蚀，红铜部分与周边青铜交界处已被大量腐蚀。图2-92周边青铜部分为α固溶体与(α+δ)共析体组成，共析体与硫化夹杂物呈岛状弥散分布，晶界受到自然腐蚀。

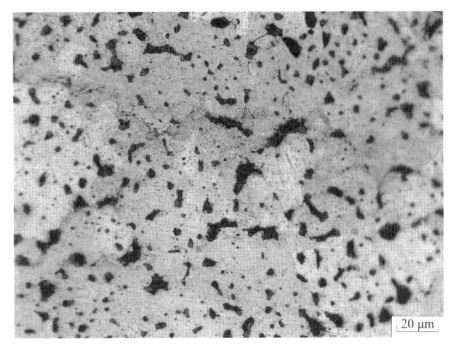

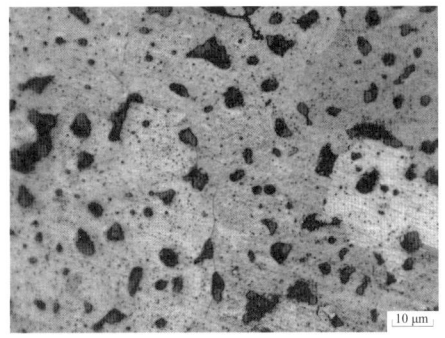

图2-91　舟(M2∶21)盖红铜纹饰附近青铜金相

红铜与青铜部分结合非常紧密,并且无磨错痕迹,这排除了"镶嵌法"制作红铜纹饰的可能。另外,若使用"液态浇灌法",意味着红铜后浇。纯铜的熔点高达1083℃,根据铜锡二元相图可知,常温下仅含α相的低锡青铜不低于800℃,铜含量越高,液态温度越高,这种高温液体接触到铸造成型

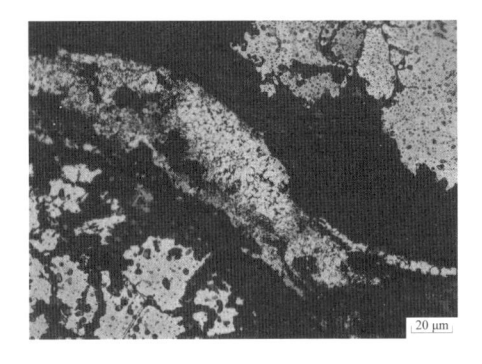

图2-92　舟(M2∶21)红铜与青铜金相

的青铜表面并冷却凝固的过程中,附近青铜基体材质的金相组织将发生改变,呈现受热均匀化组织,共析体整体将溶解,形成均一的α相,甚至青铜基体本身也将部分熔融,混入液体红铜中重新凝固[21]。而在舟(M2∶21)红铜与青铜接触部分的金相显微组织中,青铜部分依然保留有较多共析体,该舟应当使用了铸镶法红铜纹饰工艺。

除此之外,舟(M2∶21)腹部的红铜纹饰上也观察到如盘(M2∶22)与匜(M2∶20)类似的被青铜薄壁覆盖的痕迹,因此可以断定舟(M2∶21)的红铜纹饰为铸镶法制成。

[1] 尹秀娇,石敬东,苏昭秀,郝建华,刘爱民.山东枣庄徐楼东周墓发掘简报[J].文物,2014(01):4-27+1.

[2] 刘煜.圈足上的镂孔——试论商代青铜器的泥芯撑技术[J].南方文

物,2014(3):110–116.

[3] 胡东波.文物的X射线成像[M].北京:科学出版社,2012.

[4] 张夏,胡钢,胡东波,刘绪,王丽华.山东枣庄徐楼东周墓出土不知名器初探[A].考古学研究(十二)[M].北京:科学出版社,2020.

[5] 孟祥伟.东周镶嵌红铜青铜器初步研究[D],北京科技大学硕士学位论文,2009.

[6] 胡钢,王丽华.春秋时期红铜纹饰青铜器透镶铸造工艺探讨[J].铸造技术,2018(10).

[7] 李京华.固始侯古堆青铜铸镶红铜花纹工艺探讨[A].固始侯古堆一号墓[M].郑州:大象出版社,2004.

[8] 贾云福,胡才彬.对古代青铜器红铜镶嵌的研究[J].武汉工学院学报,1980(1):27–34.

[9] 山东博物馆,枣庄市博物馆.大君有命,开国承家[M].北京:北京时代华文书局,2018.

[10] 枣庄市博物馆,枣庄市文物管理委员会办公室,峄城区文广新局.枣庄市峄城徐楼东周墓葬发掘报告[A].海岱考古(第七辑)[M].北京:科学出版社,2014:59–127.

[11] 胡东波,吕淑贤.应用X射线成像对晋侯墓地出土青铜器铸造工艺的研究[A].古代文明(第13卷)[M].上海:上海古籍出版社,2013:55–81.

[12] 何堂坤.关于分铸法的问题[N].中国文物报,1996-1-21.

[13] 韩贤云.浅谈青铜器分铸法及其起源[J].江汉考古,1999(3):79.

[14] 苏荣誉,胡东波.商周铸吉金中垫片的使用和滥用[J].饶宗颐国学院院刊,2014(1):101–134.

[15] 刘煜,岳占伟,何毓灵,等.殷墟青铜器金属芯撑技术研究[J].南方文物,2015(4):97–108.

[16] 石璋如.殷代的铸铜工艺[J]."中研院"历史语言研究所集刊,1955:216.

第3章　枣庄徐楼青铜器红铜纹饰铸镶工艺

一、红铜纹饰特征与分类

1. 引言

红铜镶嵌青铜器盛行于春秋中晚期,是中国古代青铜器中极具代表性的一类器物,也是中国古代青铜艺术最高水平的代表[1]。但是,青铜器红铜镶嵌制作技术,史籍中没有相关记述。由于出土的红铜镶嵌青铜器数量有限,相关的研究报道也较少,红铜镶嵌青铜器的工艺技术一直是许多学者关注的问题。早期的学者指出这种器物的红铜纹饰通过捶打镶嵌于青铜基体上;而华觉明先生通过对曾侯乙墓出土的红铜镶嵌青铜器的研究,提出了铸镶的概念与特征,并指出红铜镶嵌青铜器的制作工艺有铸镶法和嵌镶法两种[2];在对固始侯古堆青铜镶嵌红铜纹饰的分析中,李京华进一步推理了红铜纹饰铸镶的工艺过程[3]。

红铜镶嵌青铜器的制作技术仍有许多问题有待于系统研究探讨,徐楼村出土青铜器中,有7件红铜镶嵌青铜器,即2件盘、2件匜、2件敦、1件舟。这7件器物破损十分严重,却清晰呈现了红铜纹饰与器身的结构关系,极为珍贵,为红铜镶嵌工艺研究提供了直接的物证。这7件红铜镶嵌青铜器符合华觉明先生提出的红铜铸镶特征。

与器身壁厚比较,徐楼村红铜镶嵌青铜器的红铜纹饰有等壁厚与非等壁厚两种形式,应该属于典型的铸镶法制作的红铜镶嵌青铜器[4]。本文通过对红铜铸镶工艺痕迹进行直接观察,并运用X光成像法检测红铜纹饰与青铜基体结合的内部结构,拟从红铜纹饰与器身基体结合方式这一角度,解析红铜纹饰铸镶特征,为红铜铸镶青铜器的工艺过程研究提供材料。

2. 与器身等壁厚红铜铸镶纹饰

徐楼村出土的红铜镶嵌青铜器中,红铜纹饰与器身等壁厚者有4件,即M1和M2各出土一对盘和匜(盘M1∶5和匜M1∶38、盘M2∶22和匜M2∶20)。若直接观察,可以从器物内壁和器物外壁对应位置清楚看到纹饰形态。另外,由于红铜纹饰较青铜基体锈蚀严重,许多纹饰已经矿化脱落,纹饰特征也清晰呈现出来。可以看到,与器身等壁厚的红铜铸镶纹饰与器身的结合,有平口直接镶铸和红铜纹饰预留凹槽镶铸两种模式[5]。

(1)平口直接镶铸型

M2中出土的一对盘(M2∶22)和匜(M2∶20),红铜纹饰与器身等壁厚,纹饰与器身属于平口直接镶铸而成。以盘(M2∶22)为例说明如下:盘(M2∶22)为三矮蹄形足平底盘,壁厚2.6毫米,盘腹饰两周镶嵌红铜菱形纹,底饰镶嵌红铜菱形纹,周围饰镶嵌红铜龙纹,如图3-1所示。红铜纹饰与盘身壁厚相同。

图3-1 盘(M2∶22)

图3-2为盘(M2∶22)红铜纹饰脱落处的照片。可以看到,红铜纹饰与盘身壁厚相同,底部菱形红铜纹饰腐蚀脱落后,盘底青铜基体截面口沿为平直型。

X光成像分析更清楚显示了该盘红铜铸镶纹饰特征,如图3-3所示。可以清楚看到,该盘底部不仅有5排菱形红铜纹饰,另外还有围绕菱形纹饰的一圈龙纹,其中回头龙纹与侧行龙纹各4条,相间排列。由于红铜纹饰部位的锈蚀较器身严重,图3-3红铜纹饰部位的X光影像黑度明显比基体深。另外,X光片中没有发现盘身使用垫片,由此可以推测,红铜纹饰应该是事先铸好,并固定在外范和芯范之间的,不仅起到了很好的装饰作用,还作为了铸造时的垫片使用。可见,由于与器物壁厚相同,红铜纹饰起到了垫片支撑内芯和外范的作用。

同样,图3-4中匜(M2∶20)腹部的回头龙纹红铜纹饰,其局部也因

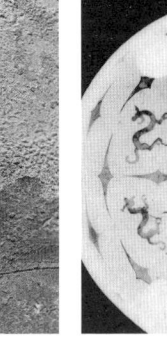

图3-2 盘(M2:22)红铜纹饰脱落处　　图3-3 盘(M2:22)X光片

图3-4 匜(M2:20)及局部红铜纹饰镶铸连接

腐蚀脱落，器身基体纹饰截面处口沿也是平直的。

(2) 红铜纹饰预留凹槽镶铸型

图3-5为M1中出土的一对盘(M1:5)和匜(M1:38)，也是红铜铸镶青铜器，红铜纹饰为菱形纹，与器身壁厚相同。该盘和匜的尺寸均较M2中的盘和匜大，观察发现，与M2不同，该盘和匜的红铜纹饰与器身通过预

图3-5 盘(M1:5)和匜(M1:38)

留的凹槽镶铸。如图3-6中所示，在红铜腐蚀脱落处，可观察到青铜器身纹饰侧壁类似于榫头的结构。

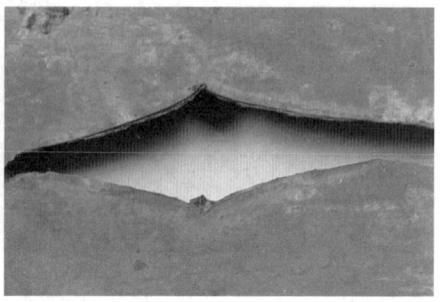

图3-6　盘(M1∶5)和匜(M1∶38)纹饰铸接处

以盘(M1∶5)为例，X光成像显示，盘(M1∶5)的器身也没有发现铸造用垫片(如图3-7所示)。盘(M1∶5)有较严重残损，腹及底部饰镶嵌红铜菱形纹。盘尺寸较大，且壁厚达到了2.6毫米，可见在该盘铸造中，红铜纹饰同样充当了垫片的作用，从而保证了器物型腔尺寸的稳定。

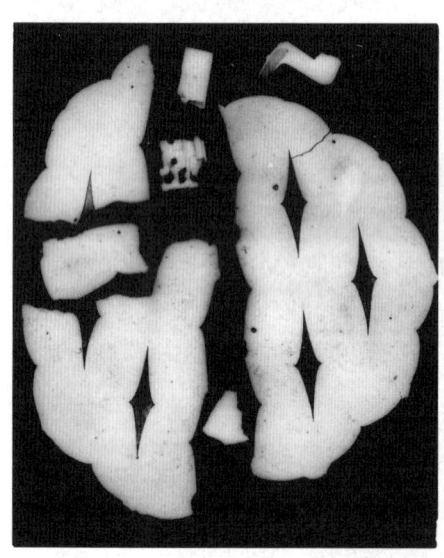

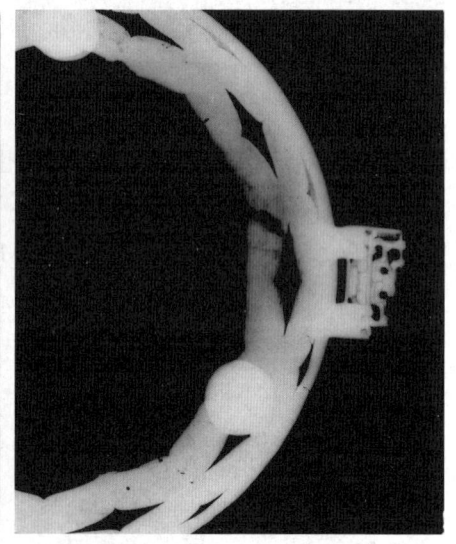

图3-7　盘(M1∶5)部分残片的X光片

而盘(M1∶5)身上观察到的青铜基体上的凸起榫头结构，显然来自红铜纹饰侧面的凹槽。这种结构更好地保证了青铜器身与红铜纹饰结合的稳定性。因此这种红铜铸镶青铜器的制作工艺是，先铸造红铜纹饰，并在红铜纹饰侧面事先预留凹槽，在浇铸青铜器身时，铜水流入凹槽，形成类似榫头的结构,该结构对纹饰起到了很好的连接固定作用[6]。

匜(M1∶38)红铜纹饰与器身基体的连接方式与盘(M1∶5)的相同,在此不做重复描述。

3. 非等壁厚红铜铸镶青铜器

徐楼村出土的红铜铸镶青铜器中,有3件红铜纹饰与器身非等壁厚,即敦(M1∶6)、敦(M1∶44)以及舟(M2∶21)。由于青铜基体较红铜纹饰耐蚀,部分红铜纹饰锈蚀后,从器身可观察到铸镶红铜纹饰的凹槽,深度约为器身壁厚的一半。

图3-8(a)中显示的是敦(M1∶44)回头龙纹锈蚀剥离后留下的凹槽;图3-8(b)中显示的是舟(M2∶21)盖锈蚀菱形红铜纹饰(舟盖沿纹饰凹槽断裂)。这种非等壁厚红铜铸镶青铜器,因为红铜纹饰锈蚀,器身凹槽处强度降低,在外力作用下容易发生变形开裂,且许多裂痕会沿着纹饰凹槽发展。

(a) 敦(M1∶44)回头龙纹凹槽　　(b) 舟(M2∶21)盖菱形纹凹槽

图3-8　红铜纹饰锈蚀后在器身留下的纹饰凹槽

这种与器身非等壁厚的红铜铸镶青铜器,红铜纹饰仿佛镶铸在青铜凹槽内,研究发现,红铜纹饰与器身结合也有两个模式,即支钉固定型和垫片支撑型。

(1) 支钉固定型

M1出土的敦(M1∶6)和敦(M1∶44),形制、纹样、大小都相同。器物残损严重,已经碎裂为十多块,如图3-9中所示。可以看到,敦(M1∶44)红铜纹饰特征为:敦盖顶部喇叭形捉手沿面饰有一周红铜镶嵌齿状纹,内饰红铜镶嵌涡纹,盖面周围各饰一周红铜镶嵌"王"字状纹和龙纹;器腹上部饰一周红铜镶嵌龙纹,下饰两周红铜铸镶"王"字状纹[7]。

图 3-9　敦（M1∶44）

仔细观察可以发现，敦（M1∶44）内壁有许多小孔洞，这些孔洞均出现在红铜纹饰底部，与器物外壁的红铜纹饰存在明显的对应关系（如图3-10所示）。图3-10（a）(b)中，"王"字齿状纹的中心和"王"字顶角对应位置均可观察到孔洞的存在。图3-10（c）中，回头龙纹凹槽红铜纹饰锈蚀剥离后，从器身外壁凹槽内还可以直接观察到许多腐蚀穿透的孔洞。图3-10（d）中，从器物内壁可以观察到对应孔洞。

(a)　(b)

(c)　(d)

图3-10　敦（M1∶44）红铜纹饰与孔洞的对应关系

X光成像观察,则更清晰地反映了纹饰上孔洞的分布与结构,如图3-11中所示。敦(M1∶44)红铜龙纹与"王"字齿状纹孔洞处X射线透射多,黑度较周边深。可以看到,这些孔洞均存在于红铜纹饰底部,分布较为密集,如回头龙纹耳朵、身体、腿部均有深色孔洞。另外还可以发现,有红铜纹饰的区域也没有使用铸造垫片。

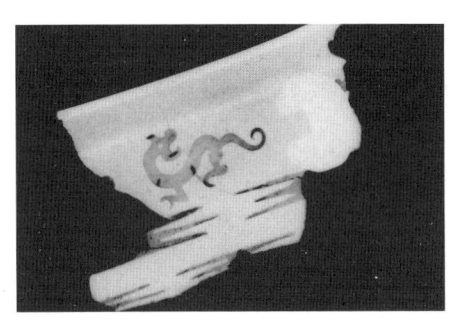

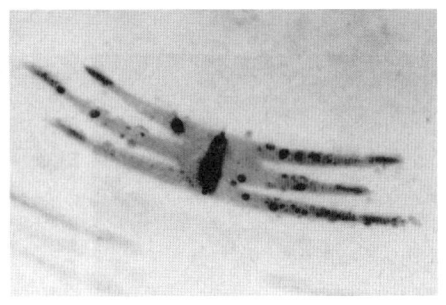

图3-11　敦(M1∶44)红铜纹饰X光片

李京华在研究固始侯古堆青铜铸镶红铜纹饰时也发现了这种现象。他认为,这些孔洞应该是与红铜一体的支钉腐蚀后留下的,红铜纹饰与器身的结合属于支钉固定型[3]。就青铜器铸造工艺而言,铸芯和铸范之间需要垫片支撑,来形成器物型腔。因此可以推测,这些孔洞应该是连接在红铜纹饰上的支钉,一方面可用来固定纹饰,另一方面可以充当铸造垫片。由于支钉尺寸较小,为确保铸芯和铸范之间型腔尺寸的稳定,与红铜纹饰一体的支钉就较为密集。

(2)垫片支撑型

舟(M2∶21)上红铜纹饰与器物基体非等壁厚。该舟器壁较薄,已严重残损,舟盖残碎为十多块,如图3-12所示。该舟腹部和舟盖都有红铜纹饰,因非常严重的锈蚀与土垢结合,覆盖了大部分红铜纹饰,故许多纹饰已模糊不清。该舟腹部铸镶红铜禽兽纹及近似菱形图案,舟盖为菱形纹,盖钮处为蝙蝠纹。从红铜纹饰断口处可以看到,这些红铜纹饰镶嵌在盖基体凹槽中。

通过X光片可以看到,舟盖菱形红铜纹与蝙蝠红铜纹下有金属垫片,从X光片的灰度判断,这些垫片应该是青铜材质,且处于红铜纹饰底部[8]。从铸造工艺分析,这些垫片用于支撑红铜纹饰与铸芯,垫片与红铜纹饰共同支撑铸芯和铸范,从而形成了铸造型腔。

上述3件与器壁非等厚红铜铸镶青铜器,红铜纹饰锈蚀后,在器壁均

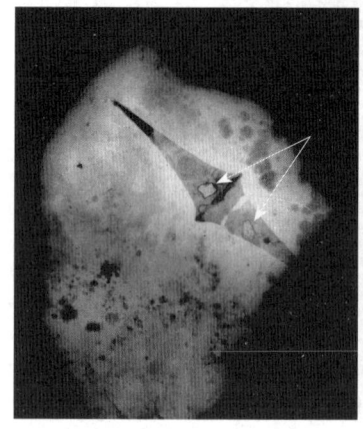

图3-12　舟(M2∶21)盖红铜纹饰下垫片使用的X光片

留下了凹槽。支钉固定或垫片支撑，一方面固定红铜纹饰的位置，另一方面与红铜纹饰共同形成器物铸造时所需的型腔。

4. 结语

红铜镶嵌青铜器代表着青铜铸造工艺的最高技术水平，其中红铜纹饰与青铜器身的结合方式是青铜铸造工艺的直接体现。徐楼村出土的7件红铜镶嵌青铜器极具代表性地呈现了红铜纹饰与器身结合的4种模式。

徐楼村出土的红铜镶嵌青铜器的红铜纹饰有与器身等壁厚者，也有非等壁厚者。其中与器身等壁厚者，红铜纹饰或直接铸镶在青铜器身上，或在纹饰侧壁预留凹槽，浇铸中，青铜器身与红铜纹饰相接部位形成榫头来固定红铜纹饰。非等壁厚者，红铜纹饰或通过与纹饰相连的红铜支钉固定，或在纹饰底部添加青铜垫片来固定，形成器物型腔，以确保器身的浇铸。

从铸造工艺推测，红铜铸镶青铜器铸造时，先将红铜纹饰固定在铸芯和铸范之间，然后再浇铸青铜器身。

二、透镶红铜纹饰工艺特征与制作逻辑

1. 引言

如前所述,早期学者指出红铜镶嵌青铜器上的红铜纹饰通过捶打镶嵌于青铜基体上,而贾云福、华觉明通过对曾侯乙墓出土红铜镶嵌青铜器的研究,提出了铸镶的概念与特征,并指出红铜镶嵌青铜器的制作工艺有铸镶法和嵌镶法两种[2]。目前,学界对于红铜镶嵌青铜器工艺有三种观点[3]:其一,认为是先铸造青铜,预留槽,捶打进红铜;其二,先铸造青铜,预留槽,再灌入红铜水;其三,先制作红铜纹饰,然后再铸造青铜。2009年5月枣庄市徐楼村发掘的M1和M2(为夫妻异穴合葬墓)出土的7件红铜铸镶青铜器,为我们探究红铜铸镶工艺提供了宝贵的实物资料。7件红铜铸镶青铜器中,有两对盘匜(共4件)为红铜透镶制作,3件为半透镶制作[4]。下文通过对两对红铜镶嵌盘匜进行分析研究,提出红铜纹饰透镶青铜器的制作工艺逻辑。

2. 铸镶工艺分析

(1) 红铜纹饰及X光成像分析

如前所述,徐楼村出土的红铜铸镶青铜器中,红铜纹饰与青铜基体等壁厚者有4件,即M1中出土的盘(M1:5)和匜(M1:38),M2中出土的盘(M2:22)和匜(M2:20)。四件器物红铜纹饰与青铜基体壁厚相同,从器物的内壁和外壁都能看到红铜装饰效果,本文称为透镶[4]。

盘(M1:5)和匜(M1:38)均铸镶菱形红铜纹饰,分别如图3-13和图3-14所示。图中X光片上,菱形纹饰的轮廓非常清晰,红铜纹饰部位的黑度明显高于青铜基体。这是由于红铜材质与青铜材质化学成分存在差

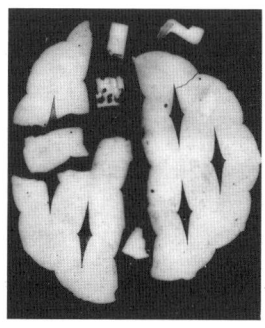

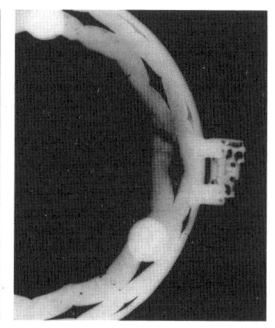

图3-13 盘(M1:5)及其X光片

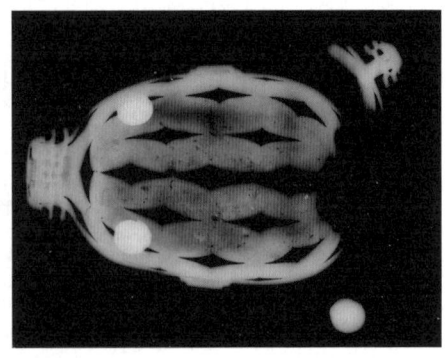

图 3-14 匜(M1∶38)及其 X 光片

异,红铜纹饰较青铜基体锈蚀严重,许多红铜纹饰已经矿化脱落,因此红铜纹饰部位 X 光穿透更多[8]。另外,从 X 光片还可以发现,这对盘匜铸造中没有使用垫片的痕迹。

图 3-15、图 3-16 为 M2 中出土的盘(M2∶22)和匜(M2∶20)的照片及 X 光片。与 M1 出土的盘匜不同,盘(M2∶22)底部和腹部饰有红铜菱

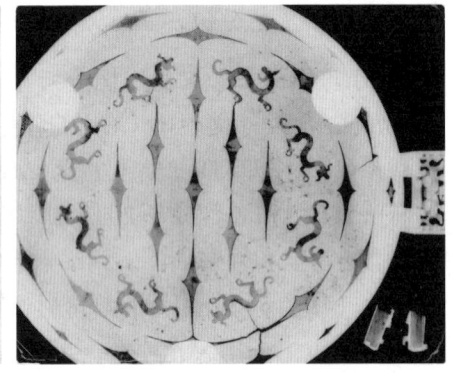

图 3-15 盘(M2∶22)及其 X 光片

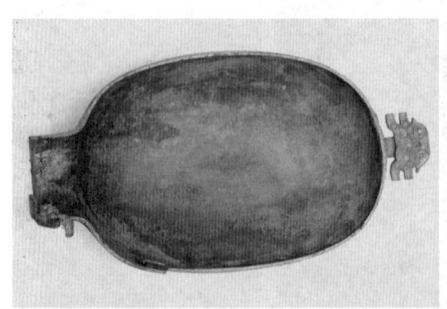

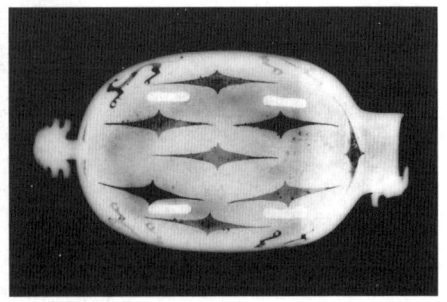

图 3-16 匜(M2∶20)及其 X 光片

形纹饰，底部周围饰有交错相间排列的8条红铜侧行龙纹和回头龙纹。匜（M2∶20）底部也饰有红铜菱形纹饰，腹部饰有4条红铜龙纹。X光片也清晰显示了红铜纹饰的图案特征，红铜纹饰部位X光透射率同样高于青铜基体。同样可以观察到，这对盘匜铸造中也没有垫片使用痕迹。

（2）红铜纹饰与青铜基体结合方式

观察材料腐蚀情况，可以看到，这4件红铜铸镶青铜器的红铜纹饰均比青铜基体锈蚀严重，部分红铜纹饰已矿化剥落，在基体上留下凹槽。这些凹槽清晰地展现了红铜纹饰与青铜基体的结合方式，两对盘匜恰好展示了两种红铜纹饰与青铜基体的结合方式。

图3-17中盘（M1∶5）和匜（M1∶38）在红铜腐蚀脱落处器体凹槽侧壁，发现类似于榫头的结构，如箭头所指处。图3-18中，盘（M2∶22）的一个菱形纹饰局部剥落，匜（M2∶20）腹部的回头龙纹红铜纹饰局部也因腐蚀脱落，可以发现纹饰凹槽截面处的口沿是平直的。

图3-17 盘（M1∶5）和匜（M1∶38）纹饰铸接处

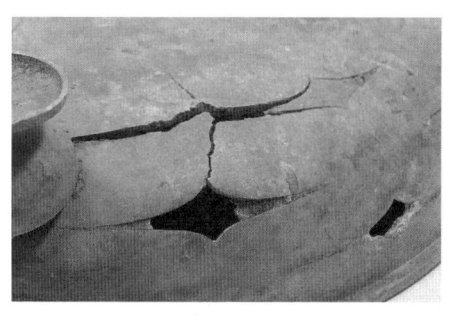

图3-18 盘（M2∶22）和匜（M2∶20）纹饰铸接处

这两种红铜纹饰与器体结合方式虽有差异，但从工艺逻辑可以推断，应该是先制作红铜纹饰，然后再浇铸青铜基体，并使器体与纹饰形成良好的固定结合。若先铸造器体，并预设红铜纹饰凹槽，然后将纹饰捶打入凹槽中,如盘(M1∶5)和匜(M1∶38)的红铜纹饰凹槽侧壁的榫头是不可能实现的。

(3)红铜纹饰与青铜基体材质分析

有3件器物有剥落的青铜基体残片,使用扫描电子显微镜对残片样品进行截面成分分析,结果如表3-1所示。可以看到,这3件器物青铜基体材质中,铜含量大约为60%,锡含量大约为10%,而铅含量达到了30%。另外,对侵蚀前的红铜纹饰样品进行扫描电镜成分分析,红铜纹饰材质含铜量在99%以上。

表 3-1　青铜基体材质化学成分分析结果

(Wt%)

文物编号	器物名称	Cu-K	Sn-L	Pb-M
M2∶22	盘	59.71	10.33	29.95
M1∶5	盘	60.00	10.51	29.49
M1∶38	匜	59.18	8.71	32.11

对盘(M1∶5)剥落的红铜纹饰和青铜基体残片进行金相观察,可以进一步推断器物材质化学组成与工艺的逻辑关系。图3-19即为盘(M1∶5)红铜纹饰的金相组织形貌,该样品经过15%的三氯化铁溶液浸蚀。从图中可以看到,红铜呈现出受热的大颗粒再结晶晶粒,晶界清晰。但由于受热不充分,晶粒尚未形成标准的等轴晶。图3-20中为青铜基体的金相组织形貌,其呈现出 α 固溶体组织,有一定量的(α+δ)共析体呈岛屿状分布。另外,有大量弥散分布的铅颗粒腐蚀后留下的空洞,该现象与器物基体检测成分中铅含量高的结果一致。

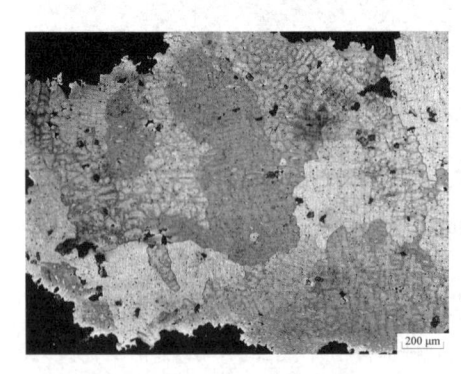

图3-19　盘(M1∶5)红铜纹饰金相组织　　图3-20　盘(M1∶5)青铜基体金相组织

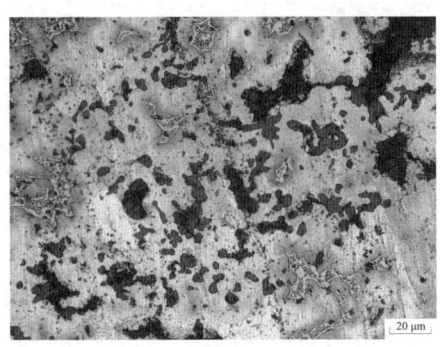

(4) 红铜纹饰表面"青铜皮"覆盖现象

仔细观察徐楼村出土的这两对盘匜，可以发现，在个别红铜纹饰表面存在"青铜皮"覆盖现象。如图3-21，可以看到，匜(M2：20)一个环形足附近的红铜纹饰表面覆盖有"青铜皮"，在相应的X光片中可以看到，有"青铜皮"覆盖的地方X光透过率低，红铜纹饰相应位置黑度明显比周边低。该现象是红铜铸镶青铜器上出现的一种特殊的铸造缺陷，却为红铜纹饰的铸镶工艺过程提供了间接的证明。这类器物的制作工艺为：先制作红铜纹饰，把红铜纹饰固定在浇铸器物内芯与外范间，然后再进行青铜器体的浇铸成型。至于"青铜皮"铸造缺陷的形成，是因为浇铸中纹饰与外范局部没有贴合紧密，流过红铜纹饰表面的青铜水冷却而成。

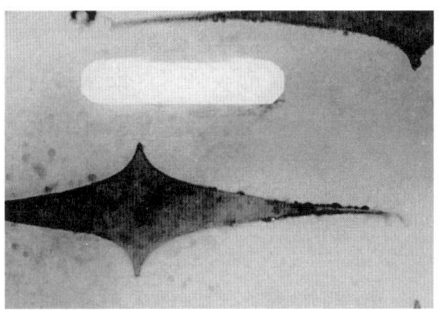

图3-21 匜(M2：20)红铜纹饰表面"青铜皮"覆盖现象及其X光片

(5) 红铜纹饰透镶青铜器制作工艺逻辑分析

以上关于红铜纹饰透镶青铜器的分析结果，为推断制作工艺提供了互为佐证的数据链。其工艺逻辑为：先铸造红铜纹饰，将纹饰固定于浇铸器物内芯与外范间，控制好器物浇铸型腔，然后浇注青铜水制作器体，使红铜纹饰与青铜基体相结合。

该工艺逻辑可做一下分析推理：

a. 从材质成分分析，红铜纹饰材质为纯度很高的红铜，熔点大约为1083℃。而青铜基体中，铜含量仅为60%，锡铅含量达到了约40%，合金熔点可以下降到800℃以下。青铜基体浇铸时不会给红铜纹饰造成高温熔蚀现象。并且，大量铅元素加入青铜合金，不仅有效降低了铸造温度，同时还改进了合金溶液在浇铸时的流动性，确保器体与红铜纹饰的良好结合[9]。

b. 从金相组织分析，青铜基体为铸造组织形貌，而红铜组织呈现出经过足够保温的退火组织特征，红铜纹饰为铸造而成，并没有锻打痕迹。退火组织特征的出现是由于红铜纹饰先固定在铸造的内芯和外范间,浇铸青铜基体时,红铜材质受热引起的[10]。该现象也说明,红铜纹饰不可能是捶打嵌入青铜凹槽中的镶嵌工艺制作的。

c. 器物的 X 光片中没有发现垫片使用现象,这是因为先制作红铜纹饰,然后将红铜纹饰固定于铸造内芯与外范间,纹饰同时起到了铸造垫片的作用,确保器体型腔的有效控制。

d. M1 盘匜红铜纹饰剥落后,观察到的青铜凹槽中的榫头凸起现象,是因为制作红铜纹饰时,先在纹饰侧壁设计留下凹槽,然后再浇铸器体;浇铸后,青铜凹槽中形成榫头,使纹饰与器体紧密结合。该现象的发现,也说明不可能在器体制作好后,再将红铜纹饰捶打嵌入器体。至于 M2 中红铜纹饰与青铜基体以平直口结合,进一步说明当时匠人在对这类铸镶工艺的改进。

e. 红铜纹饰表面"青铜皮"覆盖现象,则进一步证明红铜纹饰是先制作而成的,后期浇铸器体时,因部分纹饰与外范固定出现偏差而形成制作缺陷;浇铸后,部分青铜器未将"青铜皮"打磨干净。

3. 结语

红铜铸镶是一种技术要求极高的青铜修饰工艺。因该工艺存续时间短,使用该工艺的器物出土数量少,有关该技术工艺逻辑尚有较多未能认知的学术问题。通过分析徐楼村出土的这 4 件红铜透镶盘匜的制作工艺,我们可以较清晰地解读该类器物的制作工艺过程。前文的分析,也为进一步探究红铜铸镶青铜器的制作工艺提供了科学依据。

三、红铜透镶铸镶盘匜制作工艺比较

1. 引言

西周中期以后,水器的地位逐渐上升,这在考古发掘资料中也有体现。如出土器物的组合中常配套以水器,许多酒器也转化为水器。在这种历史背景下,适应沃盥之礼的需要,水器匜应运而生,并与盘配套使用。春秋晚期也是匜类器发展的高峰,盘匜组合较稳固,匜的数量很多。北方墓中水器组合多为盘、匜[11]。

如前所述,徐楼村 M1 和 M2 分别出土 1 对盘匜组合,都使用了红铜纹饰,制作十分精美[12]。

2. 关于红铜纹饰工艺

(1) 传统的红铜纹饰工艺分析

商周以来青铜器常饰有华丽生动的红铜纹饰,这些意匠奇巧的纹饰表现了该时代工艺美术特征,也反映了人们的观念形态和物质生产、社会生活,因而具有重要的价值,历来为国内外学者所重视。从现有的研究资料来看,红铜纹饰工艺主要有三种制作方法[13]。

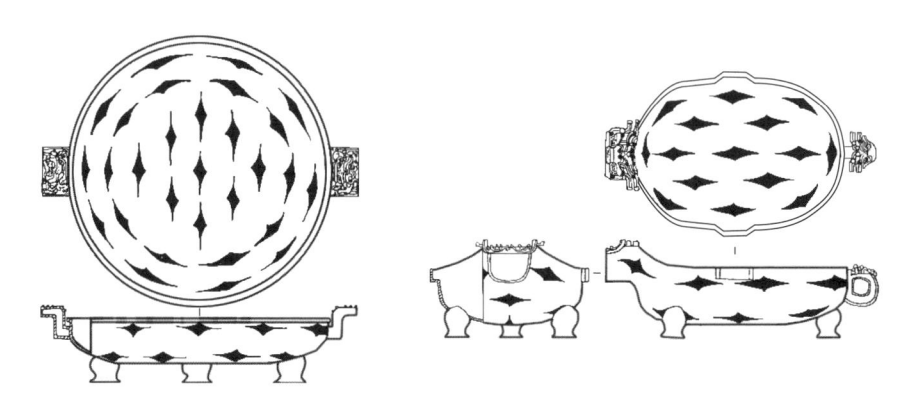

图3-22　M1出土盘(M1∶5)和匜(M1∶38)

(图片源:《山东枣庄徐楼东周墓发掘简报》)

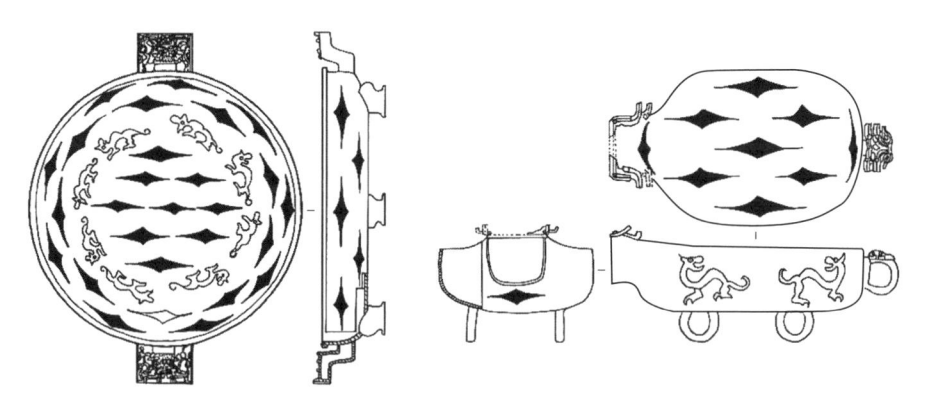

图3-23　M2出土盘(M2∶22)和匜(M2∶20)

(图片源:《山东枣庄徐楼东周墓发掘简报》)

过去一般认为这类纹饰是红铜锤成薄片或长条,然后压入预铸的纹槽中形成的。王海文在《青铜镶嵌工艺概述》一文中总结道,青铜镶嵌工艺包含了铸器、选料、镶嵌、磨错等一系列工序。将备好的嵌件,按照花纹图案形状,逐一随形嵌入铜器表面的凹槽内。随后通过捶打,使嵌件与铜器牢固地结合在一起,不至于脱落,最后打磨平整光亮[14]。

贾峨在《关于东周错金镶嵌铜器的几个问题的探讨》一文中则提出了一种区别于镶嵌工艺的铸镶工艺：用铜汁先浇铸纯铜的花纹薄片，厚度约为欲铸铜器壁厚的五分之二，在向内一面铸出若干个梭状或钉状突起，然后制作铜器外范和范芯，把上述铸好的纯铜纹饰薄片排列在范芯上，使薄片内面梭状或钉状突起贴附在范芯外壁，并且使上述的纯铜薄片与范芯支撑铜器器壁厚度的五分之三的空腔，再设置浇口和冒口，浇入铜汁，最后错磨抛光，即得成品。然而该文中并没有提出明确的证据[15]。

李京华在《固始侯古堆青铜铸镶红铜花纹工艺探讨》中，总结了第三种工艺：在青铜器铸造时，在花纹处铸出花纹槽，在槽中补浇红铜水而成为花纹[3]。

（2）对徐楼村出土盘匜组合上的红铜纹饰工艺的分析

如前所述，徐楼村出土两对盘匜组合也有类似的红铜纹饰，以盘（M2：22）为例对其红铜纹饰工艺进行说明。盘（M2：22）平折沿，方唇，附耳折曲，上腹近直，下腹内收，平底，三蹄形足较矮。腹部饰镶嵌红铜菱形纹，底饰镶嵌红铜菱形纹和瑞兽纹。口径37.7、腹深6、高9.6厘米。盘体无芯撑，通体镶有27枚菱形纹红铜纹饰、8枚虎纹红铜纹饰。

这些红铜纹饰厚度与器壁相当，贯穿于盘内外壁。从铸造工艺角度以及前人所著文献来看，可能有三种铸造方式：

a. 先浇铸盘整体，预留出菱形以及虎形孔洞，将红铜纹饰镶嵌其中，即"嵌错法"。

b. 先浇铸盘整体，预留出菱形以及虎形孔洞，再在孔洞位置设两块泥范，浇铸红铜纹饰，最后打磨光洁。

c. 先铸出红铜纹饰。待制出盘外范及内芯之后，将红铜纹饰置于型腔之中固定，再将盘整体浇铸成型，即"铸镶法"[1]。

红铜与青铜材质不同，红铜材质受腐蚀生成的腐蚀产物中以铜的腐蚀产物为主，腐蚀速度快于青铜，红铜靠外层部分很快被腐蚀，导致红铜部分体积膨胀；而青铜材质在腐蚀过程中，锡氧化电位较高，表面会形成致密的锡氧化膜，阻碍内部铜成分与环境接触发生腐蚀，因此腐蚀速度较低，体积膨胀程度较红铜部分小[16]。镶嵌红铜纹饰的青铜器在埋藏过程中，由于红铜材质和青铜材质体积膨胀程度不同，通常导致红铜纹饰与青铜壁连接能力下降，在界线位置出现裂缝，甚至发生红铜纹饰脱落的现象。同时，腐蚀产物存在差异，青铜器壁表面将会生成锡氧化膜，而红铜表面主要是铜的腐蚀产物，在外观以及成分构成上都有明显的差异。

对于盘（M2：22），可以观察到（如图3-24所示），器腹部红铜纹饰部分呈红褐色以及蓝黑色腐蚀。而红铜纹饰周围青铜基体部分则多灰绿色锈蚀；同时，红铜纹饰上半部分有明显菱形裂纹。红铜纹饰与青铜基体的分界线清晰可见。在盘(M2∶22)上，几乎所有菱形红铜纹饰内壁都能观察到类似的现象。使用便携XRF对红铜纹饰内壁表面以及周围青铜基体表面进行无损分析，如表3-2所示。

图3-24　盘(M2∶22)内部红铜纹饰

表3-2　盘（M2∶22）便携内部 XRF 成分分析

成　　分	Cu（%）	Sn（%）	Pb（%）
青铜基体表面	29.028	32.854	25.185
红铜纹饰表面	60.519	13.038	6.908

可见红铜纹饰内壁表面铜组分显著地较青铜基体更高，锈蚀成分差异导致了外观上界限分明。红铜纹饰内壁锈蚀产物基本由红铜腐蚀形成。

如图3-25，从盘(M2∶22)外壁观察，可以看到，盘底部红铜纹饰普遍出现了铸造缺陷：这些红铜纹饰在外观上与旁边青铜基体材质接近，多数甚至不能观察出与周围青铜基体界线的存在。

然而这种铸造缺陷在侧壁菱形红铜纹饰上却鲜有所见：外观上与周围青铜材质有明显差异，锈蚀形态差别显著，而接触界面清晰可见(图3-26)。

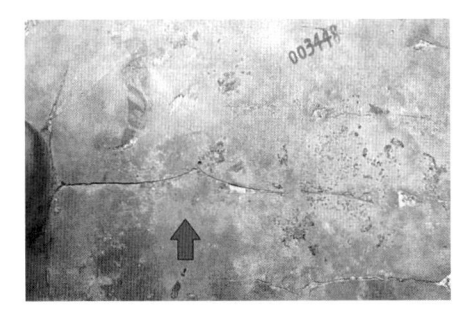

图3-25　盘(M2∶22)外壁(底部)菱形红铜纹饰　　图3-26　盘(M2∶22)外壁(侧壁)菱形红铜纹饰

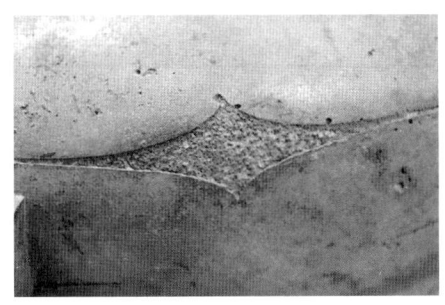

使用便携XRF对底部红铜纹饰外壁表面、侧壁红铜纹饰外壁表面以及青铜基体表面成分进行无损分析，如表3-3。

表3-3 盘（M2:22）外壁便携XRF成分分析

成　分	Cu（%）	Sn（%）	Pb（%）
青铜基体表面	29.028	32.854	25.185
红铜表面（底部）	24.162	33.554	27.139
红铜表面（侧壁）	70.402	9.27	9.185

底部红铜纹饰与侧壁红铜纹饰外壁表面成分有非常显著的差别。侧壁红铜纹饰外壁表面铜含量非常高，而底部红铜纹饰外壁表面锡铅含量较高，整体组分与青铜基体接近。可以认为，侧壁红铜纹饰外壁表面锈蚀产物主要由红铜腐蚀而成；而底部红铜纹饰外壁表面锈蚀产物由与青铜基体材质接近的青铜形成。在盘（M2:22）外壁底部红铜纹饰上，覆盖了一层和青铜基体材质接近的"青铜皮"。

结合内外壁观察和分析，可以总结如下：
a. 盘（M2:22）侧壁和底部菱形红铜纹饰在内壁表面均为贯穿内壁、内外相通的红铜材料。
b. 侧壁菱形红铜纹饰在外壁表面也为贯穿外壁、内外相通的红铜材料。
c. 而底部菱形红铜纹饰在外壁表面则覆盖一层与周围青铜基体材质接近的"青铜皮"。

综上，可以对前文所述红铜纹饰三种主要工艺假设进行判断：
a. 若盘（M2:22）采用了先整体浇铸器物，预留空槽，再镶红铜纹饰的工艺，工匠可以通过外范和内芯制作方式实现多空槽的器物形制。而为能嵌入红铜纹饰，在浇铸成型之后，必须打磨空槽，预留出红铜纹饰的位置，才能确保红铜纹饰内外相通地镶入盘中。若由于铸造缺陷导致红铜位置出现青铜薄壁，工匠也必须打磨出空槽，不可能出现如盘（M2:22）底部红铜纹饰外壁表面的现象。
b. 若盘（M2:22）采用先铸器物，预留出空槽，再浇铸红铜成型的工艺。那么，与上述类似，工匠会明显地观察到青铜薄壁的铸造缺陷，并将其打磨，以确保铸成内外贯通的红铜纹饰。同样不可能出现如盘（M2:22）

底部红铜纹饰外壁表面的现象。

c. 若盘(M2∶22)采用先铸出红铜纹饰,将其置于型腔之中,再浇铸器物的"铸镶法"工艺。在这个过程中,红铜纹饰一旦发生位移,可能导致型腔中出现缝隙,在内芯与外范之间将留下一个空腔(图3-27),导致青铜浇铸过程中有铜水流过,留下一层青铜壁。若空腔靠外范,则最终形成如盘(M2∶22)底部红铜纹饰外壁表面的现象。因此推测盘(M2∶22)使用了铸镶法工艺。

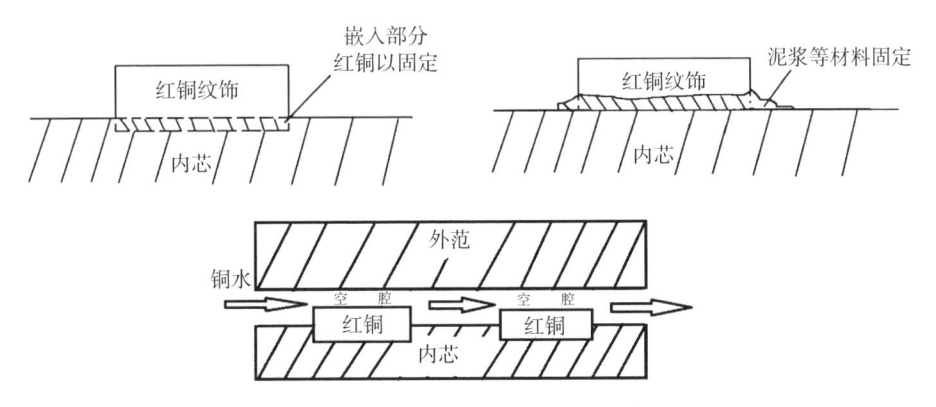

图3-27　盘(M2∶22)底部红铜纹饰的空腔缺陷示意图

(3) 红铜纹饰的功能

红铜纹饰是青铜器重要装饰之一,它利用青铜与红铜的色彩对比,使器物显得更生动。除了装饰之外,包括盘(M2∶22)等在内的青铜器上的部分红铜纹饰则具有功能性作用。

贾云福在《曾侯乙红铜纹铸镶法的研究》一文中指出,实际上"铸镶法"工艺在曾侯乙红铜纹饰铺上已经使用,推测铸镶法工艺的最初使用,可能正来自铜质芯撑[6]。

盘(M2∶22)上的红铜纹饰,是贯穿于内外壁之间的菱形和虎形纹饰。盘(M2∶22)的每一只足分别设置了3枚泥芯撑,而整个器身未发现泥芯撑或者垫片的存在。根据前述工艺推测,在器身铸造过程中,由于在型腔内大量放置了贯通内外壁的菱形和虎形红铜纹饰,这些红铜纹饰支撑在型腔中,本身已经起到了铜质芯撑的作用,故并不需要额外放置泥芯撑或垫片。

这种功能性作用,正是铜质芯撑(也就是垫片)的延续。垫片工艺从单一的支撑型腔的功能,发展出带有艺术色彩的功能性红铜纹饰,青铜工艺从单一的追求实用功能,向在此基础上兼顾审美意识演变,这也正契合了贾云福等学者关于"铸镶法"工艺起源的推测。

（4）红铜纹饰的固定

在红铜铸镶工艺的研究中，学者对红铜纹饰在型腔中的固定问题进行过许多探讨。李京华总结了三种铸镶固定方法[3]：1.钉固外范法，在纹饰表面铸出一或二枚小钉，按需要将红铜纹饰钉在外范上；2.钉固内范法，在纹饰背面铸钉，在范芯表面钉固花纹；3.蜡液固纹法：一种创造性的提法，使用蜡液填充纹饰，待整体粘固之后进行磨光处理，这虽然是一种独创的方法，但仍然缺乏证据[19]。

根据前述推测，盘（M2∶22）上红铜纹饰同时起到了垫片的作用。然而红铜纹饰需要着重考虑铸造之后的美观效果，因而对固定的要求非常高，在铸造中不允许出现类似垫片随着铜水流动可能发生的在型腔中的"漂移"。

盘（M2∶22）上红铜纹饰皆完好地露出在盘内壁，说明红铜纹饰较好地固定在内芯上；而前述由于型腔出现空腔而发生的缺陷，均出现在靠外壁部分，这意味着红铜纹饰与外范部分仅仅为类似垫片的简单接触，没有作特别的处理。因此推测红铜纹饰的固定方法可能有两种：1.在范芯尚未完全干燥的情况下，将红铜纹饰嵌入并固定在范芯上，再进行干燥焙烧，待浇铸成器之后，打磨掉嵌入范芯的多余红铜；2.使用了泥浆等材料，将红铜纹饰与内芯固定在一起。无论使用哪一种方法，都可以在型腔中较好地保证红铜纹饰固定在内芯上，然而由于与外范没有稳定的连接，因收缩作用，容易出现前述红铜纹饰外壁覆盖"青铜皮"的缺陷。

盘（M2∶22）底部红铜纹饰多有前述外壁铜水流过的铸造缺陷，而侧壁红铜纹饰多无此缺陷。

从图3-28可以观察到，盘（M2∶22）三只足上分别有浇口（冒口），足与器体为一次铸成。故盘（M2∶22）应当为倒浇。在倒浇的情况下，相对于侧壁，受到向下方向重力作用和内芯收缩作用的双重影响，在干燥焙烧的过程中，底部的红铜纹饰易发生规则（红铜A）或不规则（红铜B）的沉降（图3-29），导致靠外范位置出现完整或部分空腔。相比侧壁，

图3-28 足部的浇（冒）口

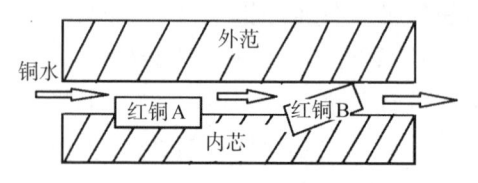

图3-29 受重力和收缩作用红铜纹饰位移示意图

底部红铜纹饰更容易发生向内芯方向的收缩。这就解释了盘（M2∶22）中底部菱形和虎形红铜纹饰多出现铸造缺陷，而侧壁较少的现象。

（5）小结

与盘（M2∶22）相同，徐楼村出土的两对盘匜组合均使用了"铸镶法"工艺，即先将红铜纹饰锻打或铸造成型，然后将其置入浇铸型腔，固定在铸造范芯上，最后浇铸出青铜器，内外通透的红铜纹饰就铸镶在了青铜器上。

红铜纹饰在功能上与垫片类似，可撑起型腔。同时，受到焙烧收缩作用，红铜纹饰在型腔中发生位移，没能完全填充内芯和外范之间的型腔，进而产生如盘（M2∶22）底部"青铜皮"的缺陷，本文称之为"空腔缺陷"。

3. 两对盘匜组合的工艺比较

（1）空腔缺陷

前文已经提到，若先制成红铜纹饰，置于型腔中，然后浇铸青铜器，铸造过程中可能会发生铸造缺陷，本文将这种缺陷称为空腔缺陷。

需要在内芯及外范尚未干燥的状态下，将红铜纹饰置于型腔内部，贴在范上，固定住，使其不被青铜水冲走。然而在范干燥甚至焙烧的过程中，泥范体积收缩，可能会导致红铜纹饰不能完整填充整个型腔，在内芯与外范之间留下一个空腔，青铜浇铸过程中有铜水流过，就会留下一层"青铜皮"（图3-30）。最终铸成的青铜器上，红铜纹饰位置或仅仅带有部分青铜壁，或可能完全被青铜壁包裹。

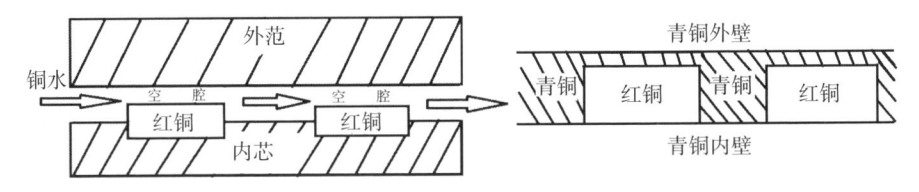

图3-30 "铸镶法"红铜纹饰青铜器空腔缺陷的形成过程示意图

在观察中发现，在盘（M1∶5）、匜（M1∶38）上，完全没有空腔缺陷（图3-31）；而在盘（M2∶22）、匜（M2∶20）中，能够观察到大量空腔缺陷（图3-32），红铜纹饰靠外壁部分被一层青铜壁覆盖。从制作工艺考虑，可以认为M1出土盘匜组合避免了空腔缺陷的产生。

（2）带槽红铜纹饰

在M1出土盘匜上能清晰地观察到红铜纹饰脱落后青铜壁上残留的

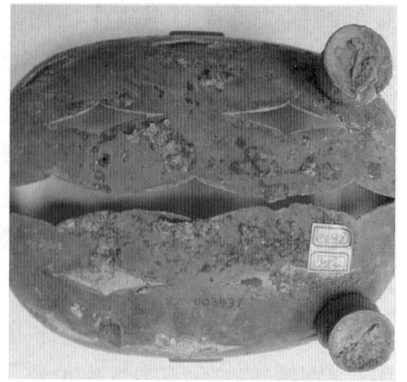

图3-31 M1出土盘(M1∶5)、匜(M1∶38)上不存在空腔缺陷

图3-32 M2出土盘(M2∶22)、匜(M2∶20)上存在大量空腔缺陷

凸槽(图3-33),而M2出土盘匜上则没有这样的凸槽。这些凸槽与青铜壁相连接,说明镶于其中的红铜纹饰侧面带有凹槽,这样的红铜纹饰不可能事先锻打成型再镶嵌于青铜器之中,也表明红铜纹饰为镶铸,而非镶嵌。

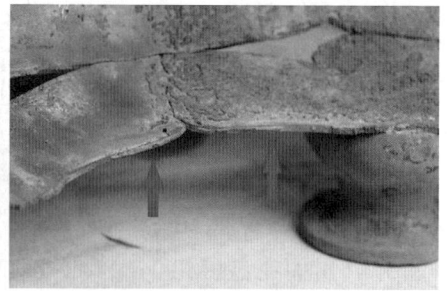

图3-33 盘(M1∶5)上红铜纹饰部分残留的凸槽

根据两对盘匜组合上所铸镶红铜纹饰是否有凹槽,对于两对盘匜组合红铜铸造工艺可以推断如下。

M2出土盘匜组合(盘M2∶22和匜M2∶20)采用的红铜嵌铸工艺是先制成菱形(虎形)红铜纹饰;在浇铸器体时,将红铜纹饰置于型腔之中,将器物浇铸成型;最终铸成的青铜器壁的一部分被红铜纹饰所填充,实现红铜嵌铸的工艺效果,如图3-34。采用这种红铜嵌铸方式,红铜纹饰与青铜基体连接可能不牢,红铜纹饰易从青铜基体上脱落(图3-34)。

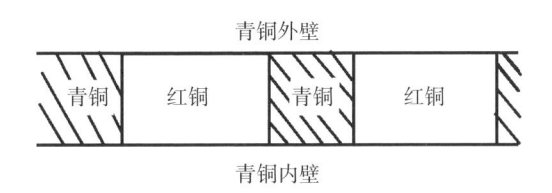

图3-34 M2盘匜组合红铜纹饰工艺示意图

而M1出土盘匜组合(盘M1∶5和匜M1∶38)则使用了改良的红铜嵌铸工艺:大体嵌铸方式与M2出土盘匜组合一致,先制成红铜纹饰,置于型腔中,再浇铸青铜器。但M1出土盘匜上,菱形红铜纹饰边缘做出了凹槽,在浇铸青铜器的过程中,青铜水填补在凹槽中,形成凸起,最终青铜壁与其中带槽的红铜纹饰相咬合,这样可确保红铜纹饰稳固地嵌在青铜器之中(图3-35)。可以认为,盘(M1∶5)以及匜(M1∶38)使用的红铜嵌铸工艺相对更为先进。

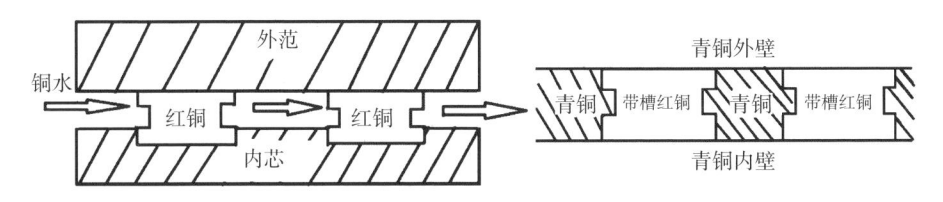

图3-35 M1盘匜组合带槽红铜纹饰工艺示意图

(3)小结

综合以上讨论,M1、M2出土盘匜组合对比如表3-4。

M2出土盘(M2∶22)、匜(M2∶20)均存在空腔缺陷;而M1出土盘(M1∶5)、匜(M1∶38)均不存在空腔缺陷;M1出土盘匜使用了更加科学、带槽的红铜嵌铸工艺。可见M1中出土盘匜整体铸造工艺水平较高。

对此有如下两种推测:

a. 两对盘匜均为宋公主淠叔子嫁入滕国之后铸造生产,为同一批工匠铸造。该批工匠先铸造了盘(M2∶22)、匜(M2∶20),发现成型青铜器上

表 3-4　M1、M2 出土盘匜组合的工艺比较

	盘（M1∶5）	匜（M1∶38）	盘（M2∶22）	匜（M2∶20）
大　小	大	大	小	小
带槽红铜纹饰	有	有	无	无
空腔缺陷	无	无	有	有
足	三蹄足	三蹄足	三蹄足	四环足

出现了铸造缺陷；而后再铸造盘（M1∶5）、匜（M1∶38），吸取了铸造 M2 盘匜组合的经验，对工艺进行了改良。改良后的工艺技术，有效地回避了铸造缺陷。

b. 宋国国力强盛而滕国势力单薄，滕国经济技术文化发展水平不如宋国。宋公主嫁入滕国之时，便已携带由宋国工匠铸造而成的盘（M1∶5）、匜（M1∶38）作为嫁妆。而后滕国工匠模仿这对盘匜进行仿制，铸成盘（M2∶22）、匜（M2∶20）。由于滕国小，工匠技术水平与宋国有一定差距，故而 M2 出土盘（M2∶22）、匜（M2∶20），铸造技术不及 M1 出土媵器盘（M1∶5）、匜（M1∶38）。

两对盘匜组合中，唯独 M2 出土的匜（M2∶20）为四环足，M1 出土的匜（M1∶38）为三蹄足。春秋时期山东地区虽流行三足管流匜，但也出土四环足敞口流匜。西周晚期四足管流匜在山东地区首次出现，而春秋中期则已流行于山东地区[11]。因此，可以推断盘（M1∶5）、匜（M1∶38）为宋国所铸，为宋公固为嫁予滕国的女儿滕叔子所携带之媵器[12]。而盘（M2∶22）、匜（M2∶20）为滕国工匠所仿制，其中匜（M2∶20）的四环足正是滕国工匠根据当地风俗制成的证据之一。

4. 结论

徐楼村出土的两对盘匜组合装饰有大量红铜纹饰，这些红铜纹饰均使用"铸镶法"工艺制成，即首先制成红铜纹饰，将红铜纹饰固定在内芯上，填充在型腔中，再浇铸青铜器。铸造后，红铜纹饰在内外壁上均可见。

但事实上，M2 出土盘匜组合存在铸造缺陷，工艺较为简单。而 M1 出土盘匜组合避免了铸造缺陷，工艺较为精进。M1 盘匜组合系作为媵器传入山东，而 M2 盘匜组合则可能是由滕国当地工匠仿制而成的。

对徐楼村出土的这两对盘匜组合工艺进行分析,具有三点重要意义。其一,为红铜纹饰"铸镶法"工艺在青铜器上的使用提供了有力证据;其二,从垫片到内外贯通的红铜纹饰的发展,反映了春秋晚期的铸铜技术已在原有的功能性工艺的基础上,兼顾审美意识,创造性地将实用功能和审美意识融入同一项工艺中,无疑春秋中晚期青铜技术达到了历史的高峰;其三,对两对盘匜组合的比较,揭示了春秋时期一种重要的文化传播方式:包括青铜铸造工艺在内的社会技术和文明,通过政治联姻的方式传播到周边国家。这不仅仅是一种机械式的传播,更融入了当地地方风格,实现了文化与文化间的交流和融合。

四、青铜敦半透镶铸镶红铜纹饰工艺

1. 基本情况

两件青铜敦均出土于M1,编号分别为M1:6和M1:44,形制完全相同,口径25.6、底径13.8、通高14.6厘米[12]。出土时,残损非常严重,保护修复前后的器物情况如图3-36、图3-37所示。两敦盖、器相合近椭圆形。弧形盖,顶置喇叭形捉手,口沿有3个小钮与器沿

图3-36 敦(M1:6)保护修复前后

图3-37 敦(M1:44)保护修复前后

相扣。器侈口，略束颈，斜弧腹，平底。盖、器两侧各有对称的三菱形环钮。

2. 红铜纹饰特征

敦（M1：6）与敦（M1：44）的形制、纹饰、大小基本相同。仔细观察，可以看到，两敦盖顶喇叭形捉手位置饰4枚齿状纹，盖面饰8枚齿状纹，近沿处饰8枚瑞兽纹，敦腹部饰8枚瑞兽纹及20枚齿状纹，均为红铜纹饰。除此之外，捉手还饰3枚涡纹红铜纹饰。红铜纹饰厚度仅为青铜基体壁厚的一半，这些红铜纹饰仅露出在外壁，器内壁皆为青铜。由于红铜与青铜材质耐腐蚀性能的差异，出土时，红铜纹饰锈蚀非常严重，部分纹饰基本矿化，甚至腐蚀剥落，如图3-38所示。这两件敦做工十分精美，工艺水平极高。

通过图3-39 X光片可以看到，敦（M1：6）的红铜纹饰使用了大量的支钉结构进行固定。每一枚齿状纹中部皆有一枚竖直方向的支钉。每一枚瑞兽纹尾部、后爪与身部、前爪与头部、口部共设4枚支钉，捉手涡纹处也置有支钉。盖中部设有三角形纹饰，置于盖内侧面。

图3-38 敦（M1：6）红铜纹饰锈蚀状态

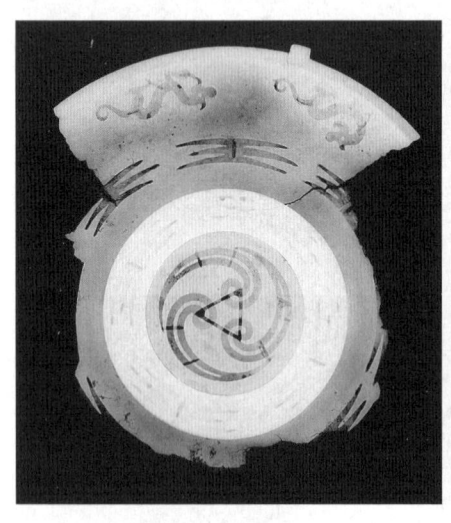

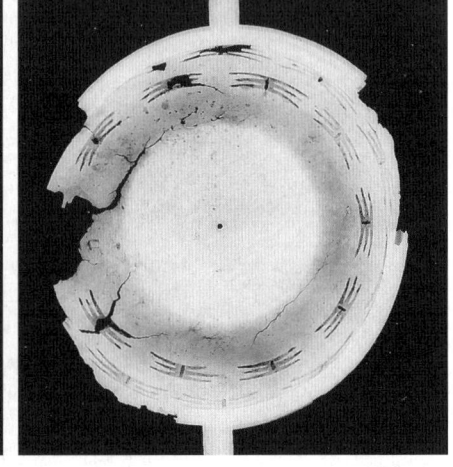

(a) 盖   (b) 器身

图3-39 敦（M1：6）X光片

敦(M1∶6)与敦(M1∶44)存在细节上的工艺区别。敦(M1∶6)捉手处每枚涡纹置2枚支钉,而敦(M1∶44)则只置1枚支钉。另外,敦(M1∶44)捉手与敦盖联结位置,对称地置四枚支钉。从内部仔细观察敦盖,能看到支钉痕迹,在X光片中较为清晰,如图3-40所示。

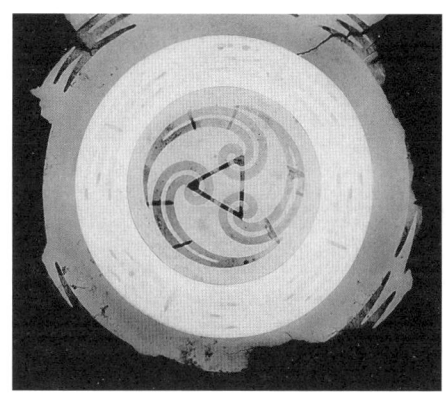

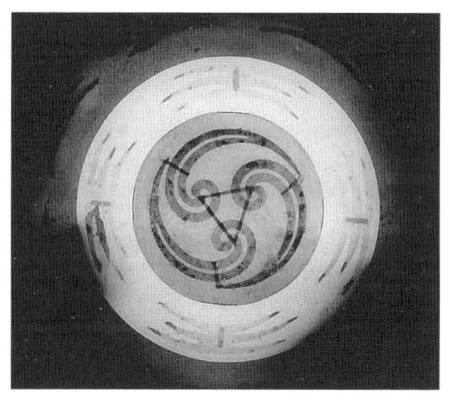

(a) 敦(M1∶6)盖　　　　　(b) 敦(M1∶44)盖

图3-40　敦盖纹饰支钉的X光片

3. 铸镶工艺解析

如前所述,目前关于红铜纹饰工艺的研究认为,其制作方式有三种,其一是"嵌镶法",其二是"铸镶法",其三被称为"液态浇灌法"。

"嵌镶法"和"液态浇灌法"均需要先铸出青铜器,青铜器型腔的固定往往通过垫片来实现。而"铸镶法"则先铸出红铜纹饰,将纹饰嵌件预先置于型腔,依靠红铜纹饰来确保型腔尺寸稳定,而不需要置垫片。从敦(M1∶6)与敦(M1∶44)的相关X光片可以看到,这两件器物均没有使用垫片,可见这两件敦是先铸出红铜纹饰置于型腔中,再浇铸器物成形的,即使用了所谓的"铸镶法"。

由于这两件敦的红铜纹饰壁厚仅为器物壁厚的一半,在X光片中看到的支钉,是为确保红铜纹饰固定于器物型腔的设计。另外,比较徐楼村出土的其他青铜器,基本上使用了以方形为主的垫片,而非两敦上观察到的条形"支钉"。这也进一步表明,敦(M1∶6)与敦(M1∶44)红铜纹饰为"铸镶法"制得,通过红铜纹饰上的支钉的设计,一方面确保了浇铸器物的型腔固定,另一方面也保证了纹饰与器体的有效结合。

另外,值得注意的是红铜纹饰的制作工艺。现有的关于"铸镶法"红铜纹饰的文献中,关于红铜纹饰本身制作方式鲜有确凿的推断。就敦

(M1 : 6)而言,通过测量纹饰细节数据,可推断纹饰本身的制作工艺。瑞兽纹大体分为头朝前与头朝后两种。取瑞兽纹前爪与后爪相同位置,使用游标卡尺测量其间距,回头瑞兽纹爪间距均为14厘米,而正向瑞兽纹爪间距均为12厘米,几乎没有误差。同一种纹饰,如果是锻制成型,其形状受锻打力道影响,细节数据不可能完全相同。因此两敦的红铜纹饰应当为铸造而成,使用了同一套模具。这也是"铸镶"工艺逻辑的又一个证明。

4. 结语

综合以上分析,徐楼村出土的两件红铜纹饰青铜敦均为铸镶而成,其制作工艺逻辑为:先制作红铜纹饰,并在纹饰适当部位设计"红铜支钉",将红铜纹饰置于浇铸器物的内芯和外范之间,依靠支钉固定型腔,最后再浇铸青铜器成形。这种"铸镶"工艺出现在我国的春秋中晚期,其工艺精湛,是我国青铜工艺技术的杰出代表。

五、青铜舟(M2 : 21)红铜铸镶工艺探讨

1. 基本情况

舟(M2 : 21),椭圆形,子母口。盖面微鼓,中间有一环钮。器口微侈,圆唇,短束颈,弧鼓腹,一侧有一环形鋬手,平底微内凹。口长19.2、宽14.3厘米,腹长20、宽15.4厘米,深7厘米,通高9.6厘米[12]。舟上使用了战国时期普遍使用的镶嵌红铜工艺,利用了红铜与青铜器身色彩的反差,纹饰华丽。目前所发现的镶嵌红铜器物,大多是春秋晚期和战国早期的。这件舟腹部饰有镶嵌红铜禽兽纹和菱形纹,盖上有对称分布的菱形纹,异常精美,如图3-41至图3-44所示。

2. X光成像分析

由于器物表面锈蚀严重,部分装饰红铜纹饰已较难分辨,且无法直接通过显微观察了解器物各部结构,因此选择利用X光成像技术获取器物整体形貌及纹饰特征,尤其是红铜镶嵌部分结构,以便推测镶嵌工艺。

观察X光片,可见舟上有禽兽纹、菱形纹,如图3-45至图3-47所示。图3-48中,盖面红铜纹饰呈现为蝙蝠纹,纹饰部位有垫片,说明该器物采

第3章 枣庄徐楼青铜器红铜纹饰铸镶工艺 ·97·

图 3-41 青铜舟（M2：21） 　　　　图 3-42 青铜舟（M2：21）盖

图 3-43 青铜舟表面禽兽纹 　　　　图 3-44 青铜舟表面应力裂缝

图 3-45 青铜舟腹部红铜装饰（一） 　　图 3-46 青铜舟腹部红铜装饰（二）

用了垫片工艺，但仅在有装饰处使用，故推测与镶嵌工艺有关。同时观察到镶嵌装饰边缘处由亮到暗渐变，推测为装饰金属片由厚变薄所致[8]。

从X光片可以总结出，盖上有对称分布的菱形红铜纹饰（边缘断口处的红铜纹饰已基本脱落）。青铜基体部位X光不容易穿透，呈现亮色。纹饰锈蚀部位X光线容易穿过，呈现暗色。边缘断口处，锈蚀部位在X光下已融入背景色。通过对比，可发现，菱形红铜纹饰部位呈现暗色，X光下出

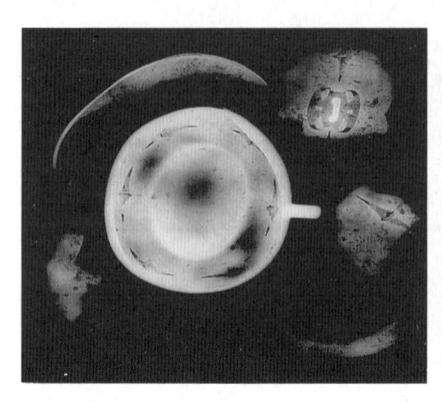

图3-47 青铜舟整体X光片 　　　　图3-48 青铜舟盖面纹饰X光片

现很多凹坑,表明大多红铜纹饰已经锈蚀脱落。值得关注的一点是,呈明暗色的红铜纹饰中心部位有方形的亮斑,说明铸造器物时应该使用了垫片[8]。

3. 扫描电镜分析

对打磨并抛光断面的220091号样品的剖面进行了SEM扫描,对基体部分结构及成分进行了分析[19],如图3-49所示。

该器物所用原料为铜锡铅合金,根据基体部分面扫描结果得到各组分含量为:Cu: 71.23%, Sn: 5.44%, Pb: 6.45%, O: 16.88%(图3-50)。放大至1 800倍时即可观察到大块白色亮斑(图3-51),打点扫描后确定其成分为纯铅颗粒,3 000倍时可观察到稀疏的小块白色亮斑(图3-52)。这是铸造后凝固时铅元素偏析的结果,与面扫描所得铅含量为6.45%结果相符,由于铅与铜不能形成固溶体,因此铅元素以单质固体颗粒的形态分布在基体中[20-22]。

在800倍电镜下可观察到基体中岛屿状灰色亮斑,根据其形态特征推测为共析体,打点后得到其成分:Cu: 90.17%, Sn: 9.70%, Pb: 0.13%,成分结果与推测相符,如图3-53和图3-54所示。

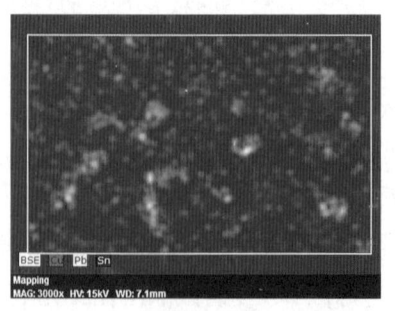

图3-49 220091号样品基体面扫描 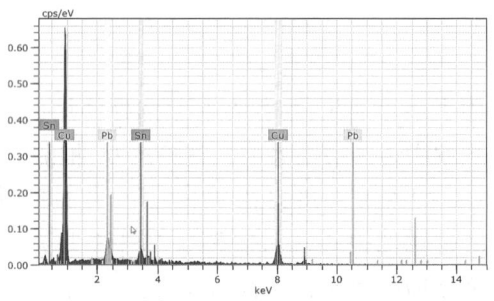　　　图3-50 220091号样品面扫描成分

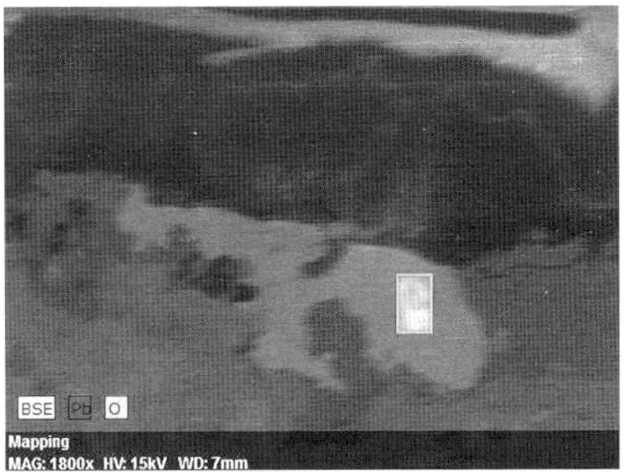

图 3-51　220091 号样品 1800 倍电镜 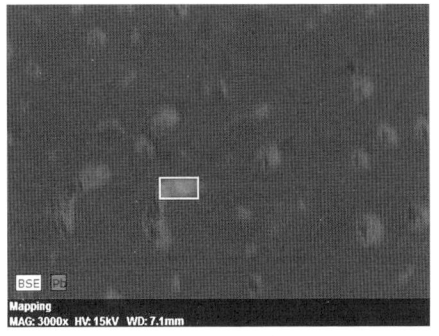　　图 3-52　220091 号样品 3000 倍电镜

图 3-53　220091 号样品共析体电镜 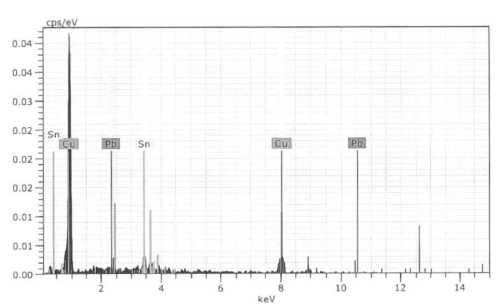　　图 3-54　220091 号样品共析体成分

在 3000 倍电镜下, 通过对下层表层附近基体部分进行观察, 发现长条状物 (图 3-55), 经过打点扫描后得到其元素含量为: Cu: 69.92%, O: 30.38%, 除氧后铜含量接近 90% (图 3-56), 推测其成分为氧化亚铜。根据其较为规则的条状形态特征及其所处位置, 可以判定这一氧化亚铜应为原镶嵌红铜纹饰残留纯铜氧化物, 可以基本确定器物上所镶嵌装饰物为红铜材质。

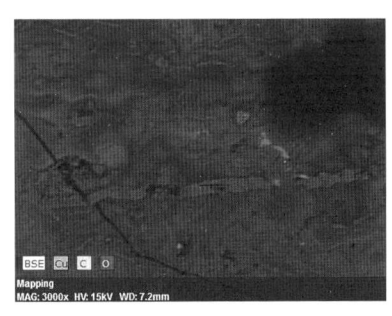

图 3-55　220091 号样品 3000 倍电镜下条状物 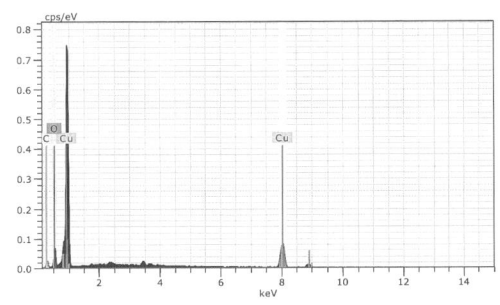　　图 3-56　220091 号样品条状物成分

4. 金相分析

观察青铜样品的金相组织,可以判定器物的材质,了解制作工艺[10]。青铜试样经过冷镶、磨光、抛光后,用3% $FeCl_3$ 盐酸酒精浸蚀,然后在金相显微镜下观察金相组织,并拍摄组织照片。

采用冷镶技术,镶样完成后依次用粗砂盘、细砂盘、粗砂纸、细砂纸进行打磨;磨痕均匀一致后,即移至细砂轮/砂纸上续磨,试样须转90°角与前一划痕垂直。续磨后,用抛光机进行抛光,可配合W1.5金刚石抛光膏进行。抛光过程中,可通过金相显微镜对剖面进行观察,待剖面表面平整无划痕后即可。随后根据观察,需要对样品进行侵蚀,用滴管滴加少量 $FeCl_3$ 溶液至剖面处,浸蚀3—5秒后用水冲净,并用滤纸吸干剖面。

图3-57可明显观察到带状氧化亚铜晶体,根据其所处位置推测为红铜镶嵌残留锈蚀产物。粗测氧化亚铜及其周围锈蚀厚度为200微米,可能为原镶嵌红铜纹饰厚度。带状氧化亚铜延伸至上层表面,并与表面锈蚀层相连。

图3-58可以看到,接近表层部分观察到类似等轴晶现象,可能受到过热处理。

图3-57　220092样品侵蚀前基体　　图3-58　220092样品侵蚀前基体

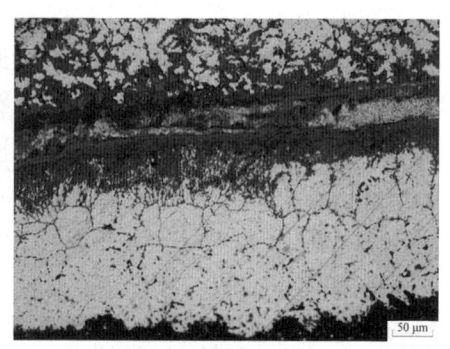

图3-59显示,带状氧化亚铜与上层表面修饰层相连处有纯铜颗粒析出。

图3-60晶界可见,氧化亚铜层内侧锈蚀严重,外侧相接处观察到等轴晶现象,说明基体部分受到过热处理[22]。

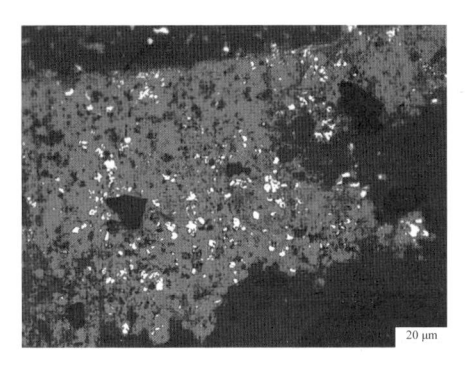

图3-59　220092样品侵蚀前基体 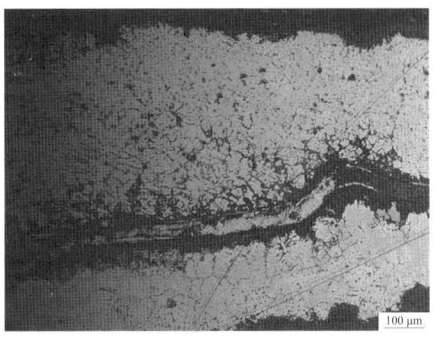　　　　图3-60　220092样品侵蚀后基体

5. 制作工艺分析

（1）推测一

a. 提出问题

对器物残余红铜纹饰初步观察，发现纹饰表面粗糙，分布有很多孔洞，而且很多地方纹饰已脱落，类似铸造后的痕迹。再根据金相显微观察结果，目前存在三个疑问：一是，500倍电镜下220092样品中部观察到的红铜纹饰的金相是否为普通的铸造组织？二是，残余红铜纹饰中部为什么会包裹基体？三是，红铜纹饰周围的基体为什么会有热处理痕迹？

b. 作出假设

首先，可以确定垫片工艺的使用。根据标尺估算红铜纹饰厚度，最厚处大约0.4毫米。考虑到红铜严重腐蚀，其包括锈蚀层的实际厚度有1毫米左右，而舟盖的厚度达到了4毫米。考虑到二者厚度存在差异，传统上只用"纹饰"取代垫片肯定不可行。同时X光下发现红铜纹饰处分布有方形垫片，证实了垫片的使用，以此弥补"纹饰"和舟盖厚度的差异。

这里说的"纹饰"，可以是事先固定在外范上的红铜纹饰，也可以是外范上用泥片装饰的阳文，等浇注的青铜水凝固后，抠出泥片，留下阴文，再嵌入红铜纹饰。因此可提出四种工序假设：

（a）先捶打出红铜纹饰，垫片固定，然后浇注青铜水；

（b）先铸造出红铜纹饰，垫片固定，然后浇注青铜水；

（c）外范上贴上泥片，垫片固定，盖上留下凹槽，之后捶入红铜纹饰；

（d）外范上贴上泥片，垫片固定，盖上留下凹槽，之后浇入纯铜水形成纹饰。

c. 分析探究

红铜的金相结构：参考并对比商代红铜铸造器物的金相[60][65]，$FeCl_3$浸蚀后220092样品（图5-8）残余纯铜片的金相呈现大颗粒的α固溶体相,锈蚀严重,晶间有很多黑色 Cu_2O 共晶结构,还有一些形似孤岛的缩松孔洞,应该属于铸造态金相。同时由于纯铜水体积收缩率很大,在4.5%左右(通常合金收缩率为1%左右),铸模需预热到一定温度,避免骤然过冷,但导致凝固时温度梯度变小,同时凝固,难以补缩,所以易形成孔洞。金相下未观察到晶粒变形或滑移线的结构,缩松孔洞分布无方向性,未沿固定方向拉长,推断红铜纹饰未受到外力捶打作用。推测假设(b)(d)可能成立。

红铜纹饰中包裹基体:可能是青铜水渗入红铜的孔隙缺陷中,也可能相反。基体合金配比中,Sn、Pb含量总共有15%左右,因此熔融的青铜水的温度可达到800℃,小于纯铜的1 083℃,因此a、b假设中青铜水渗入预先捶打成形或铸造成形的红铜纹饰的孔隙缺陷中很难实现。如若是熔融的纯铜水渗入青铜基体的孔隙和铸造缺陷中,则很容易实现。同时观察到,红铜纹饰包裹的基体等轴晶组织更均匀,可能是纯铜水一边渗入一边融化了部分基体,使其再结晶,组织更均匀。锈蚀程度的对比也可以进一步佐证之(图3-58)。可作为假设(d)成立的论据之一。

红铜纹饰周围基体存在热处理的痕迹:与上述论断相似,一方面熔融的红铜水接触基体表面时,局部受热达到了合金再结晶的温度,($\alpha+\delta$)共析体减少,α相向大晶粒及α等轴晶过渡。另一方面,部分纯铜水渗入基体孔隙和铸造缺陷,熔化一部分青铜基体,使其更充分受热,再结晶形成等轴晶,之后迅速凝固。同时继续加入纯铜水,这样就形成了红铜纹饰分叉、内部包裹基体的层次结构。可作为假设(d)成立的论据之二。

综上,推测其工艺可能为先在预留的纹饰处贴上纹饰形状的泥片,厚度通常只有器壁厚度的四分之一。再用垫片填补陶范和泥芯之间的剩余空隙,确保泥芯不发生偏移。之后合范,浇入青铜水。待青铜水凝固成形后,刮去纹饰处的泥片,将其预热到400℃左右,浇入熔化后的纯铜水,冷却之后,稍加修整、锉磨,即得到镶嵌有红铜花纹的器物。

(2)推测二

结合扫描电镜和金相观察结果,对于该舟红铜装饰镶嵌工艺有两种猜测。

一种猜测为先浇铸基体,后镶嵌红铜。支持这种猜测的主要依据为220092:1号样品金相中氧化亚铜层周围基体出现等轴晶现象。等轴晶现象的出现,说明基体曾经有退火处理,故推测镶嵌工艺如下:浇铸基体时,在外范内侧装饰处做出纹饰状突起,用垫片填充突起与内范间剩余空间，合范后浇注青铜水；待冷却成型后对外层表面凹槽进行打磨，随后将基体预热至约400℃，向凹槽中浇灌铜水，待冷却后再进行打磨，最终获得镶嵌青铜纹饰。在浇灌铜水过程中，由于铜水温度高于合金熔点，凹槽表面再结晶，从而出现热处理所致的等轴晶现象。

但这种镶嵌红铜的方法存在较多疑点。首先是红铜纹饰厚度的控制。根据金相观察结果，推测所嵌红铜厚度约为200微米，在X光下，发现所嵌红铜纹饰边缘处较薄，而在制作生产中发现铜水流动性较差，在当时的工艺条件下，很难将铜水浇注在厚度为200微米的凹槽中，即使通过打磨、锤铸等后续加工，也很难实现铜片边缘处较为均匀的薄层。第二，氧化亚铜层周围的等轴晶现象。在贾云福的文章中提到，作者进行了模拟实验[6]，即将浇铸好的青铜器预热至300℃—500℃，随后在预留的凹槽中注入纯铜水，冷却后进行捶打，观测到等轴晶沿着α晶粒方向不同程度的拉伸："由于晶粒拉长较大，晶粒内某些晶面发生了滑移，反映在显微组织图上是晶粒内出现了许多滑移，此时晶形已不再保持等轴的特征。"但在220092：1号样品中仍可以观察到完好的等轴晶现象，说明该部分基体未受到捶打，结合当时工艺分析，如果红铜纹饰为后铸，如不经过捶打，很难形成厚度为200微米的铜片，与现有金相结果相悖。第三，红铜纹饰固定的问题。铜存在一定收缩，若在预留的凹槽中灌注铜水，待铜水冷却后，铜片难以固定在器物表面，且受到收缩影响，其大小应略小于凹槽面积，但在对镶嵌部位的观察中发现，红铜纹饰已嵌入凹槽边缘下部，同时220092：1的金相结果显示部分红铜纹饰应嵌于基体内部，但若为预留凹槽，在当时的工艺条件下，无法留出厚度为200微米的空隙，因此后铸红铜的可能性极低。

另一种猜测为先铸红铜纹饰，后浇铸基体。具体流程如下：浇铸块状红铜，经过反复锻打、打磨后，制成中间略厚、边缘极薄、总体厚度约为200微米的红铜纹饰。利用垫片将红铜纹饰固定在内范与外范间，外范内壁接触红铜处做出突起，合范后浇注青铜水（图3-61）。成型后，稍事打磨装饰边缘基体处即可。

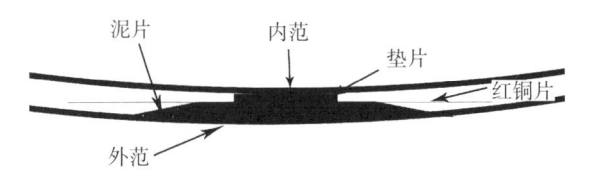

图3-61 红铜镶嵌方式示意图

这种工艺的可行性体现在以下几个方面。首先它解释了垫片位置的独特性。通过X光成像技术观察得到该舟所用垫片均处于红铜镶嵌部位，从铸造工艺的角度考虑，垫片的位置没有硬性的要求，其主要作用即撑住内范和外范间的空间。该器物中若红铜纹饰先铸，在浇铸青铜器时，需要固定在内外范之间，但其厚度又不足以填满内外范间的距离，因此将垫片置于红铜纹饰处，一方面起到支撑内外范的作用，另一方面也将装饰用的红铜纹饰固定在了接近器物外壁的位置，实现镶嵌红铜的效果。

其次是红铜片的厚度。固态铜具有良好的延展性，因此可以通过反复锻打，得到极薄的纯铜片，相比于直接浇铸的方式，以锻打和打磨相结合的方式，从制作工艺的角度更为可行[18]。

第三是红铜片的固定方式。结合X光片和对镶嵌位置的观察，发现红铜纹饰边缘部分嵌于周围基体内部，220092：1号样品的金相结构也进一步佐证了这一现象。因此推测红铜纹饰是通过基体的浇铸进行固定的。具体方式如下：在外范内壁红铜镶嵌位置做出突起平台，但其面积略小于所镶嵌红铜纹饰，因此当红铜纹饰被垫片固定在突起平台上时，红铜纹饰边缘与外范间存在空隙。在浇铸基体时，青铜水流入该空隙，冷却后即将红铜纹饰包裹在内。这种猜测与220092：1号样品金相结构中出现带状氧化亚铜与表面锈层相连现象相符，可以很好地解释锈蚀层中出现大块基体组织的现象。由于这部分基体被红铜纹饰所包裹，因此其与红铜另一侧基体的锈蚀程度也可能不同，这也与金相结果相符。

但这种工艺的猜测也存在几处疑点。一方面，带状氧化亚铜周围观察到的等轴晶现象，若红铜纹饰为事先锻铸，在基体浇铸过程中则不会出现退火现象，同时不存在针对装饰部分基体进行单独退火处理的必要，同时在操作上也存在较大难度。因此推测整件器物在浇铸后进行了退火处理。由于本次实验仅在红铜镶嵌边缘处取样，无法分析器物其他部位退火情况，若想进一步分析，需要在器物其他部位进行取样，并进行金相观察。另一方面，对于红铜纹饰铸造工艺的猜测。在上述工艺猜测中，推测红铜纹饰为锻铸，由于其厚度极薄，故其金相应有明显的锻铸痕迹。但由于红铜纹饰大多已完全腐蚀，无法进行取样，在基体中残留的带状氧化亚铜含量过少，难以进行有效的金相观察，因此对红铜纹饰铸造技术的分析仅停留在猜测的阶段。如果想进一步确认，可以从器物其他几处红铜镶嵌部位取样并进行金相分析，如果得到的金相有锻打痕迹，即可有效印证以上猜想。就当时的铸造工艺和现有的实验结果分析，红铜纹饰为事先锻造的可能性较高。

六、青铜舟（M2∶21）红铜纹饰固定方式CT分析

1. 引言

CT扫描仪是计算机断层扫描仪器（computed tomography，CT）的一种，将X线管球和探测器相对摆放，之间放置扫描对象，通过旋转分层扫描得到的X线衰减系数经计算机处理后，用以重构物体内部图像。

传统的CT扫描仪使用的是线束和线性感应器，每件文物每次扫描一个断层，需要几个小时之久，但可以提供一系列横断面图片数据进行观察。而新型文物专用CT扫描仪（如德国YXLON International公司Y. CT Modular 320 FPD）则安装了大型平板探测器，每次能够扫描2000多条线，通过计算机算出目标部位的X射线衰减值，以三维像素单位给出体素数据，其扫描时间大幅减少，同时也可以使用VG Studio等三维透视软件，将上述分辨率极高、数量巨大的体素数据变成能够显示阴影和景深的画面，即直观感受到的三维图像[25-27]。

CT于1968年在英国发明，1973年开始商业性应用，目前在医学应用上十分普及；穿透力更强、辐射强度更大的CT被运用于汽车、飞机等制造业[28]。CT在文物的应用上，日本起步较早，1978年日本即开始将医用CT用于文物的调查。而以中国青铜器为对象的CT分析，肇始于田口勇、齐藤努对蟠螭纹瓠壶的调查，其后有对圣路易斯美术馆所藏青铜器、河南省叶县出土许公宁透空青铜饰的调查。CT对于结构精细的构件和制作工艺的研究作用巨大，如南京博物院藏陈璋圆壶，通过XRF、X光、CT等一系列无损分析手段检测分析，揭示了其分铸组合的工艺特点[29—30]。

目前CT分析技术在文物应用中依然较少，而且依赖于数据整合之后的截面信息。然而，处理之后的照片截面与X光片在某些程度上相似，而CT特有的分层结构的功能未能得到充分的应用，因此有必要对CT分层扫描数据进行解读和分析，以更充分地进行涉及文物铸造工艺的研究。

2. 器物情况

前文已对徐楼村出土青铜舟（M2∶21）作了基本介绍，此处不再赘述[12]（图3-62）。

该舟盖部环钮四处置一枚蝠形红铜纹饰。该红铜纹饰置于盖外壁，系半壁铸镶红铜纹饰。通过X光片可以观察到蝠形纹饰对称置于盖顶（图3-63），盖钮位于其体部中央。盖钮处左右两侧有两枚亮色方形吸收，为盖上

图 3-62　青铜舟（M2：21）整体外观　　图 3-63　青铜舟 X 光片

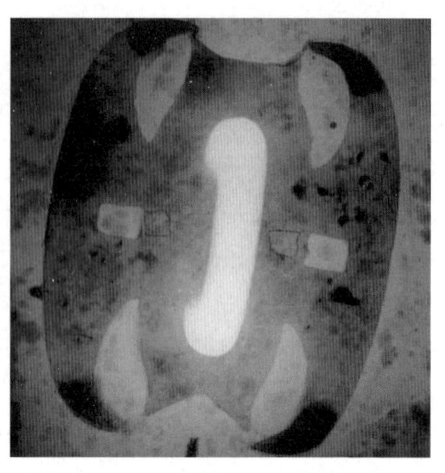

两枚方形凸起（后文称"凸榫"），为装饰用；在方形凸榫稍靠内部左右两端分别有一暗色近方形轮廓，系两枚铜质芯撑，芯撑内部在 X 光片下呈现与红铜装饰部分亮度相近的吸收。

红铜纹饰工艺中，使用垫片的情况实属罕见。考虑到红铜纹饰为半壁铸镶，垫片在该位置可能有三种情况。a. 垫片置于靠盖内壁的青铜部分；b. 垫片置于靠盖外壁的红铜部分；c. 垫片通透于该位置盖壁。

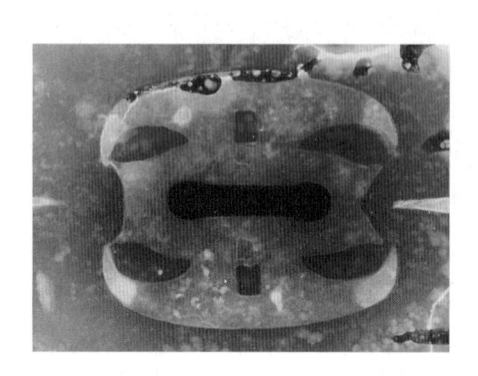

图 3-64　青铜舟横截面 CT 扫描

为对其结构进一步分析，并对其红铜铸镶铸造逻辑进行推理和研究，利用 CT 对其进行扫描。CT 横截面叠加照片情况如图 3-64 所示。根据截面照片，可以比较清晰地观察到舟盖的透视情况，包括铸造缩孔在内等内部成分不均一的现象，在一定程度上能够展示其工艺结构。然诚如前文所述，仅仅是截面扫描照片，大量信息无法被揭示，因此本文对 CT 扫描分层照片进行了进一步的研究。

对舟盖完整的 CT 扫描分为三个平面维度，每一个平面维度包含数百张顺次扫描照片，每一张照片代表着在该平面维度下单位厚度的体素叠加情况。

此处沿用 CT 设备数据的标示方法：从舟盖顶部至底部依次扫描的维度，即俯视平面维度，称为 XY 维度；沿椭圆形舟盖长边方向为固定面，分层扫描的维度,即蝙蝠两翼之间扫描的维度,称为XZ维度;沿椭圆形舟盖宽边方向为固定面,分层扫描的维度,即蝙蝠头尾之间分层扫描的维度,称为YZ维度。

3. CT分层分析

(1) XY维度分层照片

XY维度分层照片显示为一系列圆形视界下的分层透视结构,图3-65所示为其中五张具有代表性的XY维度照片。

在XY维度的一系列扫描照片里,在从盖顶端至盖底端连续扫描的过程中,按照先后顺序蝠形纹饰出现了五类总体特征:图3-65(a)中,视界里仅能分辨高出盖顶主体的钮部分的圆形,而未扫描出蝠形纹饰任何特征,该层扫描的位置在盖顶端的钮部分,圆形为舟盖上的钮,照片中尚未有红铜纹饰部分的痕迹;图3-65(b)中,除了钮部分的两处圆形亮区,较暗区域的蝠形纹饰开始显现,可以分辨蝠形纹饰与其外界接触部分的分界线,但分界线并不清晰,这意味着靠近盖顶部的红铜部分体素已出现在该照片中;图3-65(c)中,可以清晰地观察到蝠形红铜纹饰轮廓以及修复的痕迹,并且能同时观察到两枚作为装饰的凸榫,以及在其旁边位置的一枚垫片;图3-65(d)中,先前出现的信息逐渐消失,同图3-65(b)类似,仅能看到模糊的蝠形轮廓,同时,几乎不能观察到图3-65(a)中钮部分的圆形亮区,这说明该层扫描的位置处于盖底部青铜基体部分,而蝠翼端处仍能看到四处偏暗区域,这与该位置红铜较厚,以及舟盖的弧形形状有关;图3-65(e)照片中,与图3-65(a)类似,其视界范围内材质均匀,几乎不带有红铜部分体素。

图3-65清晰地展示了以固定蝠形平面为基础的从上至下分层扫描的过程。根据扫描先后顺序,红铜纹饰的变化过程为:从无逐渐清晰,达到最清晰的程度,之后逐渐模糊,最后彻底消失。

在逐张顺次观察中,有照片如图3-66,蝠翼位置A处已可清晰观察到凸榫,而B处并不能观察到垫片的存在。根据X光和显微观察结果,两枚矩形凸起材质与青铜基体部分相同,均透于盖底部与顶端。对于一个完全平整的盖而言,若垫片处于靠盖顶的红铜部分,则在红铜层区域的照片中,应该能观察到矩形凸起与垫片同时出现;而舟(M2∶21)盖顶略微凸起,在该维度扫描照片中,若垫片处于红铜部分,应先出现垫片的体素,其后再出现凸榫的体素。而实际情况与此正好相反,这意味着垫片并未处于红铜部分。

(a)　　　　　　　　　　　　(b)

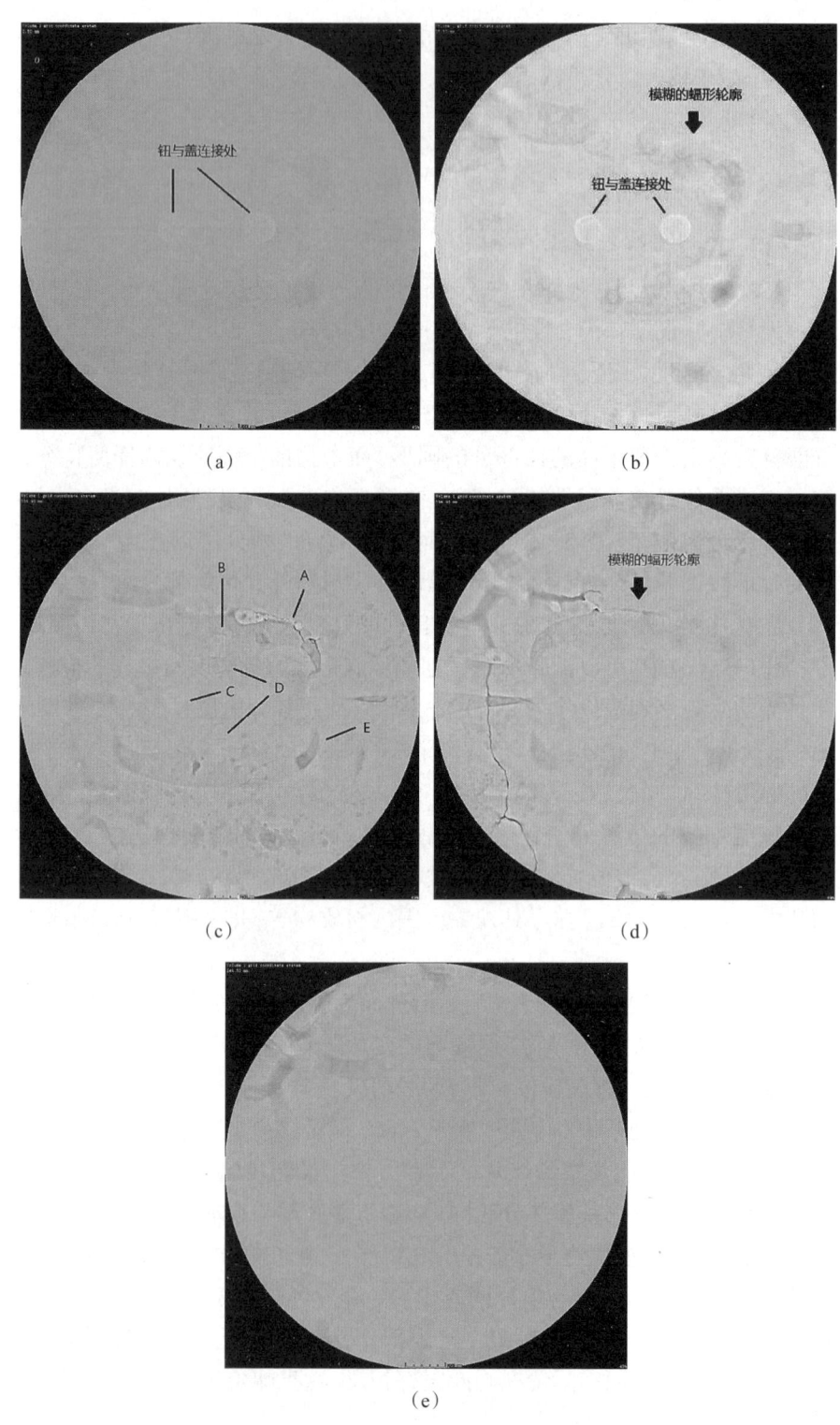

(c)　　　　　　　　　　　　(d)

(e)

图3-65　XY维度分层照片

同时，舟盖的拱形结构也解释了图3-65(c)中垫片与矩形凸起同时存在的现象。当扫描位置低于中部区域的红铜部分时，能够扫描到处于青铜层的垫片体素，而此时靠外端扫描的区域仍然位于红铜部分，因此这将导致凸榫之体素与垫片同时存在于同一张扫描照片中的情况。图3-65(c)中A为蝠形轮廓以及修复痕迹，B为凸榫，C为盖钮连接处，D为两枚芯撑，E为蝠翼端处红铜加厚部分。

另外，红铜纹饰蝠翼四端头位置先于红铜纹饰主体显现在扫描照片中，而这四个部分的消失晚于红铜纹饰主体，且层数差异较大；这意味着蝠翼四个端头位置红铜厚度厚于红铜纹饰主体部分，这与图3-64 X光片中蝠翼四端处黑色吸收以及在图3-65截面照片中蝠翼亮色区域的情况相吻合。这可能是在红铜铸镶中的"支钉"结构，主要功能在于更好地固定"半透镶"红铜纹饰铸件。通过细致地观察分层照片，甚至能够清晰地还原"支钉"的三维形貌。

但是，在XY维度扫描中，不能保证舟盖完全平整地被扫描，CT扫描的切面往往会沿着某个角度稍倾斜，这种情况在图3-65的系列照片中能够观察到。在这种情况下，可能无法针对舟盖内部细节铸造特征的分层情况得出正确的结论，因此仍需要其他两个维度的扫描照片进行研究。

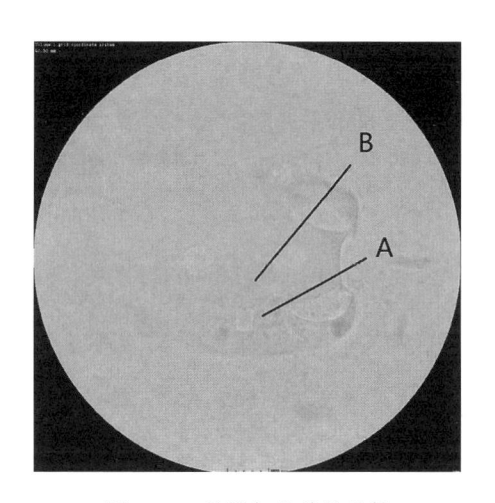

图3-66　凸榫与垫片的比较

（2）XZ维度分层照片

XZ维度的CT扫描照片为一组沿蝠形长边（即舟盖长边）方向的横截面照片，其基本特征是舟盖截面在视界中略呈弧形，垫片和凸榫位于居中位置，根据扫描顺序在扫描过程中依次出现与消失。

图3-67所示为典型的XZ与XY两种扫描维度截面照片中位置关系的对应情况。照片中能观察到横向贯穿视界的略向上凸起的具有一定厚度的弧线，为舟盖半透镶红铜纹饰与青铜基体部分的分界线。弧线向上略微凸起，意味着图片中上方为舟盖顶部，下方为舟盖底；扫描照片中大体分为两种材质的体素特征，其中较暗的为红铜区域，较亮的为青铜部分，例如图3-67所示左右两侧较亮梭形吸收区域即为红铜纹饰中蝠翼与蝠身之间的两段空隙。

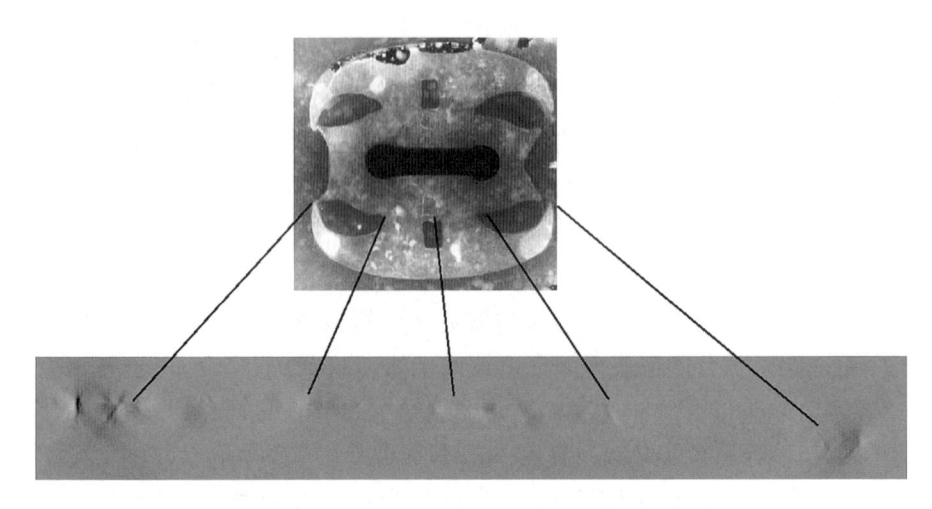

图 3-67　XZ、XY 两种维度的扫描照片特征部位对照

照片中部区域有一条呈扁平的较亮吸收，为扫描两枚垫片以及凸榫边界位置的特征，在垫片以及凸榫主体部分的扫描照片中，该扁平的亮色区域面积将逐渐扩展成近似的矩形，矩形的横边代表垫片与凸榫的宽度，而矩形的竖边代表垫片与凸榫的厚度［图 3-68（a）(b) 中 A 位置］；而未扫

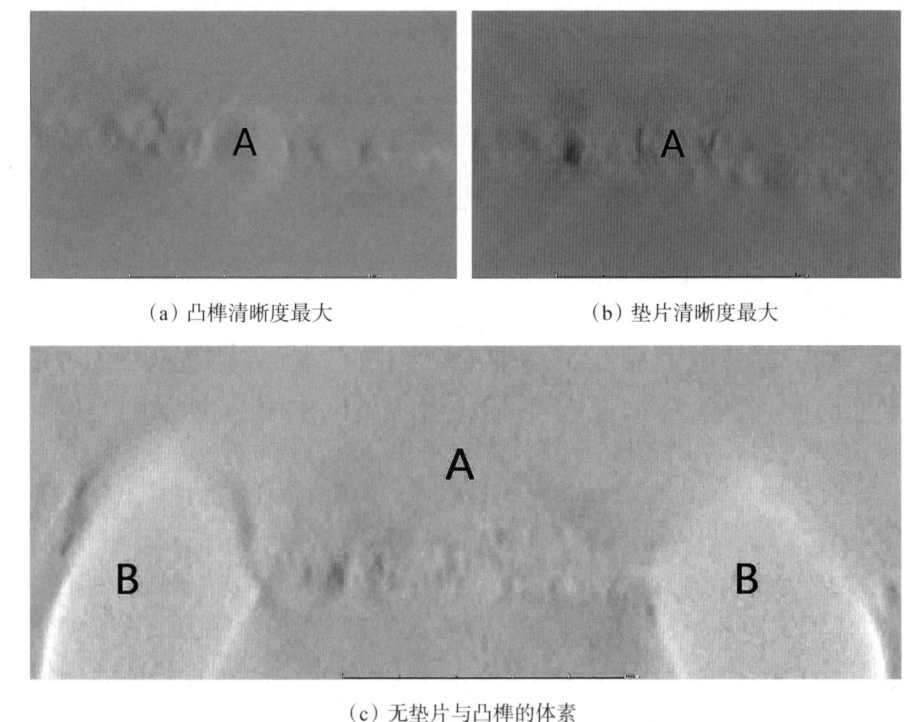

（a）凸榫清晰度最大　　　　　　　　（b）垫片清晰度最大

（c）无垫片与凸榫的体素

图 3-68　扫描照片中垫片与凸榫的成像情况比较

描及垫片和凸榫时,该位置的亮吸收变得不可见[图3-68(c)中A位置]。另外,图3-68(c)中B位置有两处柱型亮色吸收,为舟盖钮部分;图3-68中三张扫描照片下部均为舟盖顶部,可以清晰观察到舟盖钮与盖基体青铜部分[图3-68(c)中上方部分]亮度呈现自然过渡的情况,这是钮与盖一体铸成的结构在CT扫描照片中的特征。

对比两处垫片与两处凸榫在该维度下的逐张扫描照片,凸榫成像的情况如下:从无凸榫体素,最初在分界位置形成一高亮吸收横条(如图3-67),逐渐向青铜以及红铜部分扩张成近似矩形[图3-68(a)],然后逐渐重新收敛为一高亮吸收横条,最终消失。垫片的成像情况大体与凸榫相同,然而其扩张为矩形的过程中可以明显观察到在分界面存在"边界",仅仅向青铜基体方向扩张,这意味着和凸榫不同,垫片存在的位置仅仅为舟盖上靠近青铜一侧。

(3)YZ维度分层照片

YZ维度的CT扫描照片为一组沿蝠形宽边(即舟盖宽边)方向的横截面照片,其基本特征是舟盖的截面在视界中略呈弧形,垫片和凸榫从左至右依次对称排列于截面位置,其顺序从左至右为:凸榫—垫片—垫片—凸榫,根据扫描的顺序,大体上出现与消失的时机相仿。

图3-69所示为典型的YZ与XY两种扫描维度截面照片中位置关系的对应情况。与XZ维度照片相似,视界中能够观察到横向贯穿视界的略向上凸起的具有一定厚度的弧线,为舟盖半透镶红铜纹饰与青铜基体部分的分界线。弧线向上略微凸起,代表照片中上方为舟盖顶部,下方为舟盖底;扫描照片中大体分为两种材质的体素特征,其中较暗的为红铜区域,较亮的为青铜部分。

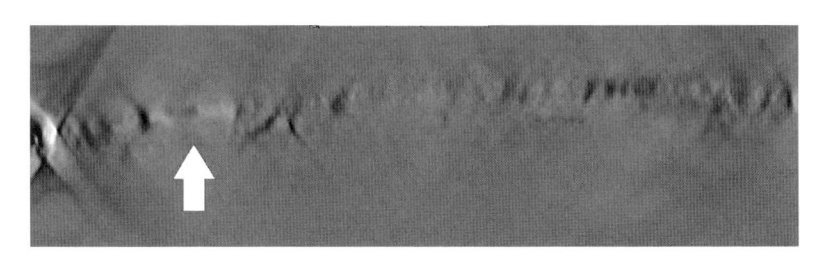

图3-69　YZ、XY两种维度的扫描照片特征部位对照

与XZ维度中两枚垫片与两枚凸榫依次在视界中部先后出现与消失不同,在YZ维度的扫描照片中,两枚垫片与凸榫呈左右排列,在照片中位于标记处四处亮吸收区域,靠近中部的两处亮吸收为垫片,其轮廓处呈现

阴影，较凸榫更易于识别。该维度下的扫描照片更易于对比两枚垫片与两枚凸榫的区别，从图3-69中已经可以清晰看到类似于前文提及的垫片的"边界"：两枚垫片的形态上端部分基本与弧形界面上端平齐，而两枚凸榫的形态在弧形界面上下两端均有扩张。图3-69中弧形界面向上凸起，其上方为红铜纹饰部分，下方为青铜基体部分，这意味着垫片存在的区域仅为青铜基体部分，这与前文对XY维度、XZ维度扫描照片下的结论相吻合。

另外，由于凸榫的宽度大于垫片，因此在该维度的扫描照片中，凸榫"先于"垫片出现，即尚未扫描至垫片区域的扫描照片中，已经出现了凸榫的体素（图3-70）。在连续的扫描照片观察中，两枚垫片与两枚凸榫的成像变化规律非常清晰，大体上与XZ维度下一致，即从无体素，最初在分界位置形成一高亮吸收横条（图3-70），逐渐向青铜以及红铜部分扩张成近似矩形（图3-69），然后逐渐重新收敛为一高亮吸收横条，最终消失。

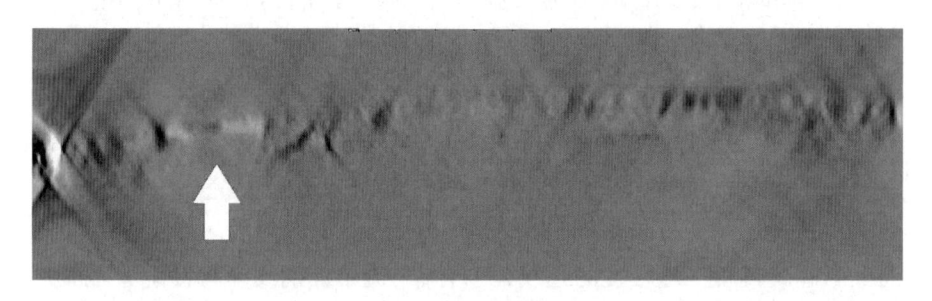

(a) 左端凸榫出现

(b) 右端凸榫出现

图3-70　凸榫与垫片成像情况比较

4. 讨论

通过对三种维度大量CT扫描照片逐张分析，可以得出关于舟盖蝠形红铜纹饰中垫片的结论：舟盖蝠形红铜纹饰为半透镶纹饰，两枚垫片存在于靠近盖底端（内壁）的青铜部分。

该舟红铜纹饰使用"铸镶法"装饰工艺：即先铸出红铜纹饰铸件，将其置于浇铸青铜舟盖的型腔中固定,然后浇铸青铜盖基体部分。对于透壁铸镶红铜纹饰而言,其红铜纹饰本身即具有垫片的功能性作用[4]。而对于如舟(M2：21)所使用的半壁铸镶红铜技术,红铜纹饰铸件在型腔中的固定问题一直备受学者关注,如李京华先生就曾非常详细地提出三种铸镶固定方法[16]。这些方法为研究红铜纹饰的固定问题提供了思路,但终究缺乏实证。

通过对徐楼村出土青铜舟(M2：21)的CT扫描研究分析,可以肯定,晚商时期该地区已使用一种红铜纹饰固定方法:在型腔中设置垫片,支撑起红铜纹饰铸件,并固定在内芯与外范之间。这种固定方式固然在一定程度上解决了半壁铸镶红铜纹饰在型腔中的固定问题,然目前尚未有其他实例发现,是否具有普遍性目前尚缺乏相关认识。通过垫片固定红铜纹饰,从技术上仍有需要解决的问题,其中最关键的问题之一,即如何使垫片与红铜纹饰在型腔之间保持稳定而不滑动。另外,青铜舟(M2：21)上的红铜纹饰使用了多种方法进行固定,除了垫片外,蝠形纹饰两翼的四端处采用了加厚的"支钉"结构。苏荣誉先生在他的新作《枣庄徐楼出土铸镶红铜青铜器初论》中指出:山东徐楼地区出土的红铜铸青铜器,具有红铜铸镶中较早期的特征[4]。这是否意味着该青铜舟的红铜纹饰铸镶技术已达到比较成熟的水平?或正因为铸造技术的不成熟,才大量使用这些技巧,以确保铸造成功?无论如何,徐楼村出土青铜舟(M2：21)使用的垫片固定的方法,应当是红铜铸镶工艺中值得关注的一个话题,以待深究。

[1] 孟祥伟. 东周镶嵌红铜青铜器初步研究[D]. 北京科技大学硕士学位论文,2009.

[2] 贾云福,胡才彬,华觉明. 曾侯乙青铜器红铜纹饰铸镶法的研究[J]. 江汉考古,1981(S1)：57-66.

[3] 李京华. 固始侯古堆青铜铸镶红铜花纹工艺探讨[A]. 固始侯古堆一号墓[M]. 郑州：大象出版社,2004.

[4] 苏荣誉,王丽华. 枣庄徐楼出土铸镶红铜青铜器探论[A]. 青铜器与山东古国学术研讨会论文集[C],2016：323-337.

[5] 胡钢,刘百舸,张夏,王丽华. 枣庄市徐楼村红铜铸镶青铜器纹饰镶铸特征[J]. 文物保护与考古科学,2017,29(1)：51-56.

［6］贾云福,胡才彬.对古代青铜器红铜镶嵌的研究［J］.武汉工学院学报,1980(1):27-34.

［7］尹秀娇,石敬东,苏昭秀,郝建华,刘爱民.山东枣庄徐楼东周墓发掘简报［J］.文物,2014(01):4-27+1.

［8］胡东波.文物的X射线成像［M］.北京:科学出版社,2012.

［9］苏荣誉,华觉明,李克敏,等.中国上古金属技术［M］.山东:山东科学技术出版社,1995.

［10］David Scott.古代和历史时期金属制品金相学与显微结构［M］.北京:科学出版社,2012.

［11］朱凤瀚.古代中国青铜器［M］.天津:南开大学出版社,1995:547.

［12］枣庄市博物馆,枣庄市文物管理委员会办公室,峄城区文广新局.枣庄市峄城徐楼东周墓葬发掘报告［A］.海岱考古(第七辑)［M］.北京:科学出版社,2014:59-127.

［13］叶小燕.我国古代青铜器上的装饰工艺［J］.考古与文物,1983(4):84-94.

［14］王海文.青铜镶嵌工艺概述［J］.故宫博物院院刊,1983(1):67-68.

［15］贾峨.关于东周错金镶嵌铜器的几个问题的探讨［J］.江汉考古,1986(4):34-48.

［16］杜石然.中国科学技术史稿［M］.北京:北京大学出版社,2012:54-55.

［17］刘洪涛.中国古代科技史［M］.天津:南开大学出版社,1991:42.

［18］胡家喜.盘龙城遗址青铜器铸造工艺探讨［A］.盘龙城一九六三～一九九四年考古发掘报告［M］.北京:文物出版社,2001:576-598.

［19］孙淑云,韩汝玢,李秀辉编.中国古代金属材料显微组织图谱(有色金属卷)［M］.北京:科学出版社,2011.

［20］韩汝玢,孙淑云,李秀辉编著.中国古代金属材料显微组织图谱(总论)［M］.北京:科学出版社,2015.

［21］韩汝玢.电子显微技术在冶金考古中的应用［J］.电子显微学报,1997(03):66-74.

［22］韩汝玢,孙淑云,李秀辉,潜伟.中国古代铜器的显微组织［J］.北京科技大学学报,2002(02):219-230.

［23］贾莹,苏荣誉,华觉明,铃木稔,黄允兰,肖梦龙.腐蚀青铜器中纯铜晶粒形成机理的初步研究［J］.文物保护与考古科学,1999(02):31-40.

[24] 刘百舸,胡钢. 徐楼出土青铜舟红铜铸镶蝠形纹饰CT成像解析[A]. 考古学研究(十二)[M]. 北京:科学出版社,2020:120-128.

[25] A. P. Roberts. Statistical Reconstruction of Three-dimensional Porous Media from Two-dimensional Images[J]. *Physical Review* E 56 (1997): 3203-3212.

[26] D. T. Fullwooda, S. R. Niezgodab, S. R. Kalidindi. Microstructure Reconstructions from 2-point Statistics Using Phase-recovery Algorithms[J]. *Acta Materialia* 56 (2008): 942-948.

[27] P. Tahmasebi, M. Sahimi. Cross-correlation Function for Accurate Reconstruction of Heterogeneous Media[J]. *Physical Review Letters* 110 (2013).

[28] 李子勋、古晓泉. CT图像的三维重建[J]. CT理论与应用研究,1992(4):1-4.

[29] 罗斌、黄端旭、汪炳权. 从CT断面图象重建人体器官的三维形状[J]. CT理论与应用研究,1992(1):31-35.

[30] 泉屋博古馆、九州国立博物馆,黄荣光译. 泉屋透赏——泉屋博古馆青铜器透射扫描解析[M]. 北京:科学出版社,2015.

第4章　枣庄徐楼青铜器材质与腐蚀行为

一、材　质　分　析

青铜器腐蚀行为首先取决于器物的材质成分与组织结构，为此，本文运用扫描电子显微镜对徐楼村出土代表性器物的材质成分进行了系统分析，以下为代表性器物样品检测结果的详细报道。详细检测这批器物材质成分，也为其工艺研究、器物功能与成分选择关系提供了数据支撑[1,2]。

1. 鼎（M1∶26）

鼎（M1∶26）的样品为鼎身青铜基体样品010091，对其材质进行SEM分析，所得结果如表4-1中所示。

表 4-1　鼎（M1∶26）基体样品 SEM 测试结果表

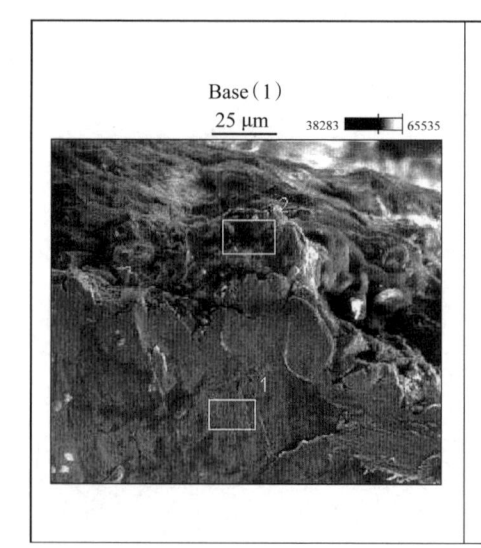

EDAX 原始结果	
Element	Wt % Base (1)_pt1
C-K	2.89
O-K	0.66
Cl-K	0.76
Fe-K	0.85
Cu-K	79.88
Sn-L	8.55
Pb-M	6.41

续 表

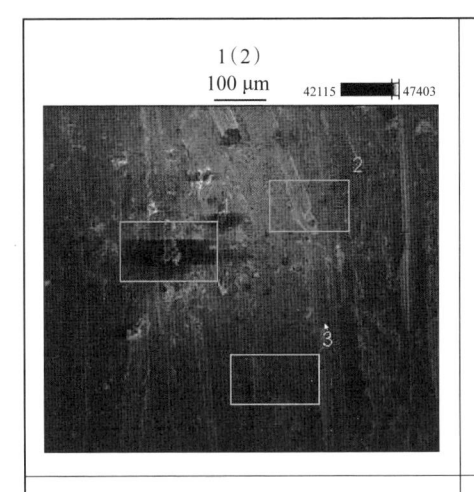

EDAX 原始结果		
Element	Wt %	
	1(2)_pt2	1(2)_pt3
C-K	5.19	3.3
O-K	1.95	0.92
Cu-K	76.37	77.85
Sn-L	9.63	10.29
Pb-M	6.85	7.64

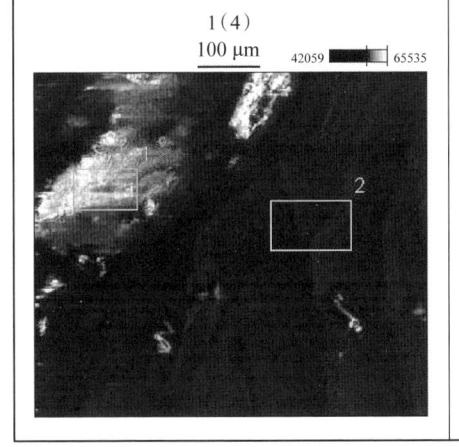

EDAX 原始结果	
Element	Wt % 1(4)_pt2
C-K	4.6
O-K	1.55
Cu-K	76.67
Sn-L	6.78
Pb-M	10.39

针对表4-1中的原始检测数据，取Cu、Sn、Pb三种元素的质量分数进行归一化，并取平均值，结果见表4-2。由表4-2可知，鼎（M1∶26）基体

表4-2 各区域基体合金成分归一化后取平均值

Wt%	Cu-K	Sn-L	Pb-M
Base(1)_pt1	84.23	9.02	6.76
1(2)_pt2	82.25	10.37	7.38
1(2)_pt3	81.28	10.74	7.98
1(4)_pt2	81.70	7.23	11.07
平均值	82.37	9.34	8.30

Cu的质量分数在80%以上,Sn、Pb含量均在10%左右。

经比较,鼎(M1∶26)与鼎(M1∶39)、罍(M1∶20)、舟(M2∶21)成分相近。

2. 敦(M1∶6)与敦(M1∶44)

(1)敦(M1∶6)

敦(M1∶6)的样品为敦身红铜镶嵌处的青铜基体样品150094,使用SEM对其材质进行测试,结果如表4-3中所示。通过表4-3中数据,将Cu、Sn、Pb三种元素的质量分数归一化,并取平均值,结果见表4-4。

由表4-4可知,敦(M1∶6)基体Cu的质量分数约为66%,Sn含量约为12%,Pb含量约为22%。对比可知,敦(M1∶44)同敦(M1∶6)成分接近。

表4-3 敦(M1∶6)基体样品 SEM 测试结果表

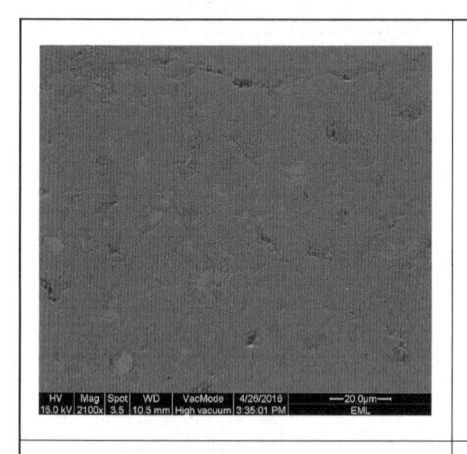

EDAX 原始结果		
Element	Wt %	At%
O–K	02.91	13.36
Sn–L	12.82	07.93
Cu–K	61.03	70.48
Pb–L	23.23	08.23

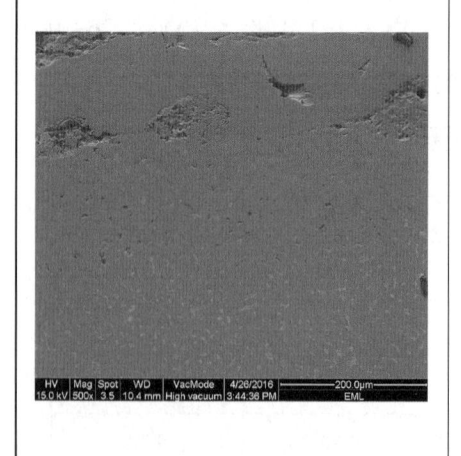

EDAX 原始结果		
Element	Wt %	At%
O–K	00.82	03.89
Si–K	00.24	00.65
P–K	00.08	00.19
Sn–L	10.59	06.77
Fe–K	00.64	00.87
Cu–K	67.09	80.11
Pb–L	20.54	07.52

表 4-4　各区域基体合金成分归一化后取平均值

Wt%	Cu-K	Sn-L	Pb-M
pt1	62.87	13.21	23.93
pt2	68.31	10.78	20.91
平均值	65.59	11.99	22.42

（2）敦（M1∶44）

敦（M1∶44）样品为敦身红铜镶嵌处的青铜基体样品160093，使用SEM对其材质进行分析，结果如表4-5中所示。从表4-5数据中，仅取Cu、Sn、Pb三种元素的质量分数进行归一化，并取平均值，结果如表4-6所示。

表 4-5　敦（M1∶44）基体样品 SEM 测试结果表

EDAX 原始结果		
Element	Wt %	At %
C-K	04.64	23.21
O-K	01.48	05.58
Sn-L	12.40	06.28
Cu-K	62.94	59.55
Pb-L	18.54	05.38

表 4-6　各区域基体合金成分归一化后取平均值

Wt%	Cu-K	Sn-L	Pb-M
pt1	67.04	13.21	19.75

由表4-6可知，敦（M1∶44）基体Cu的质量分数约为67%，Sn含量约为13%，Pb含量约为20%。

对比可知，敦（M1∶44）同敦（M1∶6）成分接近。

3. 簠（M1∶7）

簠（M1∶7）的样品为簠口沿处的青铜基体样品170092，SEM对其材质进行分析，结果如表4-7所示。从表4-7数据中，取Cu、Sn、Pb三种元素的质量分数进行归一化，并取平均值，得到表4-8中结果。

表4-7 簠（M1∶7）基体样品SEM测试结果表

EDAX 原始结果		
Element	Wt %	At %
C–K	03.87	21.45
O–K	01.25	05.18
Sn–L	11.36	06.38
Cu–K	55.25	57.91
Pb–L	28.28	09.09

表4-8 各区域基体合金成分归一化后取平均值

Wt%	Cu-K	Sn-L	Pb-M
pt1	58.23	11.97	29.80

由表4-8可知，簠（M1∶7）基体Cu的质量分数约为58%，Sn含量约为12%，Pb含量约为30%。对比可知，簠（M1∶7）同盘（M2∶22）成分接近。

4. 铺（M1∶10）与铺（M1∶24）

（1）铺（M1∶10）

铺（M1∶10）的样品为铺盖部青铜基体样品120092，使用SEM对其材质进行分析，结果如表4-9所示。从表4-9数据中，取Cu、Sn、Pb三种元素的质量分数进行归一化，并取平均值，得到表4-10中结果。

由表4-10可知，铺（M1∶10）基体Cu的质量分数约为53%，Sn含量约为6%，Pb含量约为41%。

表4-9 铺（M1∶10）基体样品SEM测试结果表

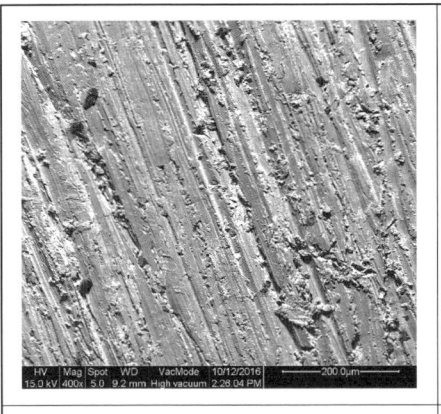

EDAX 原始结果		
Element	Wt %	At %
O-K	00.99	05.40
Sn-L	05.56	04.07
Cu-K	54.13	74.03
Pb-L	39.32	16.49

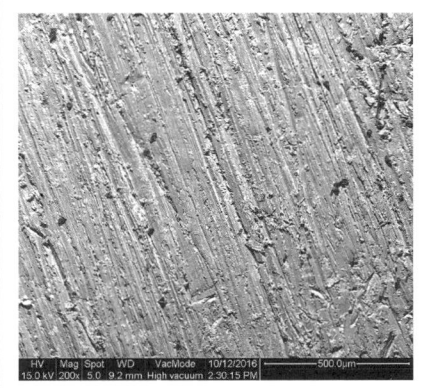

EDAX 原始结果		
Element	Wt %	At %
C-K	03.30	19.75
O-K	01.25	05.60
Sn-L	05.60	03.39
Cu-K	51.20	57.87
Pb-L	38.65	13.40

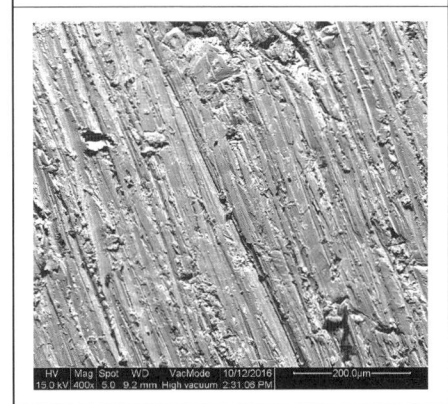

EDAX 原始结果		
Element	Wt %	At %
O-K	01.36	07.44
Sn-L	05.87	04.33
Cu-K	51.26	70.67
Pb-L	41.52	17.56

（2）铺（M1∶24）

使用SEM对铺（M1∶24）器身基体样品110095的材质进行分析，结果如表4-11所示。

从表4-11数据中，仅取Cu、Sn、Pb三种元素的质量分数进行归一化，并取平均值，结果见表4-12。由表4-12可知，铺（M1∶24）基体Cu

表 4-10　各区域基体合金成分归一化后取平均值

Wt%	Cu-K	Sn-L	Pb-M
pt1	54.67	5.62	39.71
pt2	53.64	5.87	40.49
pt3	51.96	5.95	42.09
平均值	53.42	5.81	40.76

表 4-11　铺（M1∶24）基体样品 SEM 测试结果表

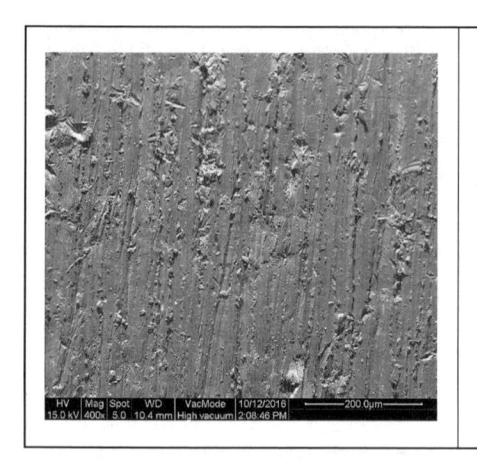

EDAX 原始结果		
Element	Wt %	At %
O-K	01.33	07.23
Sn-L	09.41	06.88
Cu-K	51.16	69.92
Pb-L	38.10	15.97

的质量分数约为52%，Sn 含量约为9%，Pb 含量约为39%。对比可知，铺（M1∶24）和铺（M1∶10）成分接近。

表 4-12　各区域基体合金成分归一化后取平均值

Wt%	Cu-K	Sn-L	Pb-M
pt1	51.85	9.54	38.61

5. 罍（M1∶20）

罍（M1∶20）的样品为罍腹部基体样品050091，通过SEM对其材质进行分析，结果如表4-13中所示。取 Cu、Sn、Pb 三种元素的质量分数进行归一化，并取平均值，得到表4-14中的结果。

表 4-13 罍（M1∶20）基体样品 SEM 测试结果表

EDAX 原始结果	
Element	Wt % 2(1)_pt3
C-K	4.6
O-K	1.43
Cu-K	76.66
Sn-L	7.39
Pb-M	9.93

表 4-14 各区域基体合金成分归一化后取平均值

Wt%	Cu-K	Sn-L	Pb-M
2(1)_pt3	81.57	7.86	10.57

由表 4-14 可知，罍（M1∶20）基体 Cu 的质量分数约为 80%，Sn 含量在 8% 左右，Pb 含量在 10% 左右。对比可知，鼎（M1∶26）、鼎（M1∶39）、罍（M1∶20）、舟（M2∶21）成分相近。

6. 盘（M2∶22）

盘（M2∶22）的样品为红铜镶嵌纹饰附近基体残片样品 100092，经 SEM 检测，结果如表 4-15 中所示。同样取 Cu、Sn、Pb 三种元素的质量分数进行归一化，并取平均值，结果见表 4-16。

由表 4-16 可知，盘（M2∶22）基体 Cu 的质量分数约为 60%，Sn 含量约为 11%，Pb 含量约为 29%。对比可知，盘（M2∶22）同簠（M1∶7）成分接近。

7. 舟（M2∶21）

舟（M2∶21）的样品为舟盖部基体样品 220092，经 SEM 对其材质进行分析，结果如表 4-17 中所示。取 Cu、Sn、Pb 三种元素的质量分数进行归一化，并取平均值，结果见表 4-18。

表 4-15　盘（M2∶22）基体样品 SEM 测试结果表

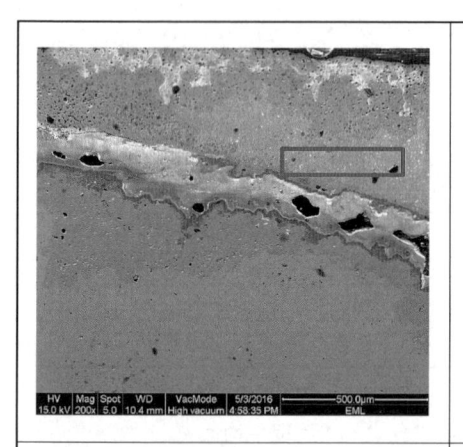

EDAX 原始结果		
Element	Wt %	At %
C–K	03.62	19.06
O–K	03.40	13.46
Sn–L	09.85	05.25
Cu–K	53.36	53.14
Pb–L	29.77	09.09

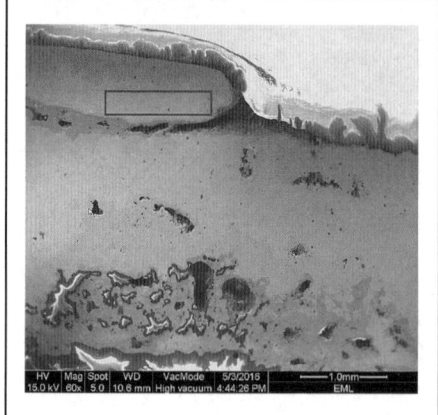

EDAX 原始结果		
Element	Wt %	At %
C–K	03.90	19.51
O–K	03.62	13.60
Sn–L	09.64	04.88
Cu–K	57.90	54.77
Pb–L	24.93	07.23

表 4-16　各区域基体合金成分归一化后取平均值

Wt%	Cu-K	Sn-L	Pb-M
pt1	57.39	10.59	32.02
pt2	62.61	10.43	26.96
平均值	60.00	10.51	29.49

表 4-17　舟（M2∶21）基体样品 SEM 测试结果表

EDAX 原始结果	
Element	Wt % 3(1)_pt1
C-K	6.06
O-K	1.97
Cu-K	74.99
Sn-L	7.02
Pb-M	9.97

EDAX 原始结果			
Element	Wt %		
	3(2)_pt1	3(2)_pt2	3(2)_pt5
C-K	6.33	6.73	7.27
O-K	1.97	1.47	1.99
Cu-K	72.92	74.59	73.55
Sn-L	7.66	6.06	8.53
Pb-M	11.12	11.14	8.66

表 4-18　各区域基体合金成分归一化后取平均值

Wt%	Cu-K	Sn-L	Pb-M
3(1)_pt1	81.53	7.63	10.84
3(2)_pt1	79.52	8.35	12.13
3(2)_pt2	81.26	6.60	12.14
3(2)_pt5	81.06	9.40	9.54
平均值	80.84	8.00	11.16

由表4-18可知,舟(M2∶21)基体Cu的质量分数约为80%,Sn含量在8%左右,Pb含量在11%左右。对比可知,鼎(M1∶26)、鼎(M1∶39)、罍(M1∶20)、舟(M2∶21)成分相近。

小结

基于样品获取情况,代表性器物样品所测得的成分汇总如表4-19中所示。可见,徐楼青铜器铸造中,铅的用量较多,一方面可适当降低浇铸温度,另外也可以增强浇铸中合金溶液的流动性,有利于保证结构复杂、纹饰精细部位浇铸质量。

表4-19 使用EDS测得的文物基体成分表

文物编号	文物序号	器物名称	样品号	样品描述	Cu/%	Sn/%	Pb/%	Cu/Sn
06	M2∶26	鼎	060092	盖部	63.17	15.37	21.45	4.11
13	M1∶12	簠	130091	基体	59.53	12.96	27.52	4.59
09	M1∶22	簠	090091	基体	60.28	12.41	27.31	4.86
17	M1∶7	簠	170092	口沿	61.27	12.57	26.15	4.87
08	M1∶21	簠	080091	口沿	60.04	12.31	27.66	4.88
03	M1∶19	罍	030095	残片	55.44	11.22	33.34	4.94
05	M1∶20	罍	050091	基体	54.02	10.31	35.67	5.24
11	M1∶24	铺	110092	基体	54.64	10.35	35.01	5.28
07	M1∶5	盘	070094	基体	60.29	10.02	29.70	6.02
10	M2∶22	盘	100092	基体	62.68	10.34	26.99	6.06
16	M1∶44	敦	160093	红铜	70.28	11.19	18.53	6.28
15	M1∶6	敦	150094	嵌口	70.45	11.07	18.48	6.36
19	M1∶38	匜	190093	基体	59.12	8.80	32.08	6.72
04	M1∶9	鼎	040093	口沿残片	56.72	8.02	35.26	7.08
12	M1∶10	铺	120092	盖部	57.48	7.84	34.68	7.33
02	M1∶39	鼎	020092	盖部	76.17	9.99	13.84	7.63
22	M2∶21	舟	220091	盖部嵌口	74.87	9.70	15.43	7.72
01	M1∶26	鼎	010095	基体	75.08	9.53	15.39	7.88

二、几种腐蚀特征

1. 锈蚀样品基本情况

从各器物已经进行镶嵌并进行打磨、抛光的样品中,分别选取厚度适中、两侧锈层明显者,拍摄体视镜照片,并对其总厚度和单侧锈层厚度进行多次测量,将所测得数据取平均值后以毫米为单位保留两位小数列表,并按照单侧锈层厚度进行排序,可得表4-20。

表4-20 样品厚度测量表

编样号	文物序号	器物名	样品号	样品描述	总厚度均值(mm)	单侧锈层厚(mm)
06	M2∶26	鼎	060093	盖部残片	0.92	0.19
05	M1∶20	罍	050091	腹部基体	1.42	0.19
11	M1∶24	铺	110095	基体	1.53	0.19
22	M2∶21	舟	220091	红铜嵌口	1.41	0.19
08	M1∶21	簠	080091	口沿	1.39	0.23
04	M1∶9	鼎	040081	残片	1.80	0.27
15	M1∶6	敦	150091	残片	1.75	0.30
19	M1∶38	匜	190093	基体	1.62	0.34
07	M1∶5	盘	070094	基体	2.69	0.54

从表4-20可以看出,鼎(M2∶26)和罍(M1∶20)、铺(M1∶24)、舟(M2∶21)、簠(M1∶21)的锈层厚度均在0.2毫米左右,鼎(M1∶9)、敦(M1∶6)、匜(M1∶38)的锈层厚度均在0.3毫米左右,而盘(M1∶5)的锈层厚度达到了约0.5毫米。从厚度看,鼎(M2∶26)壁厚约为1毫米,罍(M1∶20)、铺(M1∶24)、舟(M2∶21)、簠(M1∶21)的厚度均在1.4毫米左右,鼎(M1∶9)、敦(M1∶6)、匜(M1∶38)的厚度在1.7毫米左右,盘(M1∶5)的厚度则接近3毫米。各样品单侧锈层厚度占总厚度比例的算术平均值和中位数均为17%。从整体上看,徐楼村的这批青铜器的腐蚀情况可以描述为:在厚度为1~3毫米的青铜器上产生单侧厚度0.2~0.5毫米的锈层。假设是均匀腐蚀[3],取锈层厚度为算术平均值0.27毫米,且

按青铜器在土壤中埋藏了2500年计算,青铜器的平均腐蚀速度约为1.1×10^{-4} mm/a。

如果将锈层厚度作为衡量腐蚀程度的指标,大致可以看出,使用了红铜铸镶工艺的青铜器的腐蚀程度,整体上比未使用红铜铸镶工艺的青铜器要严重。在未使用红铜铸镶工艺的青铜器中,鼎的腐蚀程度明显要比其他青铜器严重。唯一一个例外是舟(M2∶21),虽然使用了红铜镶嵌工艺,且表观形态上腐蚀程度非常严重,类似于敦,但是实测锈层厚度却并不大。舟(M2∶21)的总厚度也明显要低于其他几件使用了红铜镶嵌工艺的青铜器。

需要指出的是,同一器物不同部位总厚度不同,锈层厚度也各不相同。实验结果对所取样品的代表性有很强的依赖性,因此以上结论仅作为参考。

基体成分对腐蚀的影响

在对这几件青铜器腐蚀现状进行研究的过程中,使用EDS对不同样品青铜基体的元素组成进行了测量,积累了大量的数据。处理包括:去除氧含量超过3%、放大倍数过大或者信号强度过弱的数据;使用Grubbs检验法或者Dixon检验法去除离群值;对标准差不大的同组数据取平均值,对不适宜取平均值的同组数据取中位数;对不同仪器的测量结果进行系统误差校正;仅取Cu、Sn、Pb三种元素进行归一化;按照Cu/Sn由小到大进行排序。经过处理后的数据能够大致指示这批文物的合金配比情况[4,5]。

对照表4-19和文物实际的腐蚀现状,对未使用红铜铸镶工艺的青铜器,大致上随着Cu/Sn值的增大,文物腐蚀情况加重。使用红铜铸镶青铜器的Cu/Sn均在6以上,但Cu/Sn和腐蚀程度的关系并不明显,其腐蚀程度差异可以用工艺解释:腐蚀较为严重的敦和舟使用的均是半壁铸镶工艺,而腐蚀程度较轻的盘和匜使用的是透壁铸镶工艺。此外还可看出,使用半壁铸镶工艺的敦和舟的基体铅含量,要明显低于使用透壁铸镶工艺的盘和匜。

由于这批青铜器Pb含量较高,且Pb以单相存在,在样品中分布并不均匀,虽然在实验中尽量在较低倍率下选取较大区域进行测量,但是结果仍不尽如人意。因此表4-19中的Pb含量仅具有参考价值,精确程度有限。不过,仅从表4-19来看,Pb含量和青铜器腐蚀程度之间的相关性并不明显。

需要特别指明的是,取样位置对实验结果有非常重要的影响,有时候这种影响是结构性的。由于研究中获得的样品数量十分有限,所得结论对样品的代表性又有很强的依赖性,因此实验中样品的选择要非常审慎。

2. 元素空间分布及其迁移

在研究过程中，为了探究样品表面不同区域元素分布的差异，我们进行了多次系统测量，比如对取自簠（M1：22）的样品090091和取自铺（M1：24）的样品110092进行的测量等。除此之外，还进行了大量零散测量。测量结果从整体上非常类似，但规律性最明显的结果是从取自盘（M2：22）的样品100091测得的。这是因为盘（M2：22）和盘（M1：5）一样，厚度接近3毫米，是一般文物样品的2倍左右，不同区域元素组成的差异性更容易在同一个样品中检测出来。

样品100091的整体形貌如图4-1所示（图4-1为实验结束后半年补照，样品表面已经发生了一定程度的腐蚀）。在200倍的放大倍数下，使用EDS从下至上依次选择面积相同的小区域测量元素组成，可得到表4-21，并绘制出图4-2。样品在测量前经过了仔细的打磨和抛光。

图4-1 样品100091的整体形貌

从表4-21可以看出，沿着垂直梯度，Cu/Sn和Cu的含量变化趋势大致为先上升后下降。从基体区进入腐蚀区，各数值均发生了突变，其中，Cu/Sn和Cu下降，Sn和Pb含量上升。在腐蚀区较外侧，Cu/Sn降至1以下。

这种现象在取自其他青铜器的类似样品中均有发现，应是腐蚀造成的。在腐蚀区，Cu元素的流失速度要快于Sn和Pb元素，这造成表面富Sn、富Pb而Cu的相对含量迅速下降的结果。基体区相对Sn，Cu含量呈现中间高、两头低的特点，但相对变化幅度不大，这是表层Cu元素大量流失后内层Cu元素依次向外迁移补充所造成的[6,7]。

3. 电极反转行为及诊断

在徐楼村出土的7件红铜铸镶青铜器中，在宏观上均出现了镶入的红铜优先于青铜腐蚀的现象。敦（M1：6）、敦（M1：44）、舟（M2：21）这三件使用了半壁铸镶工艺的青铜器中，红铜已经基本腐蚀完全，在原先红铜的嵌口处仅剩下空槽或者丰富的腐蚀产物。在盘（M1：5）、盘

表 4-21　盘（M2∶22）元素组成测量表（样品 100091）

序号	Cu	Sn	Pb	C	O	Si	Ca	Cu/Sn
1	44.97	7.80	30.06	14.80	2.19		0.19	5.77
2	47.33	8.25	44.42					5.74
3	43.20	7.47	45.05	4.28				5.78
4	51.76	8.28	34.99	4.97				6.25
5	45.19	6.98	42.10	5.74				6.47
6	44.94	6.75	48.31					6.66
7	51.60	7.73	40.67					6.68
8	41.58	6.61	45.46	6.35				6.29
9	51.19	8.46	35.84	4.50				6.05
10	45.67	7.54	38.89	7.90				6.06
11	39.03	7.62	40.95	8.87	3.54			5.12
12	31.23	12.36	38.17	7.80	9.89		0.56	2.53
13	9.93	16.47	47.01	13.59	11.99	1.02		0.60

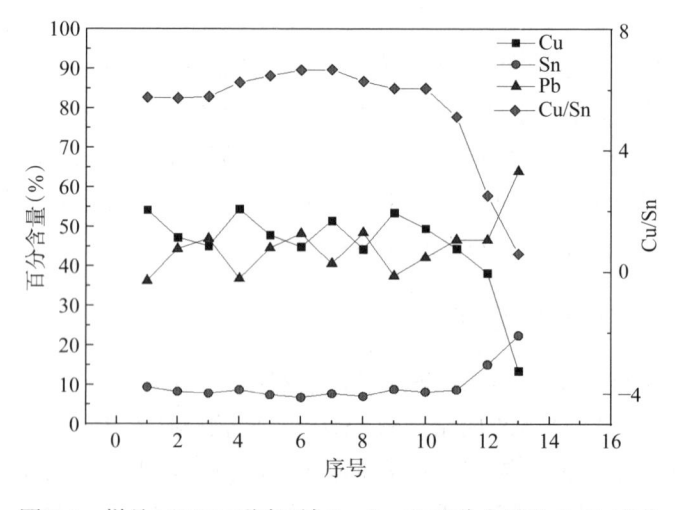

图 4-2　样品 100091 不同区域 Cu、Sn、Pb 百分含量及 Cu/Sn 变化

（M2∶22）、匜（M1∶38）这三件使用了透壁铸镶工艺的青铜器中，均观察到了红铜纹饰的脱落，脱落下来的红铜纹饰有的已经完全酥粉，一触即碎；即使酥粉并不严重，腐蚀现象也非常丰富。未脱落的红铜纹饰也都因腐蚀而变得十分脆弱。从 X 光片来看，红铜铸镶纹饰部分为青铜器中腐蚀最为严重的。

然而，一般来说，红铜的电极电位要高于青铜[8]。图4-3、图4-4分别是有氧和无氧条件下红铜、低锡青铜、高锡青铜在去离子水中的极化曲线。从极化曲线中可以看出，无论在有氧条件下还是在无氧条件下，红铜的电极电位都要高于青铜。也就是说，如果红铜和青铜组成原电池，红铜应该

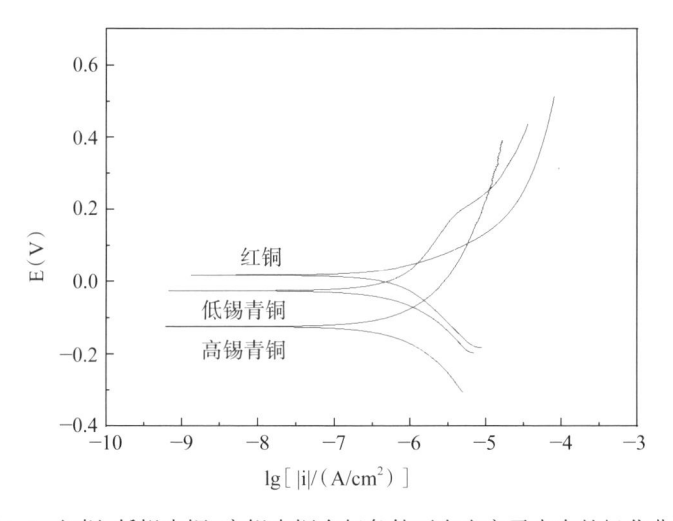

图4-3 红铜、低锡青铜、高锡青铜有氧条件下在去离子水中的极化曲线

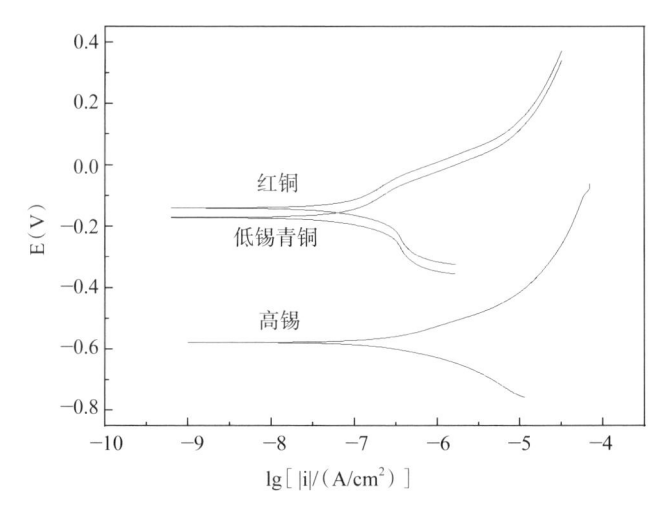

图4-4 红铜、低锡青铜、高锡青铜无氧条件下在去离子水中的极化曲线

充当阴极,而青铜应该充当阳极。青铜应当优先腐蚀,而红铜应当被保护。实际观察到的现象正好相反,因此可以猜想,在腐蚀过程中,存在电极反转现象。

将红铜和高锡青铜样品用导线连接,浸泡在模拟土壤溶液(0.028 mol/L NaCl+0.01 mol/L Na_2SO_4+0.016 mol/L $NaHSO_4$)中,并对红铜和高锡青铜的开路电位进行检测。实验结果如图4-5所示。高锡青铜最开始的开路电位远低于红铜,但是很快上升并接近了红铜。随后,高锡青铜和红铜的电极电位均发生了波动并交缠在一起,并且检测到某些时候高锡青铜的开路电位要高于红铜,发生了电极反转。

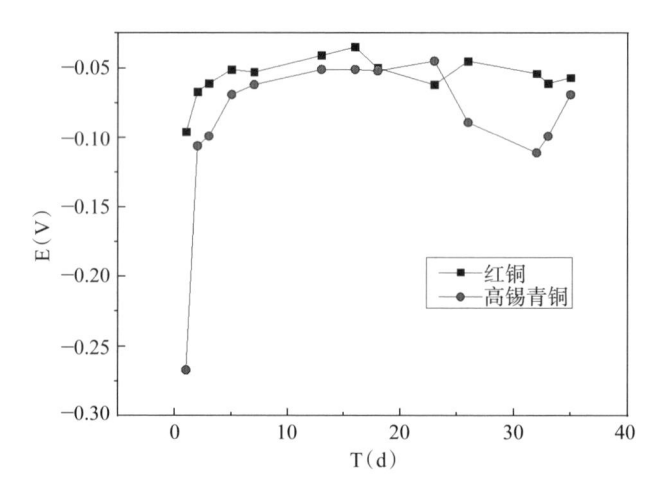

图4-5 红铜和高锡青铜开路电位监测图

发生电极反转的原因可能是,在最开始的时候,青铜部分电极电位低于红铜部位,率先发生腐蚀。随后青铜表面形成了富锡层,使得金属阳离子无法正常迁移到溶液中去,腐蚀的进行受到了阻碍,青铜部分电极电位升高。红铜部分虽然也生成了腐蚀产物,电极电位也有所升高,但是其升高的幅度不及青铜部分。久而久之,青铜部分电极电位超过了红铜部分,并形成了稳定的电势差[9]。于是,青铜部分成为了阴极,红铜部分变成了阳极,红铜部分优先腐蚀,而青铜部分得到了一定的保护。事实上,使用EDS测得,青铜器表面的Cu/Sn一般低于1,最低可到0.3左右,Sn元素的确在表面富集了。

使用电极反转理论可以解释一些实际观察到的宏观现象。例如,盘(M1∶5)和匜(M1∶38)红铜纹饰脱落情况比盘(M2∶22)、匜(M2∶20)要严重得多。通过观察可以发现,前者和后者的唯一区别是,前者铸镶的红铜纹饰均设计了凹槽,因此在铸造时青铜水会流入凹槽,形成凸榫,将红铜纹饰卡死;而后者红铜纹饰边缘则是平直的。前者红铜纹饰脱落后,还可以在嵌口处观察到酥粉状的青铜凸棱,而后者红铜纹饰脱落后只能观察到平直嵌口。

由图4-6可知,在上表面,由于青铜表面富锡层的形成,发生了电极反转现象,青铜部分变为阴极,红铜部分变为阳极,电子由红铜部分流向青铜部分,红铜部分发生腐蚀[10]。但是,对于深入红铜部分的青铜凸榫来说,无法发生电极反转,其电极电位仍低于红铜部分,因此在青铜凸榫附近,红铜部分为阴极,青铜部分为阳极,电子由青铜部分流向红铜部分,青铜部分腐蚀更为严重。随着青铜凸榫的腐蚀,红铜和青铜之间的结合力下降,红铜纹饰自然更加容易脱落了。残存的青铜凸棱腐蚀十分严重,呈酥粉状,从侧面印证了上述观点。

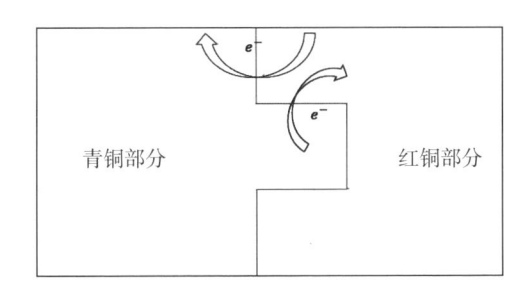

图4-6　盘(M1∶5)和匜(M1∶38)红铜嵌口的电子迁移示意图

在微观组织结构中,也可以观察到一些电极反转的离子。比如,(α+δ)共析体锡含量较高,而α固溶体铜含量较高。如果初始表面对其进行侵蚀,可以发现(α+δ)共析体优先腐蚀。而用金相显微镜和扫描电镜观察文物的腐蚀区,却常常可以看到α固溶体几乎腐蚀完全,而(α+δ)共析体仍有一些保留。比较明显的例子有:取自簠(M1∶22)的样品09F-15的金相照片、取自敦(M1∶44)的样品160093中部腐蚀区的扫描电镜照片(参见图4-7)以及取自剑(M2∶2)的样品520091边缘腐蚀区的电镜照片(图4-8)。这种现象的形成说明,α固溶体和(α+δ)共析体之间发生了电极反转,α固溶体作为阳极优先腐蚀,而(α+δ)共析体作为阴极受到了一定程度的保护。

红铜镶嵌青铜器上青铜区的红铜析出现象,也可以用电极反转理论加以解释。因为Cu^{2+}在电极电位较高的青铜区比较容易得到电子,被还原为Cu沉积下来[11]。

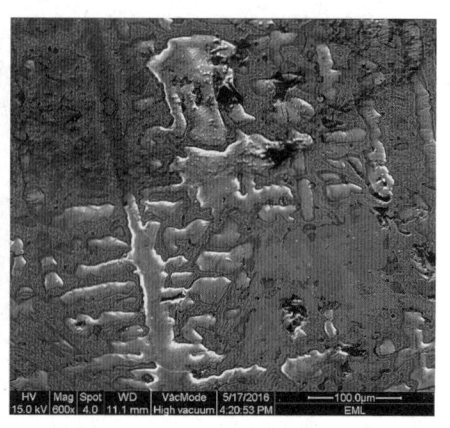

图4-7　样品160093中部腐蚀区　　　　图4-8　样品520091边缘腐蚀区

三、红铜铸镶青铜器腐蚀行为

1. 引言

  青铜器在三千多年前出现在中华大地上后,被应用于当时生活的方方面面。商周以来青铜器上常镶嵌有红铜[12],这种特殊的工艺方法激发了众多研究者的兴趣,其中包括对其腐蚀情况的研究探讨。有关腐蚀情况的研究,可为当时工艺美学特征、人们的意识形态研究提供重要的参考,对红铜镶嵌青铜器的保护工作也有着重要的价值。本节针对徐楼村出土红铜镶嵌青铜器,通过一系列宏观与微观观察,利用体视镜、电镜、金相显微镜,得到了较为系统的腐蚀情况观察结果。通过EDS与拉曼光谱仪对青铜基体、红铜部分以及腐蚀产物进行成分分析,得出有关腐蚀产物和腐蚀过程更为具体的结论。针对红铜部分先于青铜部分腐蚀这一特殊现象进行了电化学模拟实验,包括开路电位监测与动态电位扫描,对高锡、低锡、红铜样品在溶液中的电化学行为进行研究,并对不同介质环境(不同氧含量、pH值)下三种样品的电化学行为进行了探讨。

2. 实验部分

(1) 试样

  电化学实验所用模拟试样取高锡、低锡、红铜三种。试样形状为1厘米×1厘米的正方形小块。其中高锡青铜合金成分为Sn 19%～20%,Pb 5%,Cu 73%。低锡青铜合金成分为Sn 10%～12%,Pb 4%～5%,Cu 82%[13]。实验取样情况如表4-22中所示。

表 4-22 红铜铸镶取样记录表

器物名称	样品编号	备注	图片
盘（M1:5）	070093	镶嵌红铜，残片	
	070094	基体	
盘（M2:22）	100091	基体	
	100092	红铜	
敦（M1:6）	150094	菱形红铜纹饰处	
敦（M1:44）	160093	镶嵌红铜纹饰处	
	160094	残片	
匜（M1:38）	190091	腿部红铜块	
	190094	菱形边基体	

（2）实验方法

① 样品预处理与体视镜观察

先对样品进行预处理，采用手术刀分离青铜样品上的包裹土与锈层。其中锈层用于拉曼光谱分析成分。取 070093、100092、150094、190092 样品，在体视镜下进行观察并拍照，拍摄截面时用长尾夹固定试样。取样依据为：选取有代表性并易于观察的基体、红铜以及纹饰嵌入处的不同样品。对样品分别进行整体与局部、正面与背面拍摄。并对样品厚度进行大致测量。

② 金相分析

a. 金相制样

用空心钻分别在070093、100092、100091、150094、160093、160094、190094、190091、070094样品上取下部分有代表性样块作为金相分析试样。用钳子夹取试样，并用橡皮泥支撑将其固定于模具内，所有样品均以纵截面为金相检测面，在模具内放入样品标签。用电子天平取镶嵌树脂水晶胶 A 30.0 g、镶嵌树脂水晶胶 B 10.0 g，以约3∶1的重量配比置于干净纸杯中，用塑料棒搅拌混合均匀。搅拌好的镶嵌树脂用滴管滴入模具中。由于树脂流动性较差、黏度高，5分钟后继续补滴。镶样后，把样品置于烘干箱内24小时，烘干树脂。

24小时后取出样品。首先用预磨机进行粗磨，预磨机上放置150#裁剪好的圆形砂纸，并通入流动蒸馏水，打磨至金属部分即将露出表面。然后用不同粒度的砂纸逐级磨光，打磨过程中沿同一方向单一朝向打磨。最后在抛光机上抛光，抛光过程中采用金刚石研磨膏帮助抛光，并在抛光过程中通入蒸馏水，抛光直至金属截面出现镜面。磨样过程中，配合金相显微镜观察表面情况，逐级打磨掉划痕。

b. 金相观察分析

将制得样品在压片机上压平以便观察，随后把样品置于金相显微镜下。观察中使用10倍目镜，物镜根据观察需要选取5倍、10倍、10倍，依次旋动粗准焦螺旋与细准焦螺旋对焦。拍摄视场照片前，调节光圈亮度以获得清晰、易于观察的景象。在拍摄中，加入暗影下对锈蚀产物的拍摄，结合实物分析锈蚀成分。拍摄后的照片进行分类整理，并标注比例尺。

③ 扫描电子显微镜观察

本实验采用FEI公司生产型号为Quanta 200F的场发射环境扫描电子显微镜及能谱分析仪。实验中选取样品为150094菱形红铜纹饰处。此样品同时具有红铜铸镶部分与青铜基体部分，交界处具有易于观察的特点。同时在红铜与青铜交接附近不同区域通过能谱分析仪分析成分。

④ 拉曼光谱分析

拉曼光谱是分子光谱。根据物质的拉曼光谱，可确定其分子组成。拉曼光谱分析在红铜铸镶青铜器腐蚀分析中主要应用于对锈蚀产物的物质分析[14-16]。

用手术刀分离青铜基体与锈层部分,所取绣层部分记录如表4-23所示。

表4-23 拉曼光谱分析取样表

取样样品	取样位置	锈层颜色
070091	基体表面	绿色
070092	截面处	红色
070092	截面处	蓝色
070093	红铜残片表面	蓝色
070093	红铜残片表面	绿色
150095	凹槽处	绿色
150095	截面处	蓝色
100092	截面处	绿色

⑤ 电化学实验

实验中利用切割为1厘米×1厘米的小块高锡、低锡、红铜试样,在试样拟测试面的另一表面,用电烙铁铜线的一端进行焊接,铜线由绝缘塑料包裹,两头露出1厘米的裸露铜。然后用环氧树脂镶样(环氧树脂超强结构胶WD3620)。镶样需保证与试样相接的铜线裸露部分全部镶入环氧树脂中。待环氧树脂彻底干透后,用水砂纸打磨样品,露出拟利用表面。利用CORRTEST腐蚀测试系统CS-350,在四口瓶中进行试验。

实验采取三电极系统,以铂电极为辅助电极,饱和甘汞电极为参比电极,镶好的青铜样品作为工作电极。电解液采用模拟土壤溶液体(0.028 mol/l NaCl+ 0.01 mol/l Na_2SO_4+ 0.016 mol/l $NaHCO_4$)的水溶液。计算溶液配比,在四口瓶中加入0.4095 g NaCl、0.435 g Na_2SO_4、0.336 g $NaHCO_3$、250 ml 蒸馏水。在实验前,将工作电极表面从小号砂纸逐级打磨至1500#砂纸,再用蒸馏水冲洗,用丙酮除油干燥。进行实验时,将辅助电极和参比电极套上橡皮塞,插入四口瓶中的两个口。从四口瓶的中间一口倒入电解液,液面高度以完全没过辅助电极和参比电极的有效工作面为准。将打磨好的工作电极插入中间一口中，工作面朝向参比电极。余下一口插入通气管，通气管进气口与橡皮管和液氮瓶上的减压阀相连，在模拟无氧环境下用于通氮气。

在无氧环境的实验中，先利用减压阀向四口瓶中通入氮气，时间为15分钟，以除去溶液中的氧气，为实验创造无氧条件。除氧后，对样品进行除膜处理，即在恒电位极化的条件下，以相对参比电极-1.0 V的电压极化60秒。除膜后放置10分钟，使开路电位处于稳定状态，然后进行相对开路电位-0.2～0.5范围的动电位扫描，扫描速率为0.5 mV/s，实验温度为室温。

在研究不同环境对试样电化学行为的影响时，利用控制单一变量的方法对实验条件加以控制，即分别对高锡、低锡、红铜样品在pH=2、pH=5、pH=7、pH=9、pH=12的有氧和无氧条件下进行实验。

3. 结果与讨论

（1）宏观腐蚀形态

在徐楼村出土的7件有红铜铸镶青铜器中，红铜部分镶嵌方式可大致分为两种，即与青铜基体等壁厚的透壁红铜纹饰和与青铜基体非等壁厚的半壁红铜纹饰。

图4-9中，匜（M1∶38）上红铜纹饰为菱形纹，可见菱形红铜纹处基本被腐蚀完全，部分红铜残片脱离青铜基体。图4-10中，敦（M1∶6）上红铜纹饰为回龙纹，可见回龙纹饰基本被腐蚀完全，留下青铜基体。

图4-9 匜（M1∶38）　　　　图4-10 敦（M1∶6）

由观察可知，红铜部分优先发生腐蚀，锈蚀矿化十分严重。有研究表明[17]，青铜器腐蚀分为两种类型：其一为氯离子等阴离子在合金中迁移，导致高锡相优先腐蚀；其二为一价铜离子或二价铜离子从合金内部向外

部迁移,导致低锡相优先腐蚀。显然,腐蚀类型的不同,暗示着青铜器保存环境的不同。具体的腐蚀条件将会在后面的电化学模拟实验部分进行探讨。

对于不同的镶铸方式,需要讨论不同的腐蚀特征。对于红铜部分优先腐蚀这一特点,本研究通过电化学模拟实验方法讨论其腐蚀环境与这种现象发生的关系。

（2）微观腐蚀形态

针对不同红铜铸镶青铜器,取四组样品,在体视镜下观察其形貌。取样包括红铜残片、青铜基体以及红铜与青铜结合处,以观察宏观腐蚀情况。

图4-11为盘(M1∶5)上取070093号红铜残片。原始红铜表面遭到破坏,基体上生长孔雀石与蓝铜矿,蓝铜矿表面分布坑状物与泡状物。(e)(f)为红铜与青铜基体相接截面,显示腐蚀结构分为三层。根据典型青铜锈蚀物分成结构基体层、中间层、过渡层的分类方法,此样品可以分为红铜组织层、致密腐蚀产物层、含有土壤成分的腐蚀产物层。

图4-12为盘(M2∶22)上取100092号红铜残片。与070093号红铜残片不同,100092号残片背面较为光滑,分布大量划痕。由截面可以看出,除了包括孔雀石蓝铜矿,还分布少量赤铜矿。

图4-13为敦(M1∶6)上取150094号红铜纹饰处样品。此处具有青铜基体与红铜成分,腐蚀情况较为复杂。表面出现大量致密土锈层。腐蚀产物除了蓝铜矿、孔雀石及少量赤铜矿外,从背面局部图上可以看到白色锈层,猜测其为铅的腐蚀物,表明铅在腐蚀过程中可能存在扩散现象[18]。

图4-14为匜(M1∶38)上取190092号青铜基体处样品。样品质脆易碎。从截面图可以看出,青铜基体几乎全部腐蚀,表面分布大量土锈层,锈蚀产物主要为孔雀石,截面处有部分蓝铜矿,并有少量白色粉末。

通过体视镜对样品进行微观腐蚀观察,取样区域可以分为青铜基体、红铜残片(透镶式菱形纹饰处)、青铜镶铸红铜纹饰处(半透镶式回龙纹饰处)。青铜基体腐蚀情况较为严重,腐蚀产物主要为孔雀石;红铜残片的腐蚀结构分为基体、致密的孔雀石及蓝铜矿、带有土壤成分的锈蚀产物三层;青铜铸镶红铜纹饰处除了与红铜残片相似的现象外,还具有红色赤铜矿成分,并且发现有白色锈蚀产物,疑为铅的腐蚀产物,猜测铅在此过程中有扩散现象,需要在电镜分析中进行验证。

(a) 正面整体　　　　　　　　　　(b) 背面整体

(c) 背面局部　　　　　　　　　　(d) 背面局部

(e) 截面局部　　　　　　　　　　(f) 截面局部

图4-11　070093号体视镜照片

(a) 正面整体

(b) 背面整体

(c) 正面局部

(d) 正面局部

(e) 截面局部

(f) 截面局部

图 4-12　100092 号体视镜照片

(a) 正面整体　　　　　　　　　　(b) 背面整体

(c) 正面局部　　　　　　　　　　(d) 正面局部

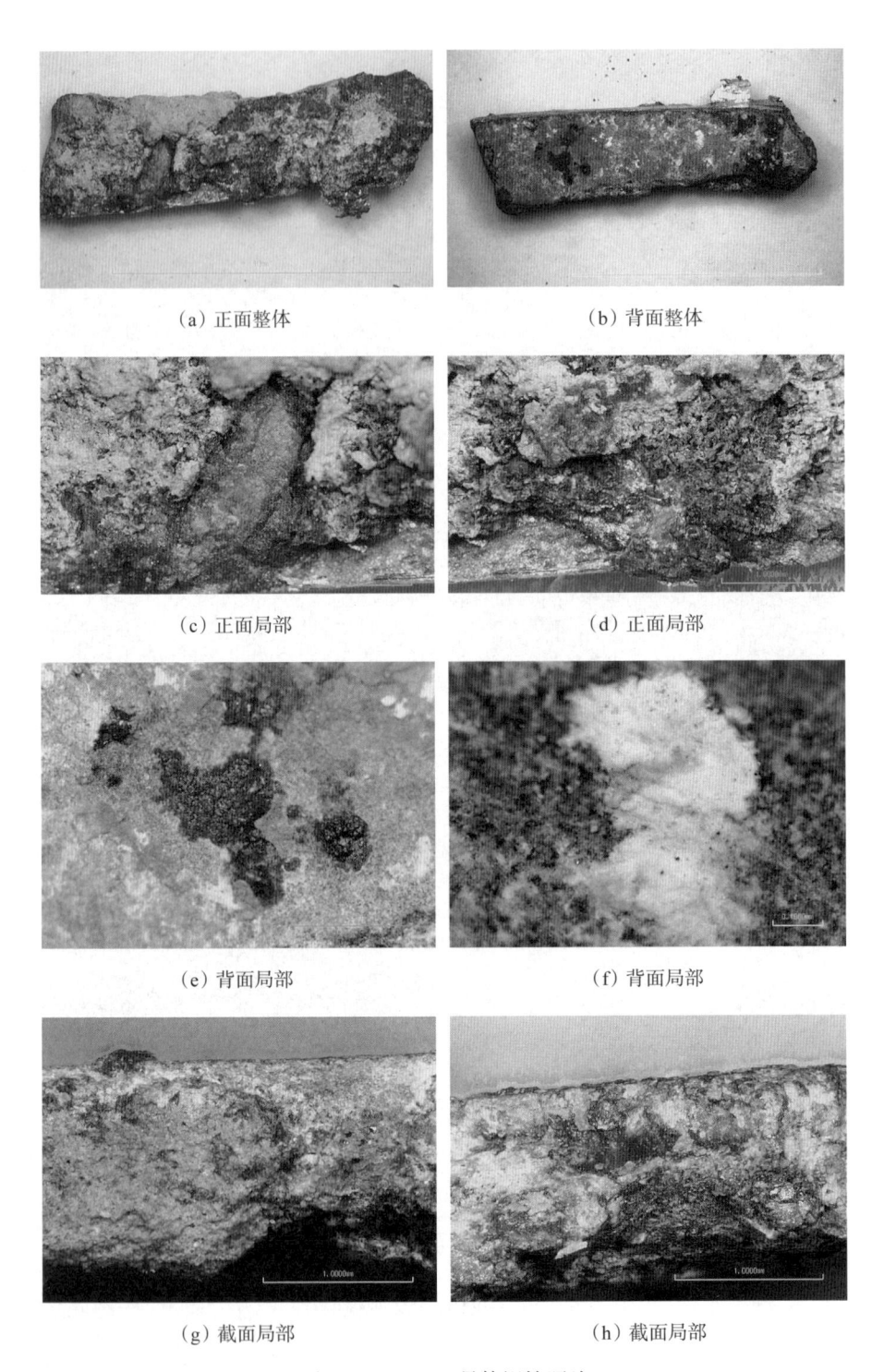

(e) 背面局部　　　　　　　　　　(f) 背面局部

(g) 截面局部　　　　　　　　　　(h) 截面局部

图 4-13　150094 号体视镜照片

(a) 正面整体　　　　　　　　(b) 正面局部

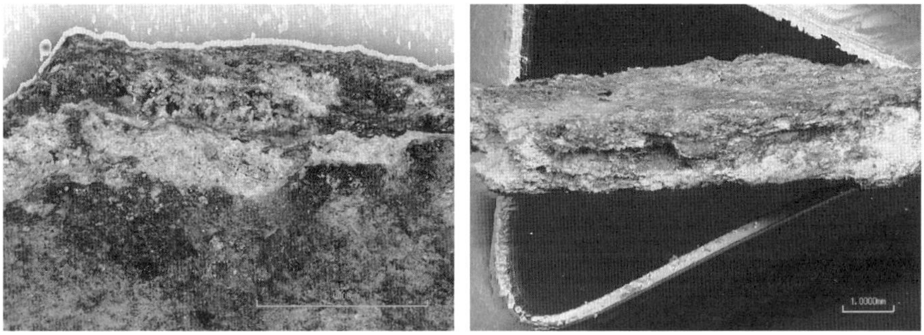

(c) 正面局部　　　　　　　　(d) 截面局部

图4-14　190092号体视镜照片

（3）金相分析

070093号样品为红铜残片：金相照片（图4-15）可见腐蚀较为严重，只留下少量金属部分。

暗场下照片可以看出腐蚀产物层次，从金属部分向外层依次为赤铜矿、孔雀石、蓝铜矿。金属部分可见少量不规则形状铅颗粒，大小不一，并存在少量灰色杂质。

070094号样品为青铜基体：对比边界处明场与暗场下锈蚀（图4-16），可见其腐蚀特征为 α 相优先腐蚀，留下岛屿状共析体相。靠近基体内部的腐蚀产物为赤铜矿，边缘主要为孔雀石。且基体边界处存在大量铅颗粒，在暗场下也可看到存在少量白色锈蚀产物，推测为析出的铅的氧化物。基体内部可清晰观察到（α+δ）相共析体，存在少量不规则铅颗粒，以及部分灰色杂质及较多孔洞。

另外，由（c）图中 $FeCl_3$ 侵蚀过的金相照片可以看到，富铜的 α 相较为明亮，而靠近共析体部分出现晶内偏析，看上去似乎为共析相部分发生锡

(a)少量金属基体　　　　　　　　(b)暗场下锈蚀

(c)暗场下锈蚀　　　　　　　　　(d)暗场下锈蚀

图 4-15　070093 号金相照片

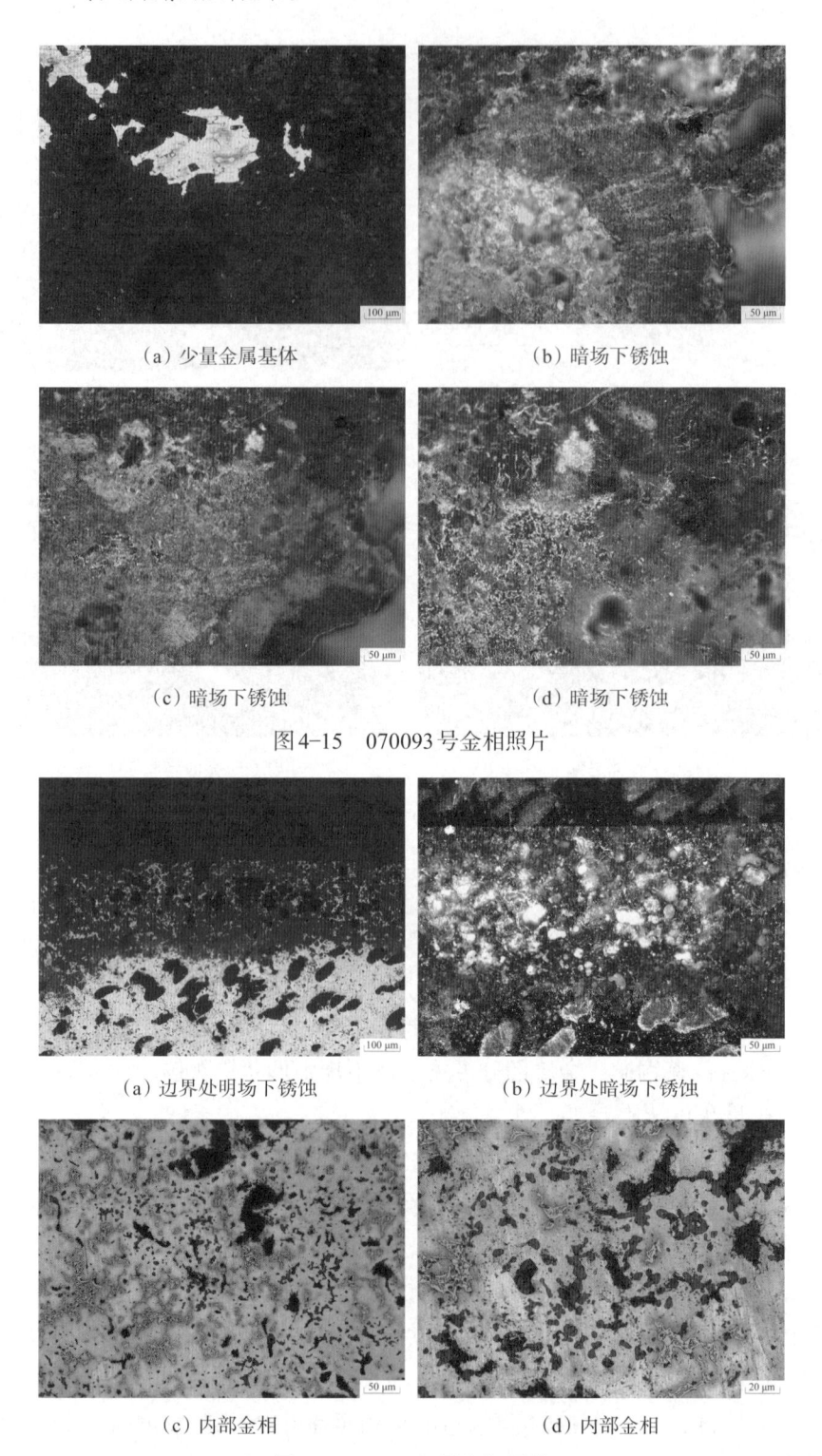

(a)边界处明场下锈蚀　　　　　　(b)边界处暗场下锈蚀

(c)内部金相　　　　　　　　　　(d)内部金相

图 4-16　070094 号金相照片

的贫化，部分锡从 α 相转移到共析体相，相对于青铜内其他区域，共析相周围暗色区域是富铜的。

100091号样品为青铜基体：图4-17与070094号样品相似，其腐蚀特征为 α 相优先腐蚀，留下岛屿状共析体相。边界处可清晰看出富铜相的腐蚀，共析体相保存较完整。同时，边界处也存在铅颗粒析出情况。基体内部可清晰观察到 α+δ 相共析体，形态较小，数量众多，形成树枝结构。内部存在少量不规则铅颗粒，以及部分灰色杂质及较多孔洞。基体内部靠近共析体部分同样存在明显晶内偏析[19]。

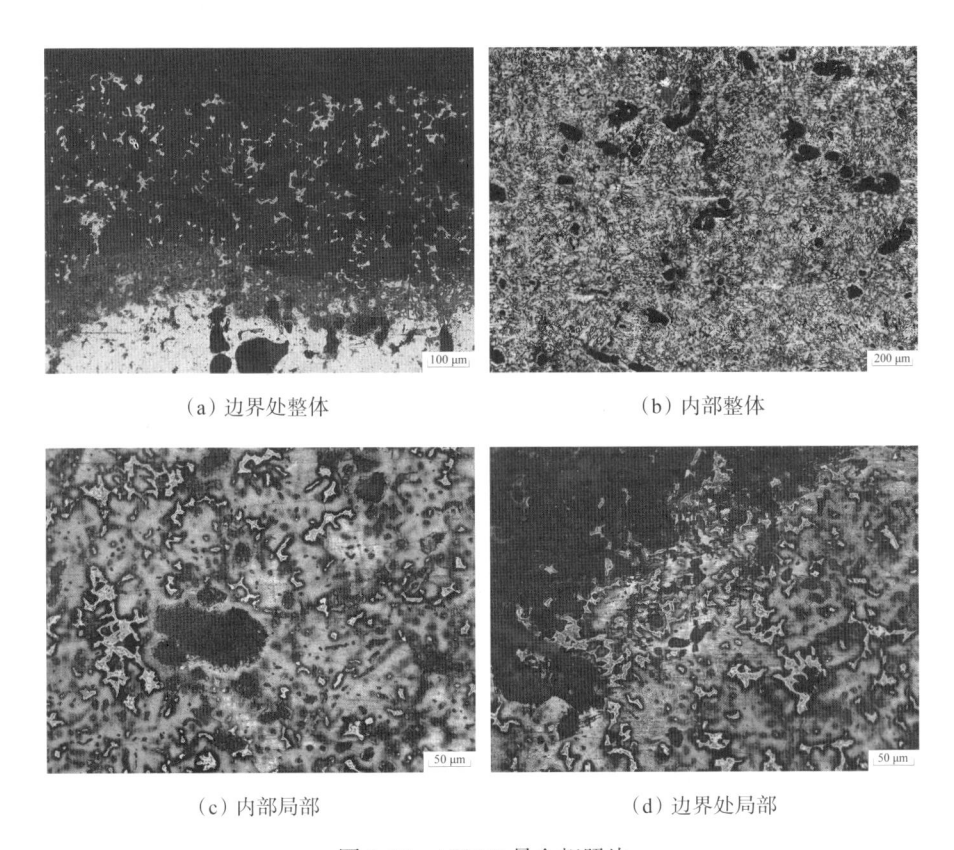

(a) 边界处整体　　　　　　　　(b) 内部整体

(c) 内部局部　　　　　　　　(d) 边界处局部

图4-17　100091号金相照片

100092号样品为红铜残片：图4-18侵蚀前照片可见红铜内部存在少量灰色杂质与气孔。对应其暗场下照片，可看出腐蚀物层次，即靠近红铜内部为赤铜矿，外层为蓝铜矿。

150094号样品为青铜镶嵌红铜纹饰处：现象较为特殊。图4-19照片中上半部分橙色区域为红铜铸镶部分，下半部分为青铜基体部分。青铜部分共析体呈网状结构，存在少量灰色杂质，并可以看出铅颗粒析出。红铜

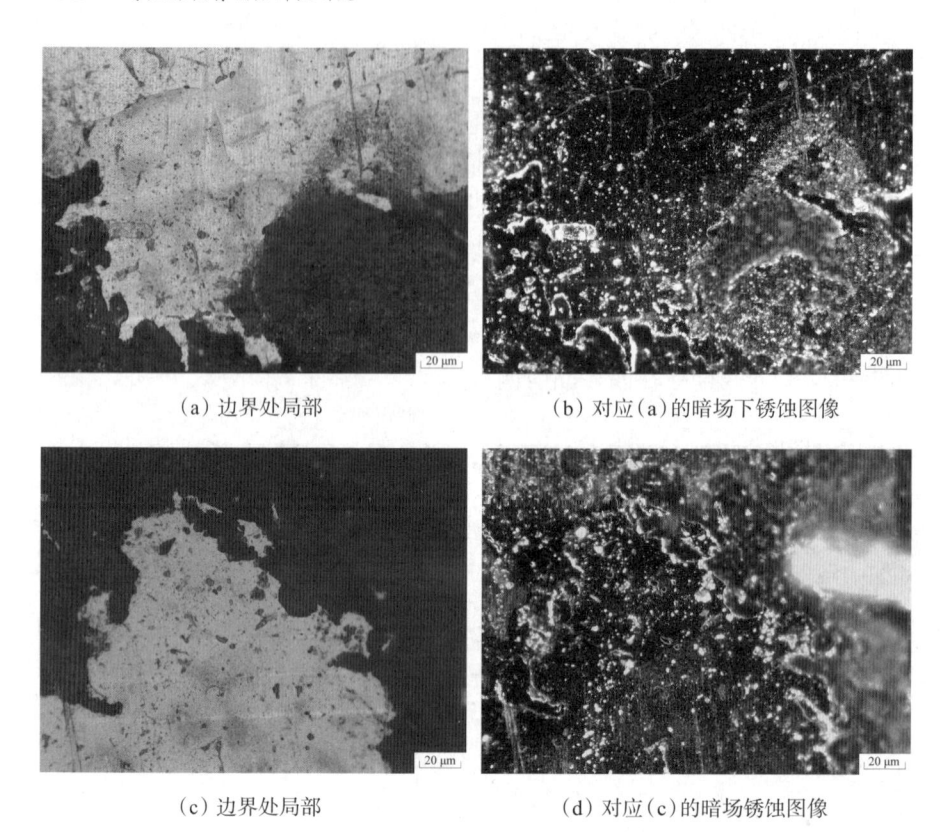

(a) 边界处局部　　　　　　　(b) 对应(a)的暗场下锈蚀图像

(c) 边界处局部　　　　　　　(d) 对应(c)的暗场锈蚀图像

图 4-18　100092 号金相照片

与青铜交界处可以看到,过渡带以下青铜部分有红铜颗粒的析出,在边界处呈泡状结构。红铜颗粒附近存在腐蚀产物。交界处的红铜部分存在众多微小空隙。此样品具体成分将在后面通过 EDS 进行表征。暗场下照片可看出其锈蚀产物主要为孔雀石[20]。

160093 号样品与 160094 号样品为青铜基体：现象相似,如图 4-20 与图 4-21 所示。其腐蚀特征为 α 相优先腐蚀,留下岛屿状共析体相。边界处可清晰看出富铜相的腐蚀,共析体相保存较完整。边界处存在铅颗粒析出情况。内部均有大量铅颗粒,以及部分灰色杂质。基体内部靠近共析体部分同样存在明显晶内偏析。

190091 号样品为腿部红铜块：图 4-22 基本被腐蚀完全,暗场下照片可以看出其锈层结构,靠近金属部分为赤铜矿,外层为孔雀石与蓝铜矿,边界层部分存在少量白色锈蚀,为析出铅的氧化物[20]。

190094 号样品为菱形红铜纹饰边青铜基体：图 4-23 边界处可以看出仍然是 α 相优先腐蚀,留下岛屿状共析体相。基体内部存在大量铅颗

(a) 红铜铸镶边界处整体

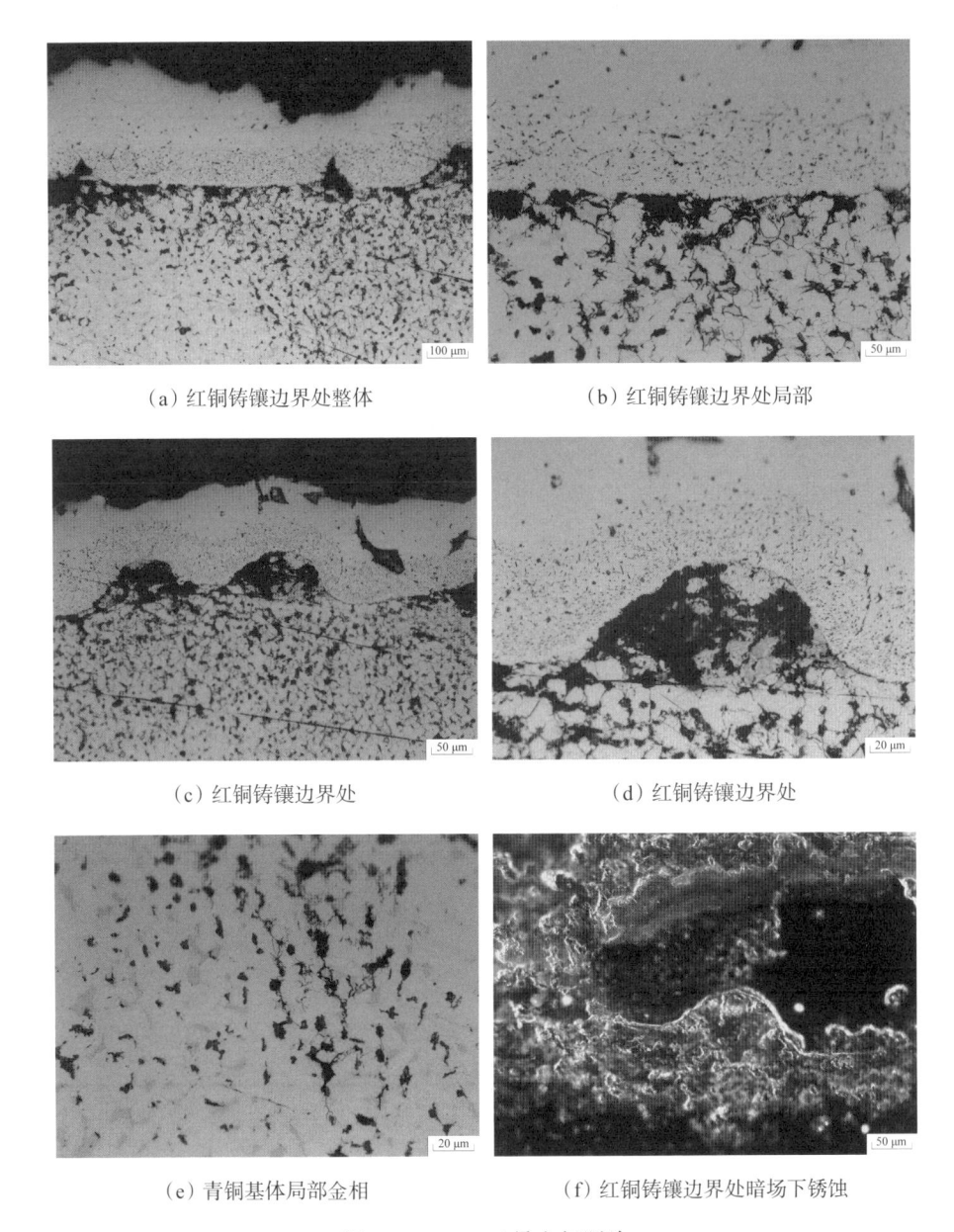

(b) 红铜铸镶边界处局部

(c) 红铜铸镶边界处

(d) 红铜铸镶边界处

(e) 青铜基体局部金相

(f) 红铜铸镶边界处暗场下锈蚀

图 4-19　150094 号金相照片

(a) 边缘处局部金相　　　　　　　　(b) 边缘处局部金相

(c) 内部局部金相　　　　　　　　　(d) 内部局部金相

图 4-20　160093 号金相照片

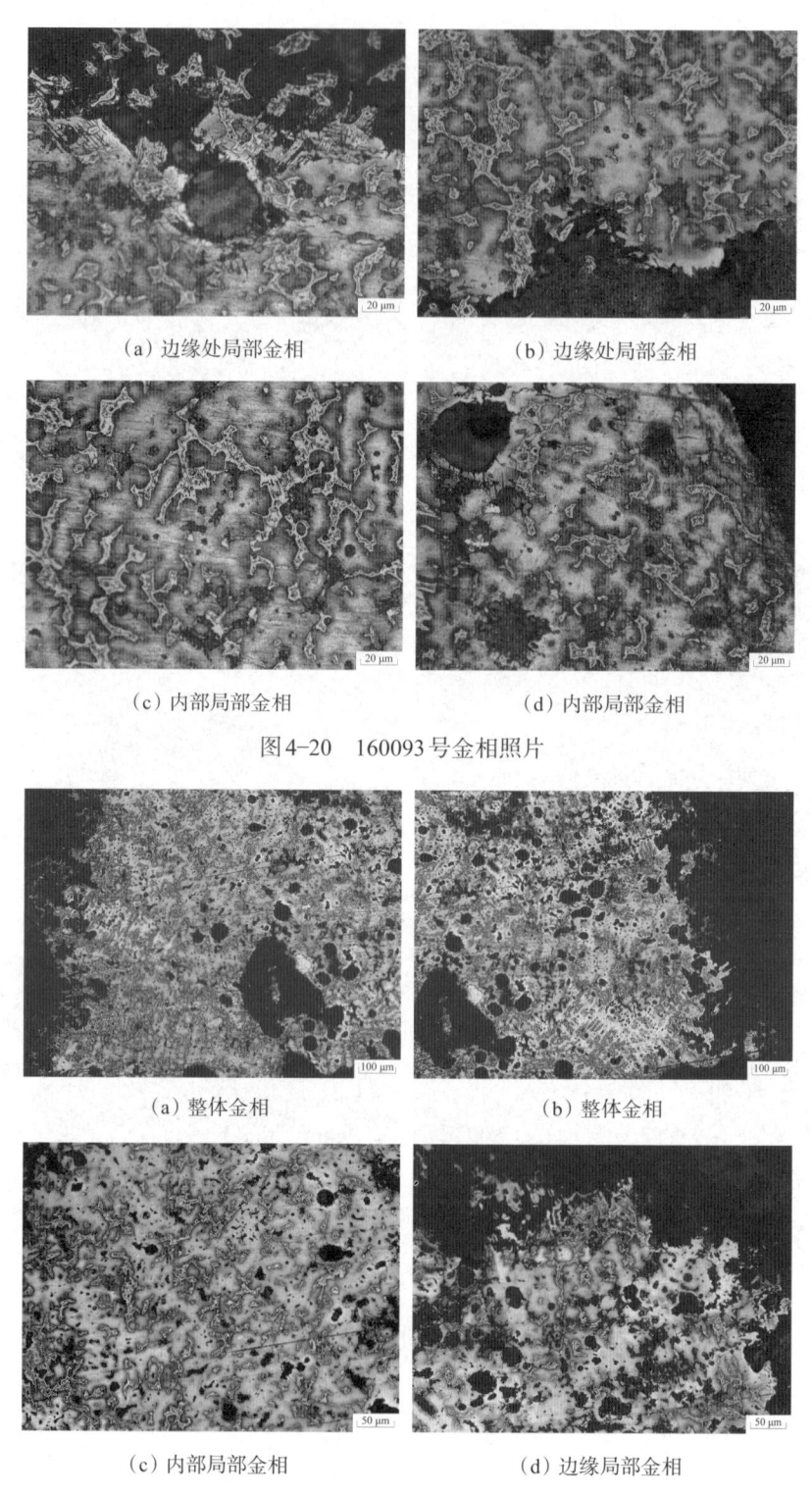

(a) 整体金相　　　　　　　　　　　(b) 整体金相

(c) 内部局部金相　　　　　　　　　(d) 边缘局部金相

图 4-21　160094 号金相照片

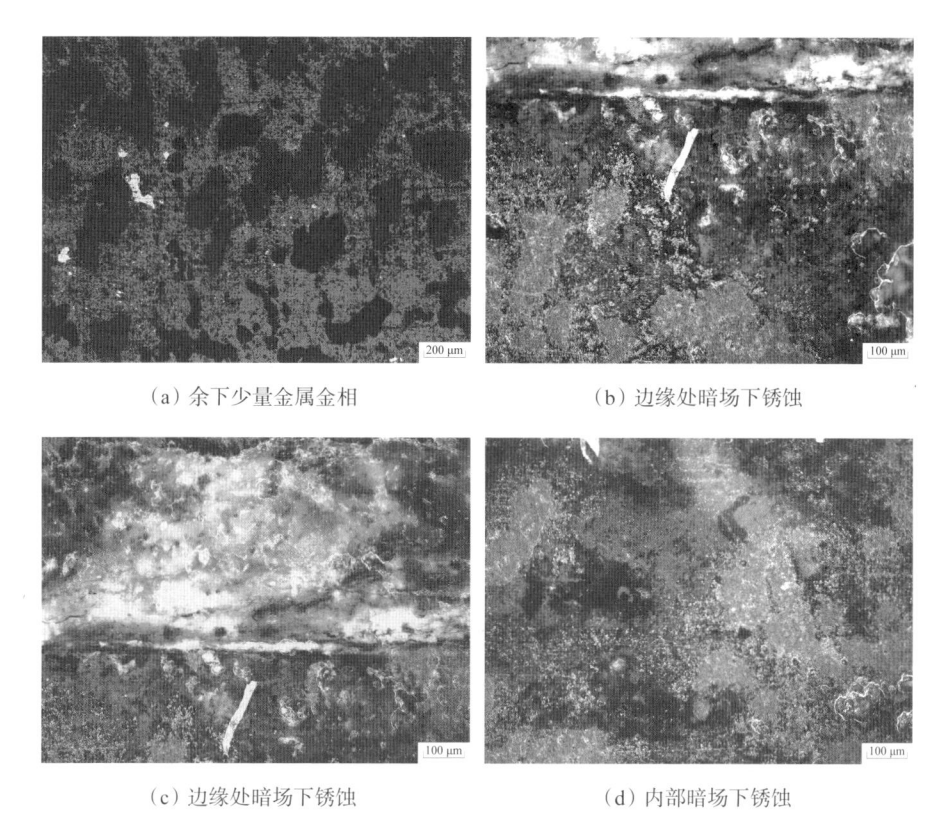

(a) 余下少量金属金相　　　　　　(b) 边缘处暗场下锈蚀

(c) 边缘处暗场下锈蚀　　　　　　(d) 内部暗场下锈蚀

图 4-22　190091 号金相照片

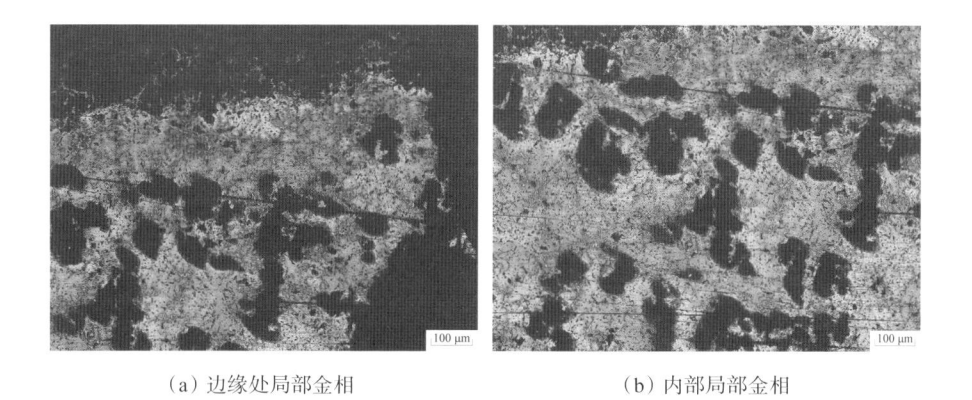

(a) 边缘处局部金相　　　　　　(b) 内部局部金相

图 4-23　190094 号金相照片

粒,形态较大,共析体相形态较小。同时基体内部共析体周围存在晶内偏析。

金相分析表明,徐楼村出土红铜镶嵌青铜器,红铜部分相较青铜基体部分锈蚀严重。红铜锈蚀后残留的金属基体较少,大部分为铜化合物。青铜基体锈蚀α相优先腐蚀,留下岛屿状共析体相。边界处可清晰看出富铜相的腐蚀,共析体相保存较完整。

一般而言,青铜与红铜边界处常常存在铅颗粒析出情况。内部均有大量铅颗粒,以及部分灰色杂质。基体内部靠近共析体部分同样存在明显晶内偏析。且红铜与青铜基体交界处常常有大量的纯铜颗粒析出,这可能是由于红铜腐蚀后,大量铜的锈蚀产物使得电极电位正移,容易发生阴极还原反应而重新析出纯铜晶粒。

(4)电化学实验

动电位扫描电化学实验所得数据为Orgin 9.0软件作图拟合得到极化曲线。极化曲线如图4-70至图4-73所示。

① 氧气的影响

不同材质样品在有氧与无氧条件下的极化曲线分别如图4-24和图4-27所示。比较两图中的材料的腐蚀电位,可以看到,低锡试样在除氧情况下对腐蚀电位没有明显的影响。而高锡试样的腐蚀电位发生显著的负移,鉴于徐楼村出土的红铜镶嵌青铜器的含锡量范围均接近高锡数值,说明在埋藏环境体系中含氧量的变化对材料的耐蚀性能有较大的影响[21]。

② 介质酸碱性的影响

使用不同材质样品,改变介质的酸碱性条件进行动电位扫描电化学实验得到的极化曲线如图4-24和图4-25所示。

低锡相自腐蚀电位在有氧、模拟土壤溶液条件下高于高锡相(即高锡

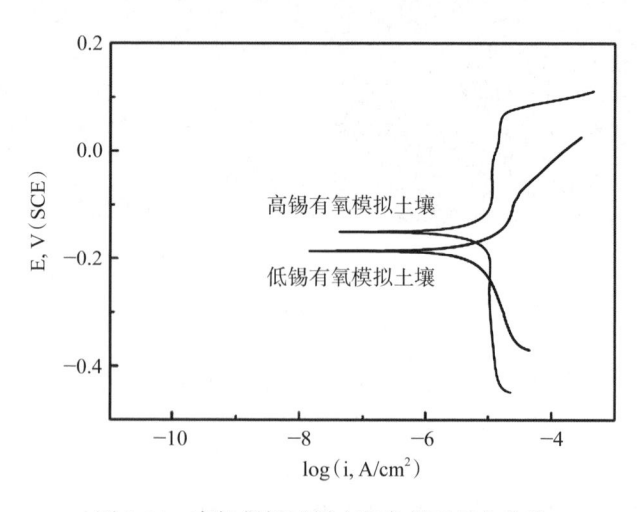

图4-24 高锡低锡试样有氧条件下极化曲线

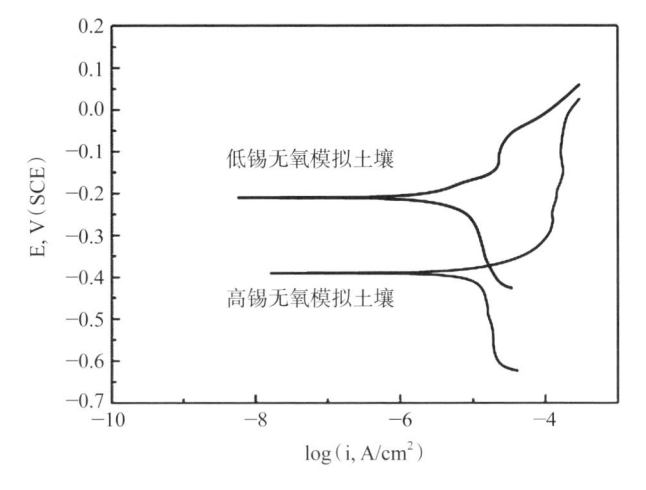

图 4-25　高锡低锡试样无氧条件下极化曲线

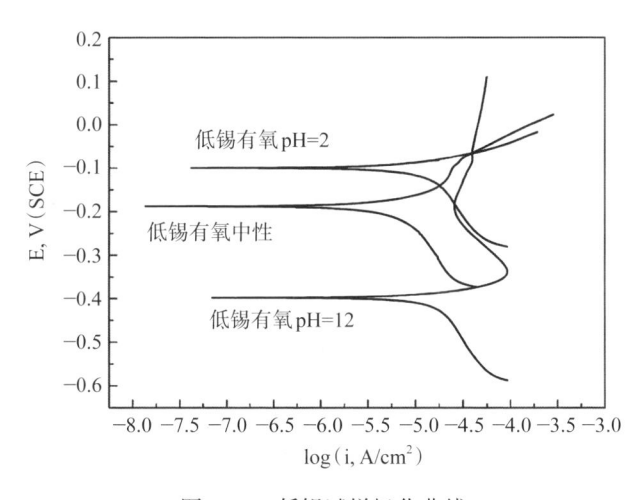

图 4-26　低锡试样极化曲线

相电位更偏负），在无氧条件以及有氧时强酸强碱条件下均低于高锡相。从图 4-26 和图 4-27 可以看到，高锡材质在酸性和碱性介质条件下，均出现多个零电流腐蚀电位。说明随着高锡青铜的腐蚀，锈蚀产物在材料表面形成腐蚀覆盖层，影响了电极阳极过程，在某些条件下，阳极材料的电位区间可能形成电极反转，即原来电位负的电极可能发生电位正移，直至电位比原来电位正的电极电位更正。电极反转的结果是，原来电位高的材质发生优先腐蚀。综合其他研究结果，造成电极反转的主要原因可能是腐蚀产物中锡的化合物在电极表面形成了致密的覆盖层，对电极起到了良好的保护作用[22]。

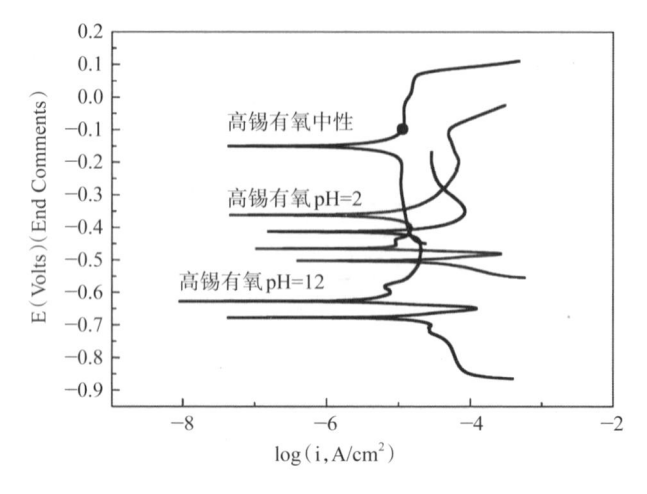

图4-27 高锡试样极化曲线

（5）扫描电镜与拉曼光谱检测

① 扫描电子显微镜（SEM）与能谱（EDS）

取150094号金相样品做扫描电镜分析。此样品为红铜铸镶青铜交界处，根据之前对整体腐蚀情况的观察，敦（M1∶6）的镶铸方式为半透镶式，此样品即为回头龙纹饰处红铜与青铜交界处。不同部位的形貌分布如图4-28至图4-30所示。

样品上部边界左上方腐蚀区取样，并做EDS成分检测，取样区域质地粗糙，如图4-28所示。其

图4-28 150094样品腐蚀区电镜形貌

取样部分与成分检测结果如表4-24，分析其Cu与O的原子比为54∶44，组成为碳酸铜和铜氧化混合物，还有极少量的锡成分。

样品上部红铜区取样，取样区域质地光滑，如图4-30所示。EDS成分检测显示Cu与O的原子比约为98∶2，可见该区域成分基本为纯铜，含极少量氧化物，可能是测试区域包括了极少量的锈蚀部分。

在对150094号样品进行金相分析时，猜测红铜与青铜过渡带处泡状物为红铜颗粒析出，在EDS成分分析中验证了这一猜想。如图4-31所示，进行EDS成分分析时，分别在猜测为红铜处（红圈）、猜测为氧化物处（黄圈）、过渡带中猜测为青铜处（橘圈）取样进行分析。分析结果如表4-25。

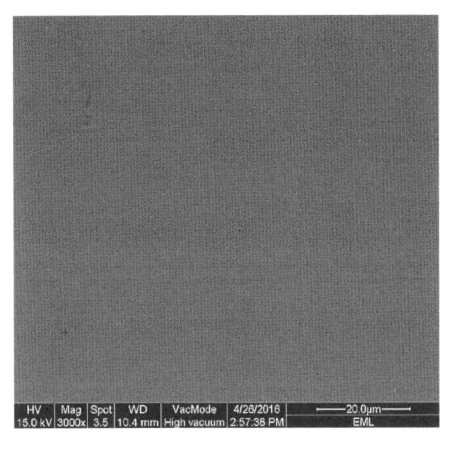

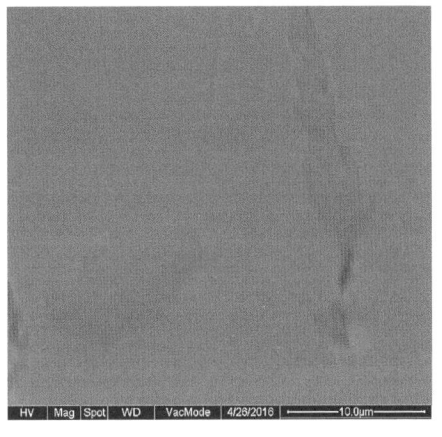

图4-29　150094样品红铜区电镜形貌　　图4-30　150094样品红铜区氧化物电镜形貌

表 4-24　样品红铜区中腐蚀处电镜与 EDS 结果

（Wt%）

元素成分	C-K	O-K	Sn-L	Cu-K	Ca-K
含　量	30.38	07.28	02.52	57.22	00.63

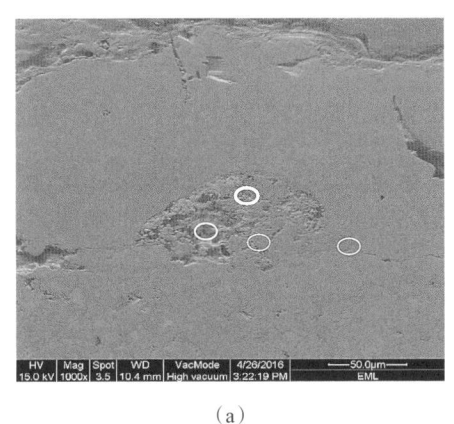

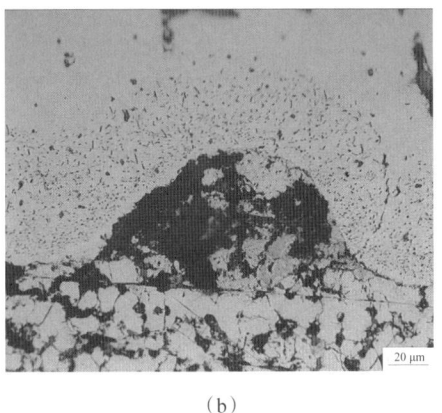

（a）　　（b）

图4-31　150094样品红铜析出处取样位置与金相照片

结果表明红圈区域Cu含量高达99.27%，为析出红铜颗粒，黄圈区域为铜的氧化物与红铜区域，橘圈区域为锡青铜部分。

样品中部青铜部分金相照片（图4-32）中观察到，此处除了偏黄色的青铜基体成分外，还有灰绿色、黑色、近似红铜的偏橙色成分。在对此处进行EDS成分分析时，分别在猜测为红铜处（红圈）、猜测为铅颗粒处（绿圈），以及灰绿色区域（蓝圈）取样。分析结果如表4-26，结果表明红圈区域为红铜颗粒（含极少量铅、锡成分）；绿圈处黑色成分含较高铅、铜成分，为富铅区；蓝圈处灰绿色区域主要为硫、铜成分，为富硫区。

表4-25　150094样品红铜析出处 EDS 分析结果

（Wt%）

元素成分	O-K	Sn-L	Cu-K
红圈1处	00.73		99.27
红圈2处	00.94		99.06
黄圈处	07.27		92.73
橘圈处	01.55	11.64	86.81

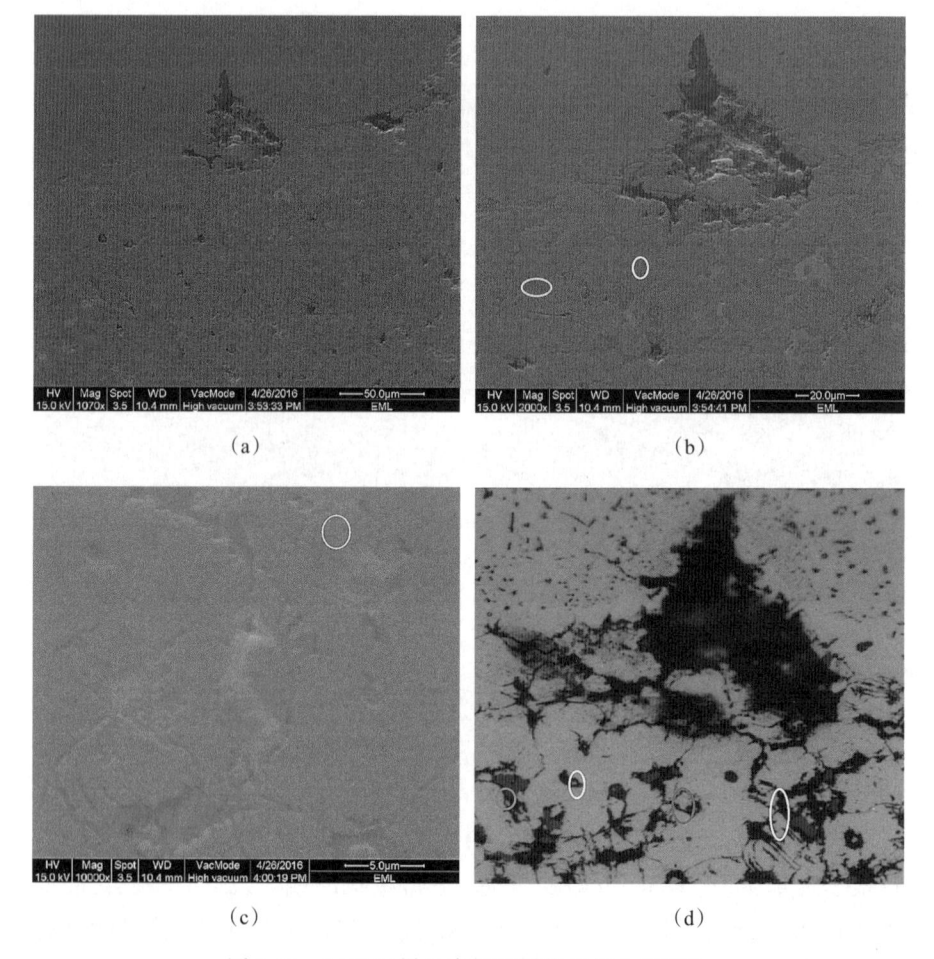

(a)

(b)

(c)

(d)

图4-32　150094样品中部取样位置与金相照片

表 4-26　150094 样品中部 EDS 分析结果

(Wt%)

	C-K	O-K	S-K	P-K	Sn-L	Cu-K	Pb-L
红圈处	02.37	03.44			07.08	55.66	31.45
绿圈处	03.50	04.69		02.23	04.49	25.34	59.76
蓝圈处		03.16	13.32		07.84	75.68	

在样品下半部分的青铜部分,在扫描电镜(图4-33)中,凹坑处出现众多灰色区域。对其进行EDS分析,结果如表4-27,其成分含较多铅及少量铜,为富铅区域。

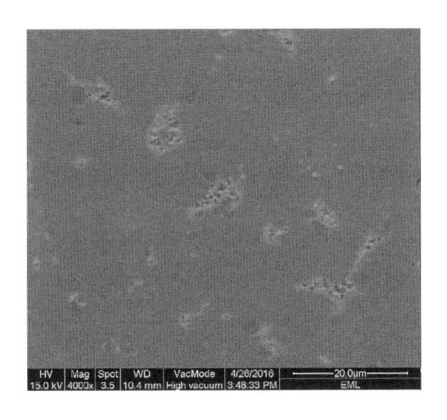

图 4-33　150094 样品下半部分灰色区域电镜形貌

表 4-27　150094 样品中部 EDS 分析结果

(Wt%)

成　分	C-K	O-K	Sn-L	Cu-K	Pb-L
含　量	12.62	02.05	02.12	13.24	69.96

② 拉曼光谱仪对锈蚀产物分析

除了通过腐蚀物的颜色判断腐蚀产物外,为了对腐蚀产物有更准确的判断,取07号、10号、15号样品中断面处不同颜色锈蚀,通过拉曼光谱仪分析其锈蚀产物。图4-34为070091号样品基体表面处绿色锈蚀,显示在 154 cm^{-1}、180 cm^{-1}、219 cm^{-1}、270 cm^{-1}、355 cm^{-1}、434 cm^{-1}、538 cm^{-1}、727 cm^{-1}、753 cm^{-1}、1067 cm^{-1}、1110 cm^{-1}、1367 cm^{-1}、1452 cm^{-1}、1493 cm^{-1}、3308 cm^{-1}、3378 cm^{-1}处出现孔雀石[$CuCO_3 \cdot Cu(OH)_2$]的拉曼振动峰,判断其为孔

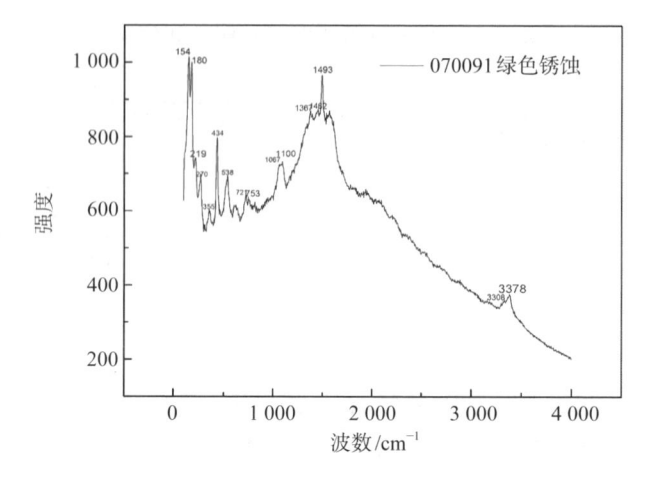

图4-34 070091号样品基体表面绿色锈蚀拉曼谱图

雀石[14]。

图4-35为070092号样品截面处红色锈蚀,从颜色推测其为赤铜矿,但拉曼结果表明其并无赤铜矿特征峰,疑为混入杂质或土壤成分。

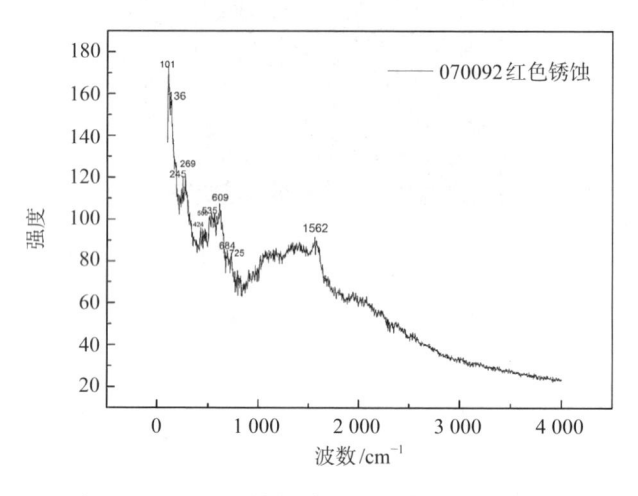

图4-35 070092号样品截面处红色锈蚀拉曼谱图

图4-36为070092号样品截面处蓝色锈蚀,显示其特征峰在139 cm^{-1}、177 cm^{-1}、240 cm^{-1}、267 cm^{-1}、334 cm^{-1}、402 cm^{-1}、543 cm^{-1}、739 cm^{-1}、764 cm^{-1}、938 cm^{-1}、1098 cm^{-1}、1424 cm^{-1}、1578 cm^{-1}处出现蓝铜矿[$2CuCO_3 \cdot Cu(OH)_2$]的拉曼振动峰,判断截面处蓝色锈蚀成分为蓝铜矿[14]。

图4-37为070093号样品红铜残片表面蓝色锈蚀,显示其特征峰在154 cm^{-1}、177 cm^{-1}、240 cm^{-1}、267 cm^{-1}、434 cm^{-1}、538 cm^{-1}、622 cm^{-1}、

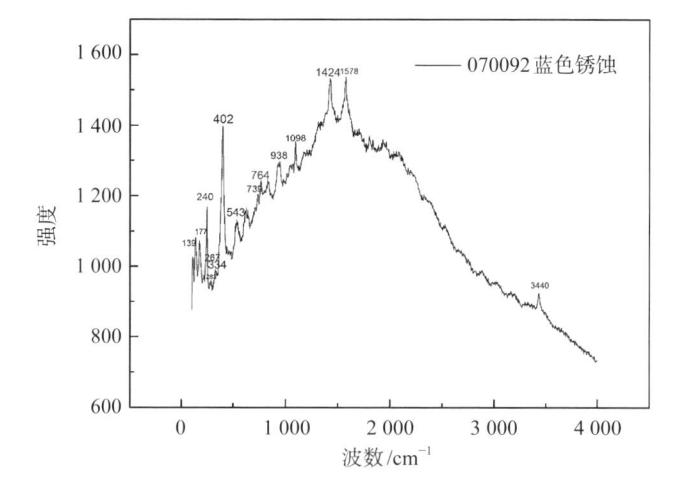

图 4-36　070092 号样品截面处蓝色锈蚀拉曼谱图

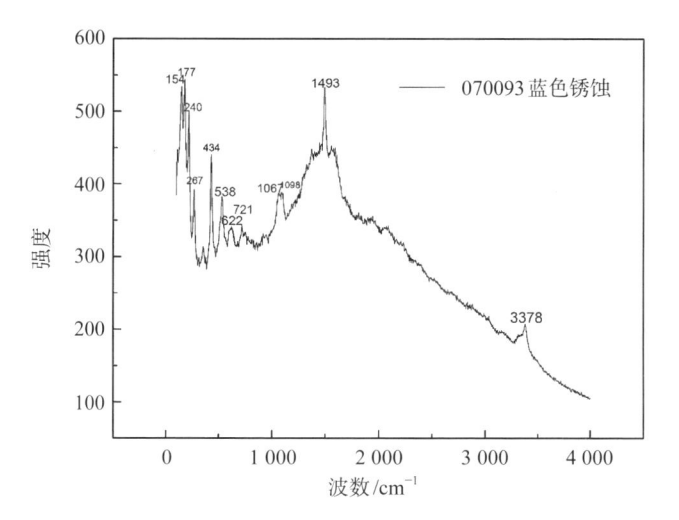

图 4-37　070093 号样品截面处蓝色锈蚀拉曼谱图

721 cm^{-1}、1067 cm^{-1}、1098 cm^{-1}、1493 cm^{-1} 处出现孔雀石 [$CuCO_3 \cdot Cu(OH)_2$] 的拉曼振动峰,判断其为孔雀石[14]。

图 4-38 为 070093 号样品红铜残片表面蓝色锈蚀,显示其特征峰在 145 cm^{-1}、180 cm^{-1}、270 cm^{-1}、355 cm^{-1}、434 cm^{-1}、538 cm^{-1}、721 cm^{-1}、1100 cm^{-1}、1369 cm^{-1}、1493 cm^{-1}、3378 cm^{-1} 处出现孔雀石 [$CuCO_3 \cdot Cu(OH)_2$] 的拉曼振动峰,判断其为孔雀石[14]。

图 4-39 为 100092 号样品截面处绿色锈蚀,显示其特征峰在 154 cm^{-1}、180 cm^{-1}、270 cm^{-1}、355 cm^{-1}、434 cm^{-1}、1067 cm^{-1}、1493 cm^{-1}、3378 cm^{-1} 处出现孔雀石 [$CuCO_3 \cdot Cu(OH)_2$] 的拉曼振动峰,判断其为孔雀石[14]。

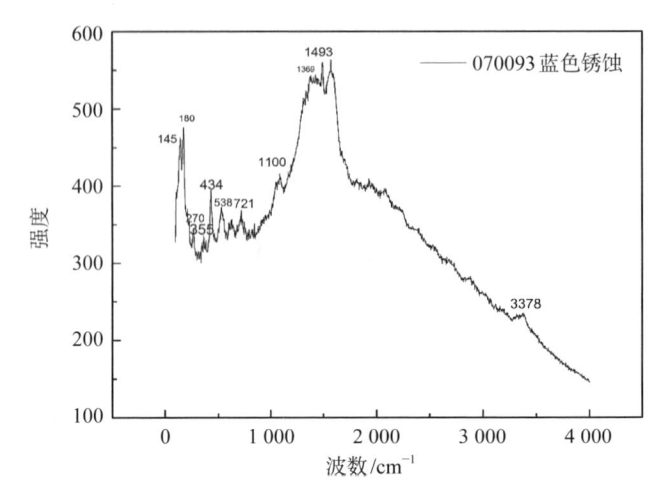

图 4-38　070093 号样品截面处蓝色锈蚀拉曼谱图

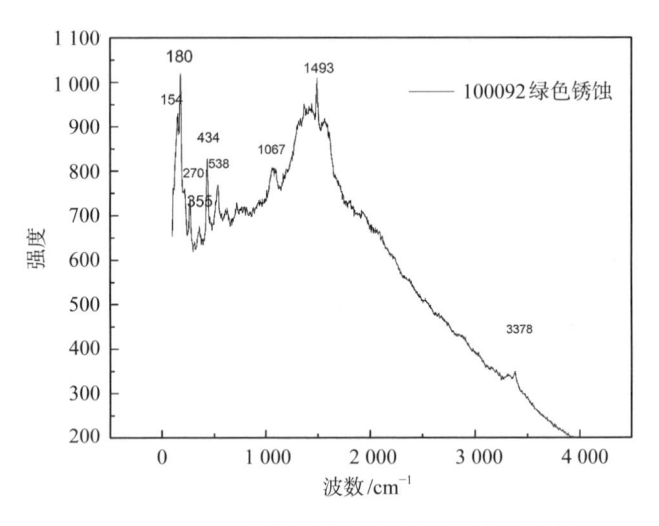

图 4-39　100092 号样品截面处绿色锈蚀拉曼谱图

图 4-40 为 150095 号样品截面处蓝色锈蚀,由颜色分析其锈蚀产物为蓝铜矿,但拉曼结果显示与常见锈蚀产物特征峰并不相符,推测其为土壤成分或杂质。

图 4-41 为 150095 号样品凹槽处绿色锈蚀,显示其特征峰在 154 cm^{-1}、180 cm^{-1}、270 cm^{-1}、434 cm^{-1}、538 cm^{-1}、721 cm^{-1}、1067 cm^{-1}、1493 cm^{-1}、3378 cm^{-1} 处出现孔雀石 [$CuCO_3 \cdot Cu(OH)_2$] 的拉曼振动峰,判断其为孔雀石。

4. 结论

① 红铜铸镶青铜器腐蚀情况从宏观来看为红铜相优先腐蚀,其工艺

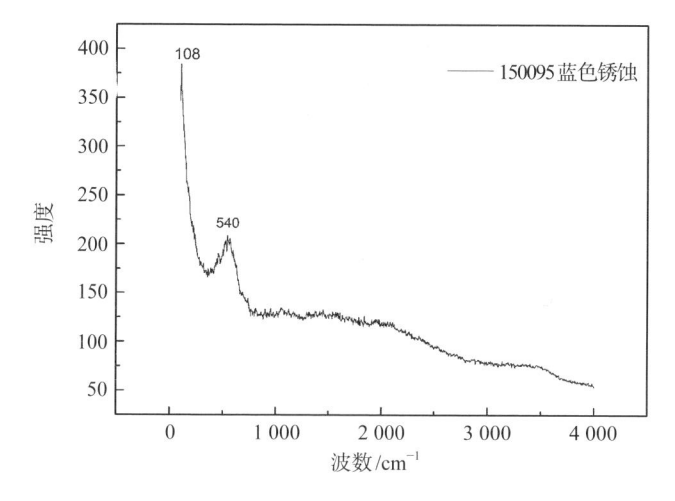

图 4-40　150095 号样品截面处蓝色锈蚀拉曼谱图

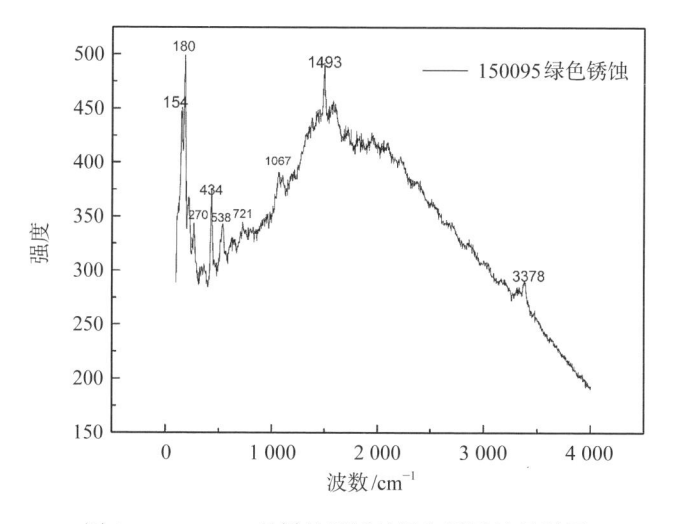

图 4-41　150095 号样品凹槽处绿色锈蚀拉曼谱图

类型分为透镶与半透镶型。

② 其微观腐蚀形态为 α 相优先腐蚀，留下岛屿状共析体相。在腐蚀过程中有红铜颗粒的析出现象以及铅颗粒的扩散现象。

③ 表征得出主要腐蚀产物为蓝铜矿、孔雀石。

④ 通过电化学模拟实验发现，低锡相自腐蚀电位在有氧、模拟土壤溶液条件下高于高锡相（即高锡相电位更偏负），在无氧条件以及有氧时强酸强碱条件下均低于高锡相。

⑤ 氧气对于高锡相和低锡相的自腐蚀电位均有提升效果，其中在高锡相中作用效果更明显。高锡相在中性条件下自腐蚀电位最高，而低锡相自腐蚀电位随酸性增强有正方向移动趋势。

四、红铜铸镶青铜舟（M2∶21）腐蚀解析

1. 器物基本情况

青铜舟（M2∶21）为 M2 中出土，器物存放位置如图 4-42 所示，该青铜舟放置于盘（M2∶22）中[23]。

出土时腐蚀矿化十分严重，如图 3-41 至图 3-44 所示。

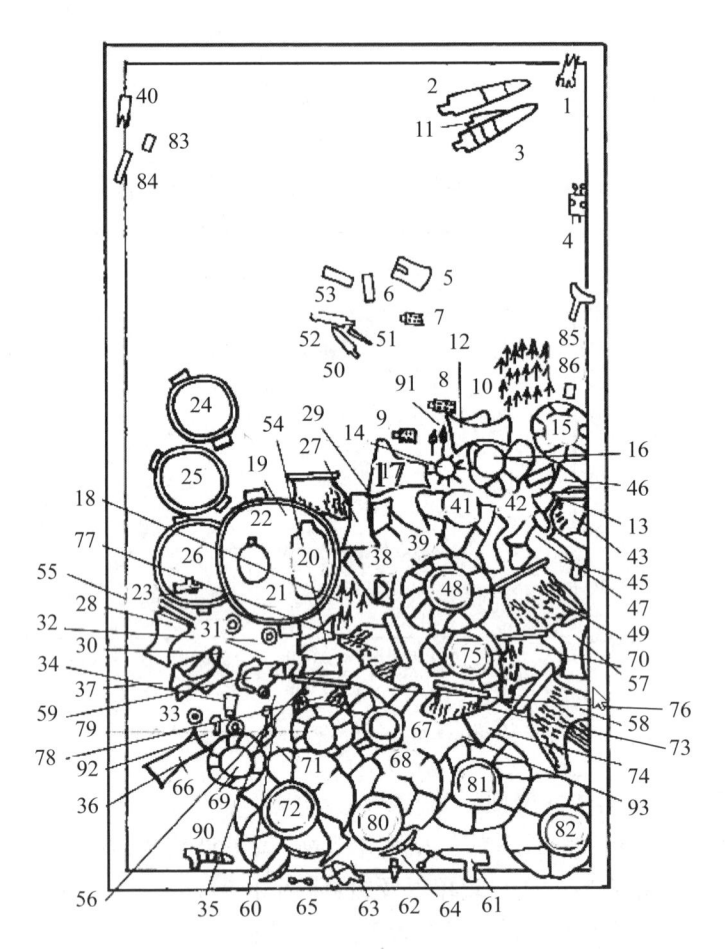

图 4-42　青铜舟（M2∶21）出土位置示意图[23]

腹部整体较好，一侧受应力作用向内凹陷，出现裂缝。盖已残破为很多碎片。由于整件器物腐蚀严重，主体纹饰大部已经脱落或腐蚀（后续实验分析过程中发现少量残余），整体色调可分为两部分：一是红铜部分的花纹呈现以绿色锈蚀为主、夹杂一些土壤的色调；二是基体部分以绿色、

蓝色锈蚀为主。形成差异的原因应该是基体部分和红铜部分合金成分不同。未观察到明显的粉状锈，应该是因为北方埋藏环境比较干燥所致[21]。

2. 实验部分

（1）X光成像分析

X光成像分析基于X光经过物体后，其辐射强度会衰减的原理。因材料性质（材质、厚度等）的差异，经过物体后，X光衰减的局部差别在胶片上呈现出或明或暗的影像。通过分析X光片上物体的透射像，即可推断物体的内部形貌特征或结构特征，以及相关的其他特征，如文物保存状况、修复痕迹、相关历史艺术信息、器物制作工艺特点等[6]。

从图4-43与图4-44的X光片可以看到，舟盖表面锈蚀严重，分布有很多锈斑，盖上有对称分布的菱形红铜纹饰，而边缘断口处的红铜纹饰已经基本脱落。基体部位X光不容易穿透，呈现亮色。基体和纹饰锈蚀部位X光容易穿过，呈现暗色。边缘断口处的锈蚀部位在X光下已融入背景色。对比可发现，菱形红铜纹饰部位呈现暗色，X光下的纹饰处出现很多凹坑，表明大多红铜纹饰已经锈蚀脱落。值得关注的一点是，呈现暗色的红铜纹饰中心部位有方形亮斑，说明铸造器物时应该使用了垫片[24]。

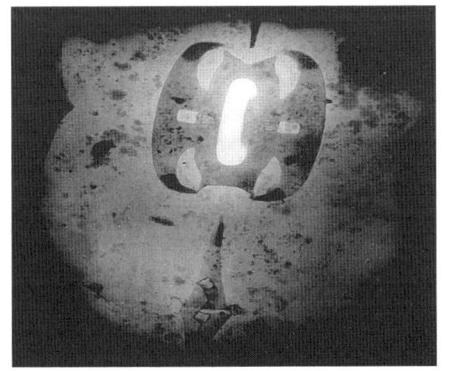

图4-43　青铜舟（M2∶21）整体X光片　　图4-44　青铜舟盖面X光片

（2）体视显微镜观察

体视显微镜是分析鉴定和文物保护工作最常用的分析工具之一。它可以为人们提供直观的、细微的观察。体视显微镜可用于观察纸张、丝绸、陶瓷等各类文物。实验过程中，先将样品浸泡在装有适量无水乙醇的烧杯中；然后进行超声波清洗处理，除去表层土壤杂质；最后观察、拍照，得到了样品表面锈蚀物的清晰结构。

① 取样情况

图4-45为青铜舟（M2：21）的取样情况，从舟盖代表性部位取得3个不同的样品，样品编号以及它们的锈蚀产物观察见表4-28。

② 体式显微镜观察结果分析

3个样品通过体式显微镜观察的现象分别如图4-46所示。体视显微镜下，可以看到样品表面分布有大量的锈蚀，锈蚀物有明显的层次结构。

图4-45 青铜舟取样位置示意

表4-28 青铜舟取样情况

序号	样品编号	取样部位	表层锈蚀情况	超声波清洗
01	220091	红铜嵌口	红、绿、蓝、浅绿、白、黄	是
02	220092	红铜残片	红、绿、蓝、浅绿、白、浅黄	是
05	220093	红铜嵌口	红、绿、蓝、浅绿、白、浅黄、黑	是

绿锈和蓝锈

正面锈蚀物形态

内部赤铜矿

中部过渡处黑色锈

图4-46 220091样品体视显微镜下锈蚀物形态

图4-46反映出220091样品表层主要是绿锈、黄绿锈（碱式碳酸铜）和蓝锈（蓝铜矿），深层是红锈（赤铜矿）。局部有铁含量很高的黑色锈蚀颗粒，相应的显微结构可参看图4-49的SEM观测结果。

图4-47为220092样品在体式显微镜不同视野下的锈蚀形态，可以看到锈蚀产物主要由蓝铜矿构成，有多处灰白色锈蚀块存在。紧贴青铜基体的有深红色的氧化亚铜[25]，原有的断裂口沿也有氧化亚铜的锈蚀产物，另外还有大量黄色土垢结合在锈蚀产物中。

表层锈蚀物形态　　　　　　　　　表层锈蚀物局部

表层锈蚀物形态　　　　　　　　　表层锈蚀物形态

图4-47　220092样品体视显微镜不同视野下锈蚀形态

220093样品的体式显微形态如图4-48中所示。可以看到，锈蚀产物包含有蓝铜矿、绿铜矿、赤铜矿等，贴近金属基体的主要为赤铜矿[25]。蓝铜矿结构较为酥松，有大量土垢夹杂。相对而言，绿铜矿结构比较致密，有明显的分层现象，表层也有大量土垢附着。

（3）扫描电镜分析

采用扫描电子显微镜及其配置的X射线能谱仪，对样品进行形貌观察

外表面锈蚀物形态 　　　　　　　外表面锈蚀物形态

取样切痕处锈蚀层次 　　　　　　背面锈蚀物形态

图4-48　220093样品体视显微镜下锈蚀形态

和微区化学成分分析[1]。能谱分析采用无标样定量成分测定的方法。扫描电镜观察和成分测定的技术条件是：激发电压15 KeV，测量时间在50秒左右。本次实验中使用扫描电镜观察了220091样品表层锈蚀和截面金相的形貌特征，并进行了微区成分分析。

① 锈蚀形态观察

220091样品锈蚀形态的扫描电镜观察结果如图4-49中所示。从图4-49中可以看到，绿铜矿主要以条状形式堆积，结合较为紧密。蓝铜矿以颗粒大小不等的块状或板状形式存在，因大小不等、分布较为零散，结合较为酥松。过渡区的锈蚀产物为结构较为致密的蜂窝状物，结合图4-49，可以认为主要是氧化亚铜的晶粒存在。

图4-50为220091样品截面金相形貌观察结果，(a)从样品截面可以看到长条状红铜条的存在，且(b)中分别显示固溶体 α 相、共析体($\alpha+\delta$)相及锈蚀坑和夹杂物存在的方式。图4-51则反映了基体处的显微形貌，说明铸造存在的铅局部偏析和铸造缺陷[76][77]。

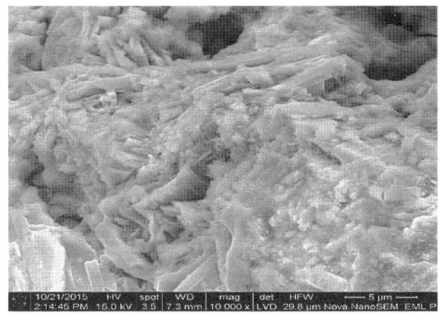

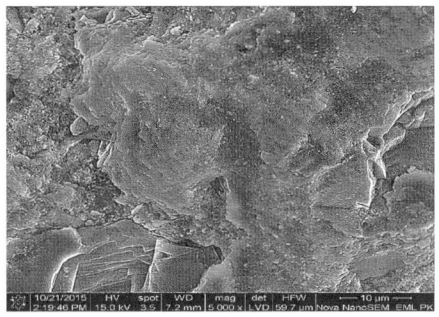

| 粒状锈蚀绿锈形貌 | 层状锈蚀蓝锈形貌 |
| 过渡处形貌 | 中部过渡处右下侧形貌 |

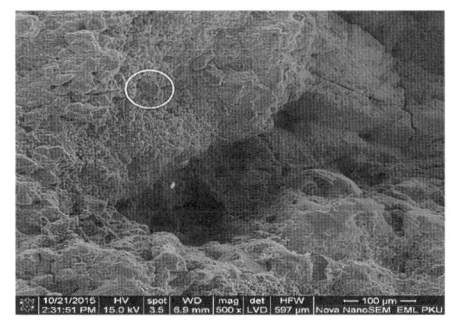

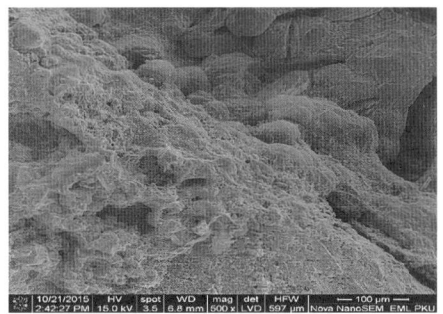

图4-49　220091样品表层锈蚀SEM形貌

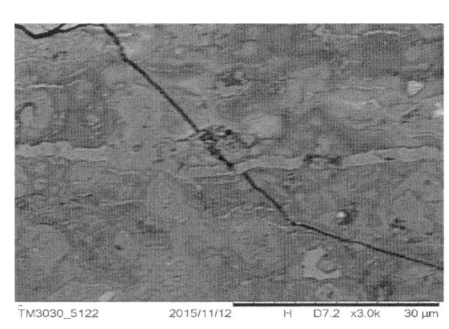

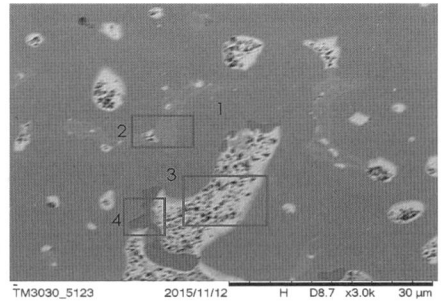

| （a）220091截面红铜条残余（3000倍） | （b）220091电镜下金相结构（3000倍） |

图4-50　220091样品截面金相形貌观察结果

② 扫描电镜成分分析

对应电镜下不同锈蚀产物的成分，同时进行了EDX分析。220091样品表层过渡处锈蚀成分分析如图4-52和图4-53所示，相应的4个成分检测区域的化学成分见表4-29和表4-30。

220091样品过渡处的形态与成分相应分析的结果分别如图4-54、图

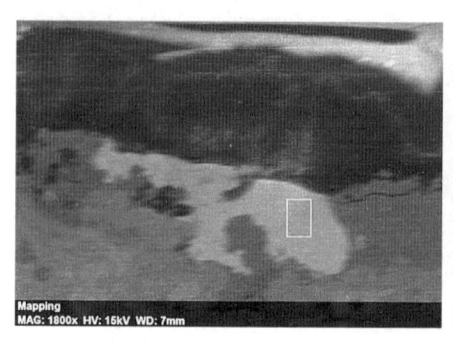

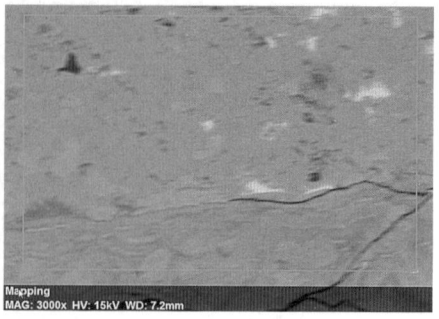

220091样品过渡处铅颗粒局部偏析　　220091基体表面裂纹铸造缺陷

图4-51　样品220091基体处的显微形貌

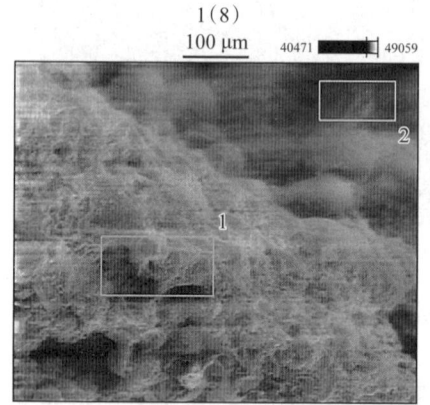

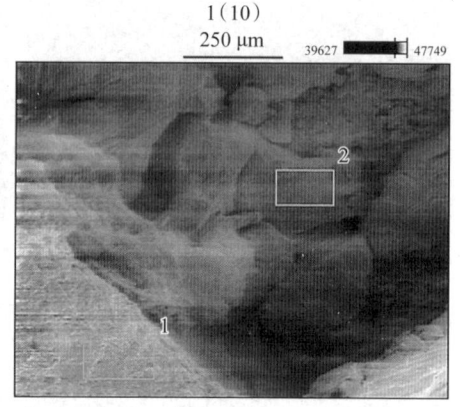

图4-52　220091样品过渡处1(8)　　图4-53　220091样品过渡处1(10)

表4-29　220091样品过渡处1(8)取样点成分分析结果

(Wt%)

成分	C	O	Mg	Al	Si	P	Ca	Fe	Cu	Pb
1(8)_pt1	7.74	31.28	0.28	1.33	2.19			1.59	53.49	2.10
1(8)_pt2	7.43	32.01		0.55	2.05	0.48	0.19	12.14	41.44	3.70

4-55,对应测试点的成分如表4-31和表4-32中所示。

220091样品基体不同显微部位的形态与成分相应分析的结果分别如图4-56、图4-57,对应测试点的成分如表4-33和表4-34所示。从残余红

表 4-30　220091 样品过渡处 1（10）取样点成分分析结果

（Wt％）

成分	C	O	Mg	Al	Si	P	Ca	Fe	Cu	Sn	Pb
1(10)_pt1	5.32	28.25		0.23	1.59	0.58		3.51	33.04	18.38	9.10
1(10)_pt2	7.98	35.83	0.30	1.90	3.43	0.22	0.21	6.60	41.05		2.48

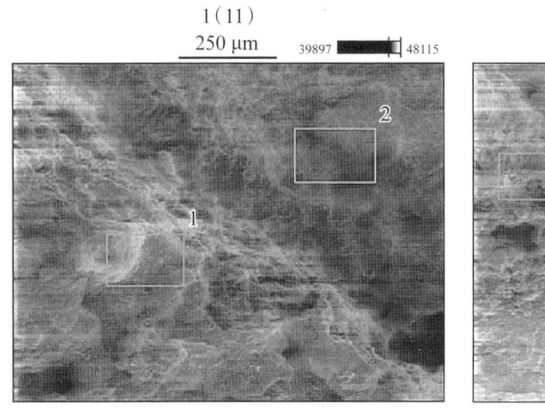

图 4-54　220091 样品：过渡处 1（11）

图 4-55　220091 样品过渡处 1（12）

表 4-31　220091 样品过渡处 1（11）取样点成分分析结果

（Wt％）

成分	C	O	Mg	Al	Si	K	Fe	Cu	Pb
1(11)_pt1	9.25	35.96	0.25	1.71	2.77	0.24	1.68	46.67	1.46
1(11)_pt2	7.09	30.9		1.37	2.18	0.26	1.54	56.67	

表 4-32　220091 样品过渡处 1（12）取样点成分分析结果

（Wt％）

成分	C	O	Al	Si	P	K	Fe	Cu	Sn	Pb
1(12)_pt1	5.18	26.96	0.29	1.54	0.50		3.67	34.78	18.08	9.01
1(12)_pt2	7.95	35.33	1.16	2.20		0.21	1.68	49.81		1.65
1(12)_pt3	7.22	31.26	1.15	2.55	0.38		9.27	45.42		2.75

铜条的成分分析显示，主要成分为 Cu、O 两种元素，这一方面也证明镶嵌纹饰确实为红铜，而器物在埋藏过程中已发生了较为严重的锈蚀，从相应的原子比可以推测，主要锈蚀产物应该为氧化亚铜。

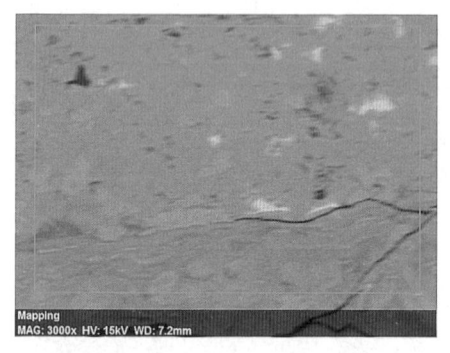

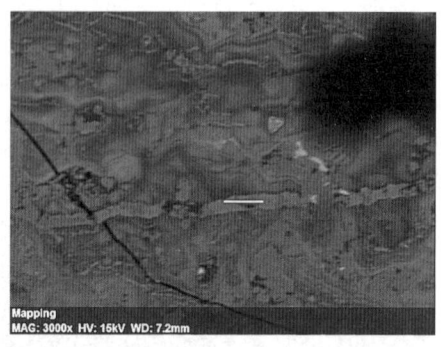

图4-56　220091样品基体面扫描　　　图4-57　220091样品残余红铜条

表4-33　220091样品基体截面扫描成分分析结果

	Cu	O	Sn	Pb
Wt %	71.23	16.88	5.44	6.45
At %	49.76	46.83	2.03	1.38

表4-34　220091样品截面金相残余红铜条成分分析结果

	Cu	O
Wt %	90.23	9.77
At %	69.92	30.08

③ 扫描电镜分析结果小结

合金配比：依据基体面扫描的结果，可知基体合金成分：Cu: 85.69%、Sn: 6.54%、Pb: 7.76%。故该样品属于铅锡青铜的类别。再考虑到 Sn 含量大于5%、小于15%，属于中锡青铜，这样的元素配比使器物有一定硬度和强度。同时 Pb 含量在5%以上，由于 Pb 在铜中溶解度相当低，二者几乎不形成固溶体，而是相互分离，Pb 以游离态分布于 Cu 的 α 相界，利用 Pb 颗粒的自润滑作用可以降低青铜的摩擦系数，增加耐用性。

对220091样品表层锈蚀过渡处和截面金相的一些局部组织，进行微区成分分析，结果显示过渡处上方的锈蚀物，局部 Sn 含量达到 18%，而下方无 Sn 元素。考虑到锈蚀物中的 Sn 元素应该来自锈蚀物下的基体，此处无 Sn 元素，而且 Pb 含量特别低，应该采用了镶嵌红铜工艺。对体视显微镜下发现的黑色颗粒物分析后发现，其属于 Fe 含量特别高的组分。

截面金相 3000 倍下发现的条状 Cu_2O，应该是残余的红铜纹饰被氧化的结果，元素含量见表 4-34，Cu 元素含量达到了 90%。图 4-58 反映了样品截面金相局部有很大的铅颗粒，应该是铸造后凝固时铅元素偏析的结果。图 4-59 中反映了类似青铜合金 β 相的针状结构，可能是急速降温处理形成的，即加热到预定温度（550℃—650℃），保温一段时间，然后缓慢冷却，β 相来不及转化而保存。目的是降低硬度，消除不均匀组织和内应力。

表 4-35　220091 样品截面金相过渡处 Pb 颗粒成分分析结果

	Pb	O
Wt %	90.03	9.97
At %	41.09	58.91

图 4-58　过渡处铅颗粒　　　　图 4-59　针状结构

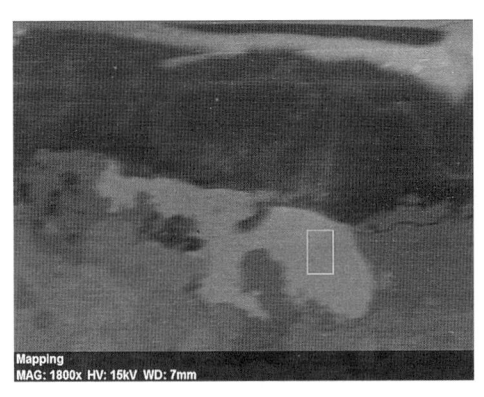

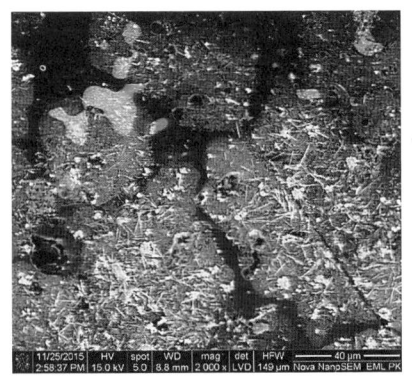

（4）金相分析

观察样品的金相组织，可以判定器物的材质，了解制作工艺。青铜试样经过冷镶、磨光、抛光后，再用 3% $FeCl_3$ 盐酸酒精侵蚀，然后在金相显微镜下观察金相组织，并拍摄组织照片。

① 金相分析实验预处理

冷镶：利用冷凝性塑料（如环氧树脂+固化剂）作为填料，将试样用橡皮泥固定，截面朝上，放入适宜尺寸橡胶套内，倒入填料，放置一段时间凝固硬化即可。

打磨：准备好的试样，先在粗砂轮上磨平，等磨痕均匀一致后，即移至细砂轮上续磨，磨时须用水冷却试样。可在预磨机上进行磨制，从粗砂纸到细砂纸，再换一次砂纸。试样须转90°角与旧磨痕成垂直方向。

抛光：经预磨后的试样，先在抛光机上进行抛光，抛光膏为W1.5金刚石抛光膏。抛光到试样上的磨痕完全除去而表面像镜面时为止。

侵蚀：抛光后的试样，用滴管滴加$FeCl_3$浸蚀液至覆盖样品表面，保持2秒左右。试样浸蚀完毕后，须迅速用水洗，然后用滤纸吸干水分。

观察：金相检验包括浸蚀前的检验和浸蚀后的检验。浸蚀前主要检验夹杂物和铸件的形态，浸蚀后主要检验试样的显微组织。应当按有关金相标准进行检验。

② 金相观察结果讨论：

220091样品　铸造后局部热处理

侵蚀前：如图4-60中220091样品红铜嵌口（过渡处侵蚀前）表面密布锈蚀坑，晶粒、晶界等金相组织不明显。过渡处有大的铅颗粒（Pb偏析）。50倍下无特别明显的金相结构，内部锈蚀严重，存在很多硫化铜夹杂物。

侵蚀后：图4-61显示220091样品红铜嵌口（基体侵蚀后，200倍）α树枝晶消失，存在大颗粒的α相，沿晶界锈蚀。晶界边缘是锈蚀严重的（α+δ）相，有很多硫化铜夹杂。经过铸造后热处理。200倍下大块晶粒为α固溶体，晶界分布有大部分细小的已锈蚀的（α+δ）共析体，其上存

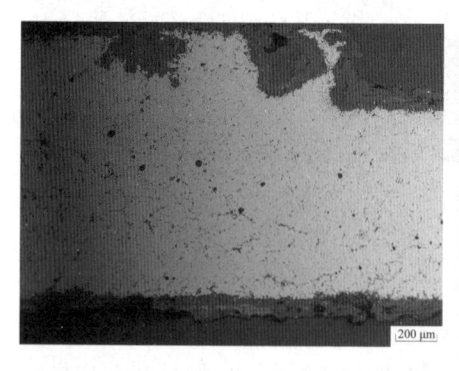

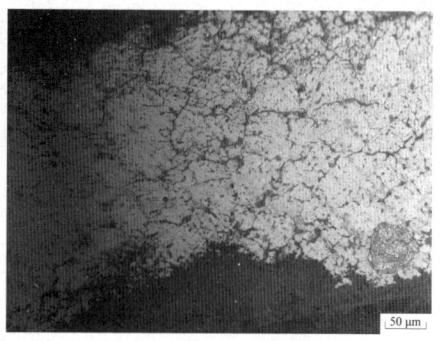

图4-60　220091样品红铜嵌口（过渡处侵蚀前）

图4-61　220091样品红铜嵌口（基体侵蚀后，200倍）

在很多黑色铸造孔洞（锡含量较高，晶界处的共析体，受热后分散为小块，分布于晶界）。

图4-62显示220091样品红铜嵌口（基体侵蚀后，1000倍）共析体大部锈蚀，残留少量浅灰色的 α+δ 共析体相，深灰色为硫化铜夹杂，黑色为铸造缺陷，已变成锈蚀坑。

图4-63表明220091样品红铜嵌口（下方侵蚀后，1000倍）处表层不见镶嵌的红铜残留。α+δ 共析体相基本完全锈蚀，深灰色为硫化铜夹杂，黑色为铸造缺陷，已变成锈蚀坑。基体和嵌口过渡处：有较大的铅颗粒（Pb偏析）。

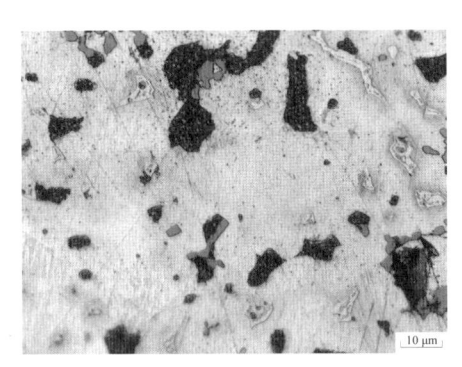

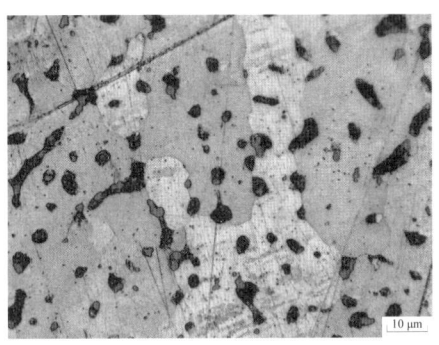

图4-62　220091样品红铜嵌口（基体侵蚀后，1000倍）　　图4-63　220091样品红铜嵌口（下方侵蚀后，1000倍）

220092样品　基体：铸造后局部热处理

图4-64显示侵蚀前，220092A样品红铜残片（侵蚀前）整体形态：条状红铜存在于基体中部（厚度50微米左右）。表面锈蚀层发现很多二次析出的纯铜颗粒。

图4-65为220092A样品（侵蚀前）整体形态：红铜中间分叉，两头聚合，包裹基体。表面锈蚀层有二次析出纯铜颗粒（见图4-66）。说明红铜凝固区间较窄、流动性差，在浇铸过程中容易形成疏松、缩孔等缺陷。

图4-67中220092A样品（侵蚀后）金相：显示红铜纹饰金相为大颗粒的 α 固溶体结构。

③ 金相分析结果讨论

a. 合金配比与金相组织的关系

实验表明，当Sn含量在6%以下时，普通铸态金相组织为 α 单相结构，并存在明显的树枝状晶内偏析。当Sn含量大于6%时，青铜铸造中容易产生 δ 相偏析现象，形成 α+(α+δ) 组织。当Sn含量达到20%，(α+δ) 共

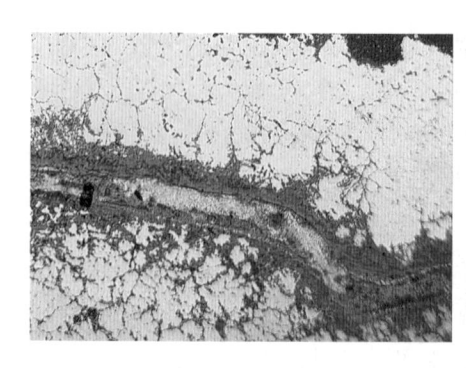

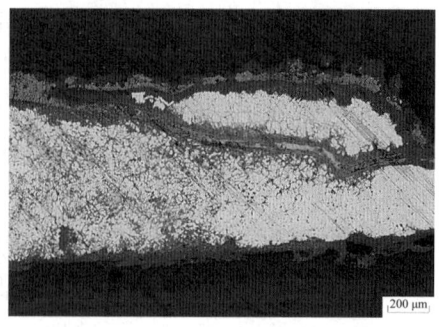

图4-64　220092A样品红铜残片（侵蚀前）　图4-65　220092A样品整体形态（侵蚀前）

析体比较密集，基本遍布整个基体（但是由于冷却速度不同，共析体相的增多与Sn含量无明确的关系）。α相为塑性较好的组织，δ相在常温下极硬而脆。

结合扫描电镜元素分析结果可知，器物合金成分中Sn元素占比6.54%。如果是普通的铸造态金相，应该会有很多（α+δ）相，但样品220091和220092A基体金相未发现常见的α固溶体树枝晶，同时只在α大晶粒的周围分布有少量细小的（α+δ）相，因此器物铸造后应该还有后续的加工处理以满足使用需求。

b. 影响青铜金相结构的因素

青铜器的成分组成包括主要元素和微量元素。器物种类和尺寸、制作技术如铸造方法、冷却速度以及冷热加工、使用状态和埋藏环境等都会影响青铜器的金相结构[79]。

热加工（再结晶温度以上）：再结晶，会出现大块α相等轴晶，共析体减少和变小。

冷加工（再结晶温度以下）：显示拉长变形的晶粒或铸态的树枝晶沿一定方向排列。

热加工后冷加工：锻打会出现滑移线，等轴晶和孪晶沿加工方向变形。

220091和220092A样品基体局部金相出现了等轴晶，未发现明显的滑移线，应该未经过锻打处理，是铸造后局部热处理的结果。

c. 热处理与金相组织的关系

热处理是利用金属相变规律，采用加热、保温、冷却的方法，改变内部组织结构，以获得所要求的性能[77]。可分为退火、淬火和时效。青铜热处理主要体现为退火工艺。退火的目的是消除合金组织、成分中的不均匀，消除铸造应力，降低硬度，提高强度、塑性，增强抗腐蚀能力。锡青铜组织中会出现α、β、γ、δ、ε等相。由于β、γ相只有在高温下才能稳定存在（激冷过程可能会出现 β 相）。对比220092A样品残余红铜纹饰（图4-66、图4-67）外部和其包裹的基体的金相，可发现靠近红铜纹饰的区域基体等轴晶形成效果更好，锈蚀程度更弱，受热处理更明显，同时（α+δ）共析体的转化减少了晶间腐蚀的发生。

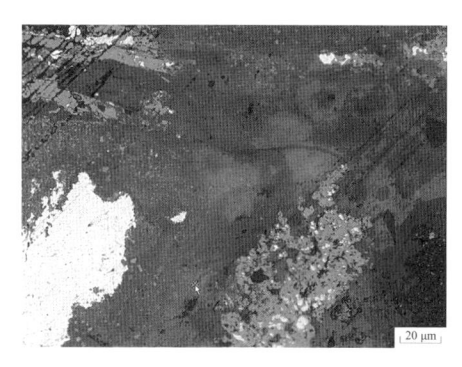

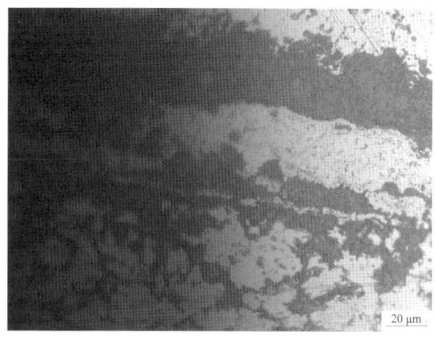

图4-66　220092A样品纯铜颗粒（侵蚀前）　图4-67　220092A样品红铜纹饰金相（侵蚀后）

d. 自由铜颗粒的析出

自由铜的生成是长期电化学腐蚀的结果。当青铜遭到电化学腐蚀时，部分δ相先腐蚀，其所含的铜被溶解到电解液中以铜离子形式存在，并作为金属铜沉积在青铜基体上的铸造缩孔、裂隙以及铅被锈蚀留下的空穴里，形成显微镜下可观察到的不同形态的自由铜沉积（图4-68、图4-69）。根据金相观察经验，自由铜的产生与锡含量有密切关系，同等埋藏环境下，自由铜的生长与锡含量成正比。Cu_2O作为导电性良好的半导体，可以促进上述电化学过程，因此镶嵌红铜纹饰构成的Cu_2O层，更易于纯铜颗粒的二次析出。

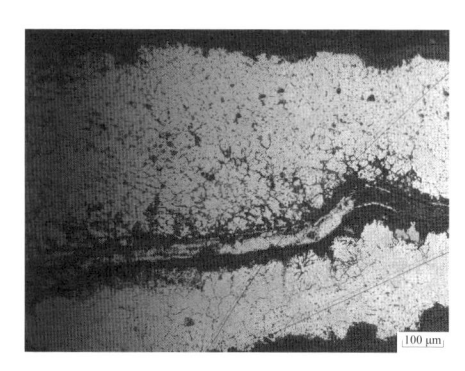

图4-68　220092A样品基体靠近红铜纹饰处（侵蚀后）　图4-69　220092A样品基体远离红铜纹饰处（侵蚀后）

3. 锈蚀机理分析

参考祝鸿范《青铜病的发生与小孔腐蚀的关系》的小孔腐蚀机理（图4-70）：蚀孔的内壁几乎被固体的$CuCl_2$（白色）所覆盖，而横跨蚀孔口有一层带孔隙的Cu_2O隔膜，此隔膜被下面的由Cu_2Cl_2水解生成的Cu_2O粗晶（红色）支撑，蚀孔上方在Cu_2O隔膜上盖着一个半球形、含有不溶性铜盐（主要是绿色的碱式碳酸铜和碳酸钙）的腐蚀产物。锈层或垢积物将阴阳极之间的电路通道封闭后，下层基体腐蚀比较稳定[26]。

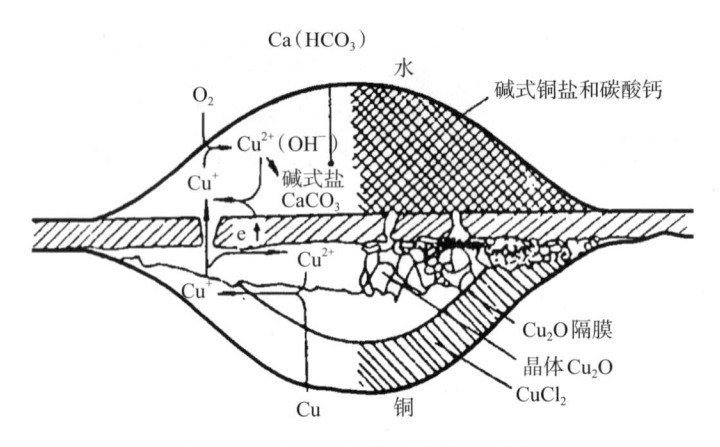

图4-70 蚀孔及其腐蚀产物的样式

阳极区

① 孔内由于相对缺氧，成为阳极区。这是因为腐蚀孔产生后，在它周围与上面形成了疏松的腐蚀产物，使得O_2不易到达孔内所致。

② 腐蚀孔内溶液的pH值降低。这是由于孔内阳极溶液中的金属离子不断水解：

$$M - ne^- \rightarrow M^{n+} \qquad M^{n+} + nH_2O \rightarrow M(OH)_n + nH^+$$

③ 而孔内与孔外的溶液又不能充分对流，$c(H^+)$不断增大所造成。

④ 孔内腐蚀条件加剧，酸度增高。

阴极区

① 孔外周围的表面，由于氧的供应比较充分，相对于孔内是阴极区，在一定程度上受到来自孔内区域的阴极保护作用。

② 由于阴极反应：

$$O_2 + 2H_2O + 4e^- \rightarrow 4OH^-$$

孔外表面附近溶液中的pH值升高,使得这些表面区域本身的腐蚀速度进一步降低。

这种腐蚀孔的特点是:阳极区处于"闭塞"状态,阳极空间同外界的对流和氧向阳极的扩散受到阻碍。一旦锈层将阴阳极之间的电路通道完全封闭,这种腐蚀便可在锈垢层的掩盖下暂时稳定[80]。

4. 结论

① 合金配比:Cu: 85.69%、Sn: 6.54%、Pb: 7.76%,属于铅锡青铜、中锡青铜。SEM结果显示过渡处上方的锈蚀物局部Sn含量达到18%,而下方无Sn元素,而且Pb含量特别低,应该是采用了镶嵌红铜的工艺。

② 结合SEM和金相分析结果,推测其工艺可能为先在预留的纹饰处贴上纹饰形状的泥片,再用垫片填补陶范和泥芯之间的剩余空隙;待器物成形后,刮去泥片;将器物预热到400℃左右,浇入熔融纯铜水;冷却后,修整、锉磨,即得到镶嵌有红铜花纹的器物。

③ 锈蚀物有明显的层次结构,深层是赤铜矿,表层主要是绿铜矿和蓝铜矿。未观察到明显的粉状锈,锈蚀结构比较稳定,应该是因为北方埋藏环境比较干燥。根据小孔腐蚀的电化学机理,阳极区处于"闭塞"状态,阳极空间同外界的对流和氧向阳极的扩散受到阻碍。一旦锈层将阴阳极之间的电路通道完全封闭,这种腐蚀便可在锈垢层的掩盖下暂时稳定。

五、补铸对青铜器腐蚀的影响

1. 鼎(M1∶26)基本信息

鼎(M1∶26)出土于M1,由于M1器物箱腐朽塌陷,较大型铜容器和陶器多被砸损,鼎(M1∶26)出土时也严重残损。底部可见明显的铸造痕迹,器身系用3块范合铸。鼎底有烟炱,鼎盖有补铸。盖面及腹壁内均铸有相同铭文5列28字,重文2字。其形制如图4-71所示[23]。

鼎(M1∶26)腐蚀情况:该鼎(M1∶26)原始状况如图4-72所示,鼎足和鼎座保存状况较为完好,鼎腹、鼎盖、鼎耳均有破损。铜鼎表面又覆盖有绿色、黄色锈蚀层。但是补铸处(鼎外壁层)却呈现为灰黑色,光滑且有玉质感;补铸处(鼎内壁层)却覆盖着绿锈。同时值得关注的是,鼎盖补铸的锈蚀情况有些许异同。经过观察,可以发现补铸与

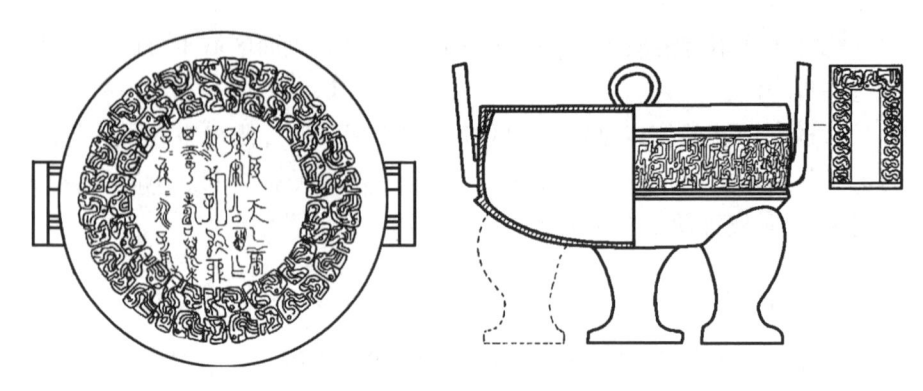

图 4-71　鼎(M1∶26)形制[23]

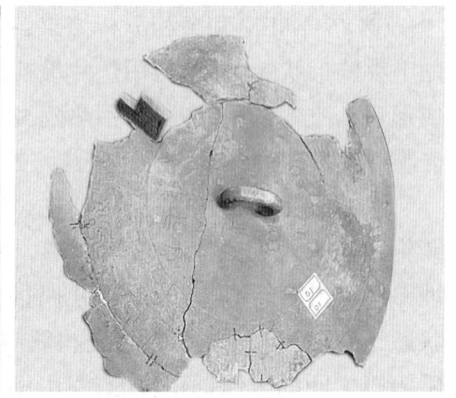

图 4-72　鼎(M1∶26)完残状况

基体连接处铜锈布满连接缝隙,锈层也明显厚于相近区域基体和补铸的锈层。

本文将探讨基体和补铸腐蚀情况及两者连接处锈蚀层的不同。

2. 研究方法

(1) 实验步骤

① 样品准备:用切割工具在鼎盖上切下一小块包含补铸、补铸与基体连接处和基体的样品,如图4-73所示。

② 基本观察:显微镜观察表面各处锈蚀情况。

③ 深入观察:冷镶、抛光、侵蚀,然后用金相显微镜观察。

④ 成分分析:用扫描电镜对冷镶样品进行特定区域的成分分析。

(2) 主要仪器设备及条件

① 体式显微镜分析使用上海光学仪器厂SX-5体视镜进行观察。

图4-73 实验所用样品

② LEICA DM4000M正置金相显微镜观察：观察基体情况用明场，观察锈蚀情况用暗场。

③ FEI Quanta 200F型场发射环境扫描电镜（ESEM）观察，实验条件高真空。

3. 实验结果

（1）体式显微镜

分别用显微镜对基体表面、补铸表面和基体与补铸连接处进行了显微观察，如图4-74至图4-77所示。

图4-74 基体部分显微观察（75倍）　　图4-75 补铸表面显微观察

一般来说，青铜腐蚀可以分为地子和锈被两大类。

腐蚀后的青铜器保持了原有的器型体积，仅颜色发生变化，称为地子。根据观察，笔者认为本实验中补铸部分表面（鼎外壁）覆盖的便是灰黑地地子。地子是青铜器表面形成的一层致密的氧化膜保护层，性质稳定[68]。补铸部分表面（鼎内壁）覆盖的是绿锈。

而使青铜器器型体积和颜色均发生变化者，称为锈被[69]。样品的基体部分便被绿锈、黄锈覆盖。

图4-76　基体与补铸部分连接处显微观察 　　图4-77　基体与补铸部分连接处显微观察

对截面进行显微观察,可以发现补铸与基体连接处锈层较厚,为基体、补铸部分锈层厚度的两倍,显微观察没有发现其他形态差异。

(2) 金相显微镜

利用切割工具从实验所用样品中取下两块小样a、b(具体取样部位如图4-78所示)。红圈部分为a样品,大部分是补铸部分,小部分是补铸和基体连接部分。绿圈部分为b样品,全部都是基体部分。将两者冷镶、抛光、侵蚀,然后进行金相显微观察,如下所示。

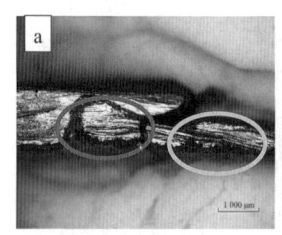

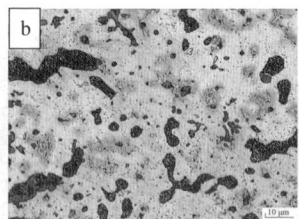

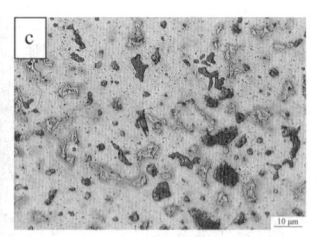

(a) 取样情况　　　　　　(b) 补铸样　　　　　　(c) 基体样

图4-78　金相分析

在明场下观察两者未锈蚀铜部分的形态,发现并无明显差异。具体金相中各种组织的成分将结合下文电镜分析结果进行说明。

① 明场

根据a、b样品明场下的观察结果,如图4-79、图4-80所示,可以发现a、b样品 α 铜相和($\alpha+\beta$)铜锡共析组织均被腐蚀,但是锈蚀程度不同,α 铜相较($\alpha+\beta$)铜锡共析组织腐蚀严重。

② 暗场

a. a样品部分锈层分层,b样品锈层无分层

在暗场下观察a、b样品的铜锈部分,结果如下所示。可发现a样

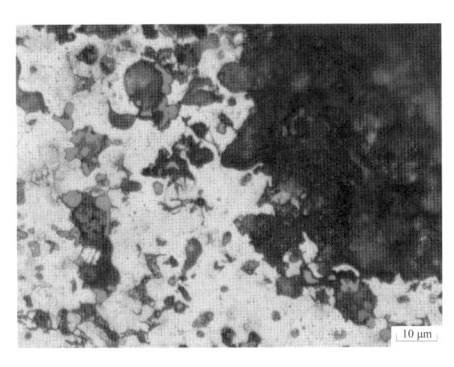

图4-79　a样品锈层与铜交界处 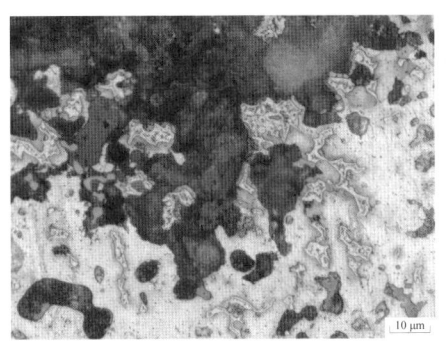　　　　图4-80　b样品锈层与铜交界处

品有三处存在双层锈层情况，并且每种情况都不一样，分为1、2、3三种情形。

情形1：补铸与基体连接部分存在锈层分层，如图4-81所示。内层锈层在金相显微镜下呈现黄色，应为氧化亚铜，外层锈层在金相显微镜下呈现蓝色，且厚度很大，应为蓝铜矿。两层分界线不太清晰（分界线在电子显微镜中较为清晰）。

情形2：在连接处附近（鼎内壁，紧靠连接处的较为平滑的区域）存在另一种双层锈层的情况，如图4-82所示。内层仍为黄色，应为氧化亚铜。外层玫瑰红与蓝色交杂，可能是氧化亚铜继续锈蚀的某种产物和蓝铜矿的交杂物。两层分界线清晰。

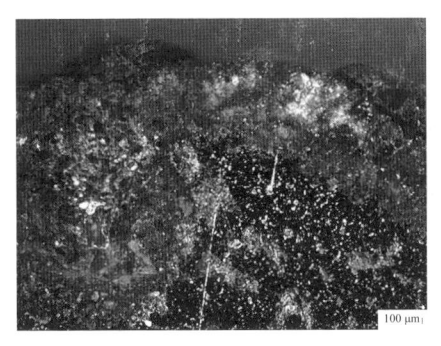

图4-81　a样品双层锈层情形1 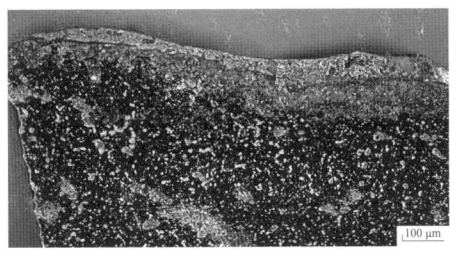　　　　图4-82　a样品双层锈层情形2

情形3：在a样品鼎外壁处（具体是内壁与外壁的连接处）也有双层锈层的情况，如图4-83所示。内层为浅蓝色，外层为较深的蓝色。两层分界线不清晰（分界线在电子显微镜下观察更清晰）。

b样品虽然在金相显微镜下蓝色程度略有差异，如图4-84所示，但是在电子显微镜下并没有观察到分层现象。综合考虑，认为b样品锈层为一层，金相显微镜下呈现蓝色，应为碱式碳酸铜锈蚀。

图4-83　a样品双层锈层情形3 　　　　图4-84　b样品锈层情况

b. a样品鼎外壁、鼎内壁的差异

图4-85和图4-86是分别是a样品鼎内壁和鼎外壁的金相图。可以看到内壁不平滑，外壁较为平滑，且外壁最上有一层较薄的致密透明层，内壁没有此特征。这个现象可能是造成补铸部分内外壁锈蚀情况差异的主要原因。

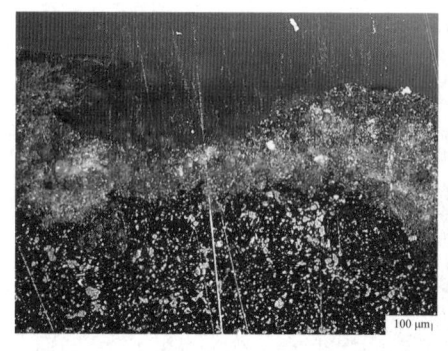

图4-85　a样品鼎内壁处显微观察 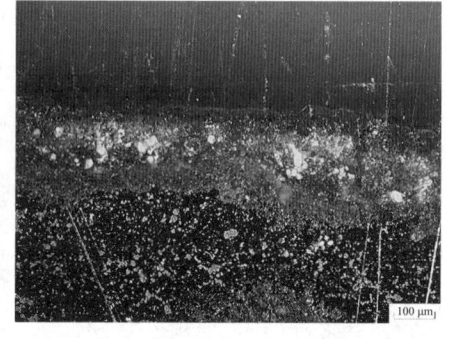　　　　图4-86　a样品鼎外壁处显微观察

③ 小结

在金相显微镜暗场下观察锈层，得到了很多有趣的现象。

针对a样品（补铸部分）呈现锈层分层的现象（主要集中在内壁处），主要原因还是氧化亚铜在不同情况下锈蚀不同造成的。根本原因可能是内壁处不平滑，例如补铸与基体的连接处，导致的锈蚀条件的差异。三种锈层分层的情况都不同，但是由于条件限制，在这里只讨论连接处的锈蚀情况。

针对a样品内外壁腐蚀情况的不同,再结合内外壁显微观察结果,笔者认为造成这种现象的原因可能是补铸的鼎外壁形成了一层致密的氧化物层,使鼎外壁颜色改变为近黑色。据文献记载,古代青铜器锈色中有许多漂亮的地子,一般平滑平整,锈色丰富地紧贴在青铜基体上,呈现出自然光泽[70],也被称为"黑漆古"。笔者认为a样品鼎外层的锈层便是"黑漆古"。漆古指的是青铜器表面覆盖的一种光滑、具有玉质感的薄膜[8],与显微观察结果相似。此薄膜厚度仅几个微米至十几个微米,也有的厚达二三百微米,呈透明状。薄膜下通常有几十至几百微米厚的腐蚀层。这与金相观察的结果非常相似。

同时a样品外壁和b样品内外壁之间也存在不同,或者可以说补铸的鼎外壁部分和其余部分锈蚀情况都不同。并且从后续的成分分析可以看出,补铸和基体的成分非常相近,因此笔者认为可能是由于补铸特殊的腐蚀条件(例如与基体连接对补铸外壁腐蚀可能会产生影响)造成了这种现象。但由于时间限制,这里只能给出一种可能性,不能做具体解释。

（3）扫描电镜分析

利用扫描电镜分别进行了整体观察和定点成分分析实验,实验结果如下。

① 扫描电镜观察

图4-87为a样品的扫描电镜观察图。红圈处,即上文金相显微镜观察所得的双层锈层的地方,分别对应情形1、情形2、情形3。其中1圈为基体和补铸部分连接处,可以发现明显存在与其他地方锈层不同的双层锈层,在电镜下颜色、结构各异,且外层锈基本填满了连接处的小凹坑。

图4-88也为a样品的扫描电镜观察图。均为单层锈层,其形态和a样品连接处内层锈层较为相似。

② 成分分析

a. 铜（未被腐蚀处）成分分析

图4-89、图4-90分别是a、b样品未锈蚀区域成分分析区域。分析结果如表4-36所示。

根据分析结果,可见a、b样品组成较为相似。金属元素主要为铜锡铅,杂质主要为碳,氧元素为样品在空气中氧化而引入(这里可能是镶嵌、磨制、抛光过程中引入的杂质,成分较低,可不用考虑)。

除去碳元素和氧元素后,各金属成分的重量比例如表4-37所示。

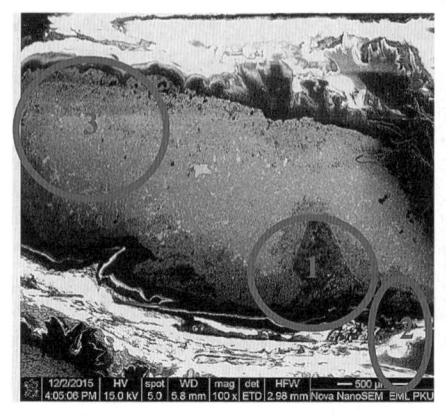

图4-87　a样品扫描电镜观察图 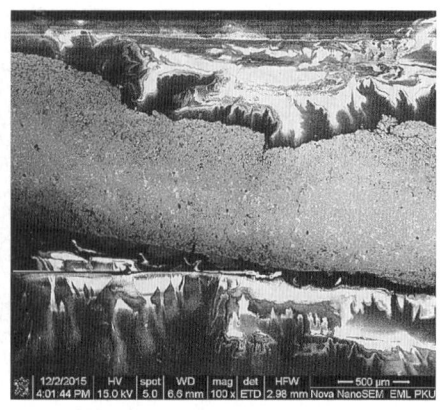　　　　　图4-88　b样品扫描电镜观察图

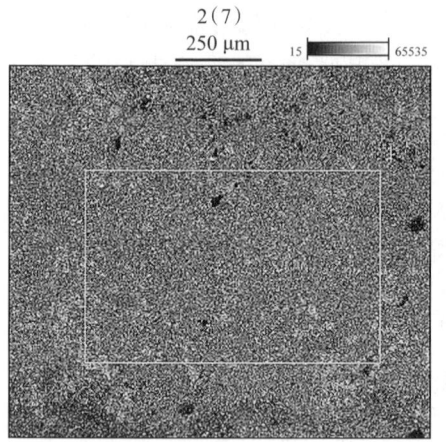

图4-89　a样品铜成分分析区域 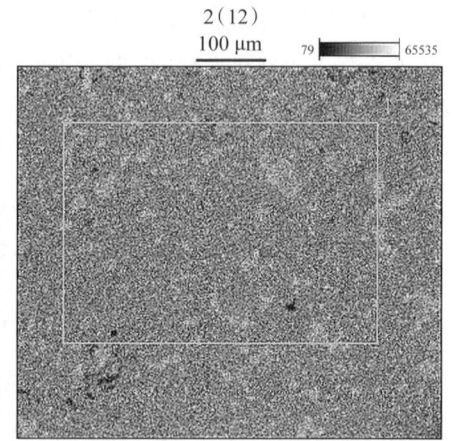　　　　　图4-90　b样品铜成分分析区域

表4-36　成分分析结果

元　素	C-K	O-K	Cu-K	Sn-L	Pb-M
2(7)_pt1	6.88	1.08	73.64	7.34	11.05
2(12)_pt1	8.60	1.31	70.64	7.97	11.48

表4-37　归一化后的成分

成分Wt %	铜	锡	铅
a	80.01	7.97	12.01
b	78.41	8.85	10.82

可见，a、b样品冶炼成分非常相似，可认为基体和补铸部分用的是同一种原料和配比，两者组成基本相似。

b. 铜基体各特征形态处成分分析

图4-91为金相显微镜下各特征形态。可以看到，红圈1内是铅颗粒，在金相显微镜下呈黑色，并伴有"五彩斑斓"之感。

红圈2内是（α+β）铜锡共析体，在金相显微镜下呈银白色。红圈3内是杂质颗粒，通常与铅颗粒共同出现，也有时独自出现。红圈4内是α铜相。

通过扫描电镜对上述特征区域进行成分分析，加以验证，结果如图4-92所示。

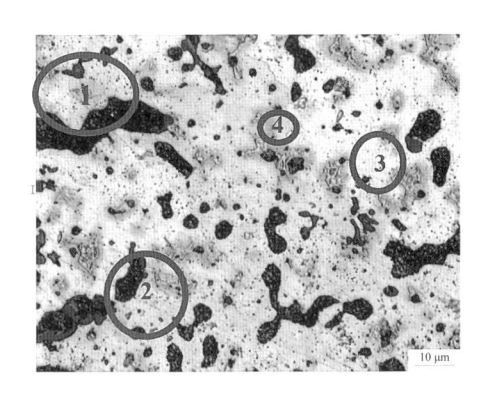

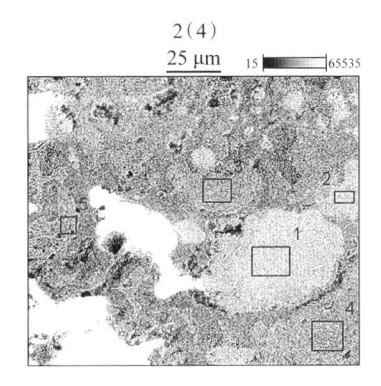

图4-91　a样品铜各特征形态成分处分析　　图4-92　a样品铜（未锈蚀处）成分分析点

表4-38　不同部位成分

元　素	C-K	O-K	Si-K	Fe-K	Cu-K	As-L	Sn-L	Pb-M
2(4)_pt1	4.73	5.66						89.61
2(4)_pt2	7.53	6.09			3.78			82.60
2(4)_pt3	3.06	1.01			73.23		19.24	3.46
2(4)_pt4	2.54				84.19		13.27	
2(4)_pt5	3.18	3.80		0.76	65.80		26.46	
2(4)_pt6	3.59	3.43	0.25		69.52	0.44	22.77	

根据图4-92和表4-38显示，金相显微镜下红圈1处的铅颗粒在电镜下为圈1、2处，呈现白色，成分分析结果显示其主要成分确实为铅。金相显微镜下红圈2处的共析体在电镜下为圈3、4、5、6处，呈现浅灰色，成分

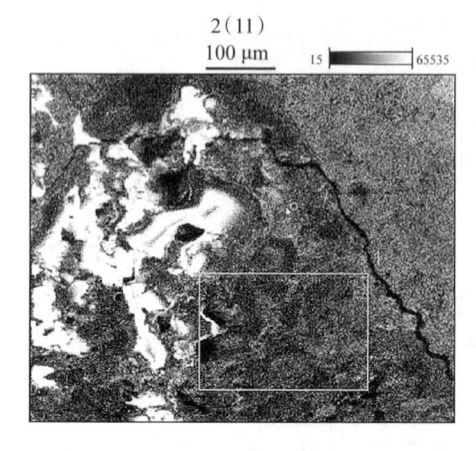

图4-93 a样品补铸与基体连接处两层锈蚀成分分析点

分析结果显示其主要成分确实为铜锡共析体。在电镜中未对红圈3进行成分分析，但根据对a、b样品铜（未被腐蚀之处）成分分析的结果，可推测杂质应为碳。

c. 锈蚀处成分分析

a样品锈蚀可以分为两个部分：一个部分是补铸和基体的连接处具有双层锈层，另一个部分是补铸的其他区域的单层锈层。如图4-93所示。

首先，对连接处的双层锈层进行分析。框1处为外层锈层，框2处为内层锈层。分别在框1和框2处进行成分分析。

外层锈（框1处）成分分析结果如表4-39，归一化后，Cu：90.05%，Pb：9.95%。内层锈（框2处）成分分析结果见表4-40，归一化后，Cu：35.78%，Sn：40.82%，Pb：16.12%。

表 4-39 外层锈蚀成分

元 素	C-K	O-K	Mg-K	Al-K	Si-K	Ca-K	Cu-K	Pb-M
2(11)_pt1	22.54	43.11	0.34	1.55	13.92	0.45	16.29	1.80

表 4-40 内层锈蚀成分

元 素	C-K	O-K	Al-K	Si-K	P-K	Fe-K	Cu-K	Sn-L	Pb-M
2(10)_pt3	10.50	25.39		1.41	0.99		22.70	25.19	13.82

综上，可见双层锈蚀的成分差异较大。外层锈碳、硅、铜含量显著高于内层锈，锡含量（外层锈没有）显著低于内层锈。这与上文"α铜相较（α+β）铜锡共析组织腐蚀严重"的结论可以相互验证，说明在锈蚀过程中铜元素优先腐蚀，向外迁移、沉积、流失，造成外层锡富集、内层锡含量也较高的情况。同时根据文献，锡元素在腐蚀过程中可能也有向内迁移的过程。外层锈蚀中较高的硅含量应当是土壤中的硅元素向内迁移，和外层锈相结合的产物。

其次，对a样品非连接部位的锈蚀（即补铸的其他部位的锈蚀）进行成分分析，结果如图4-94所示。

表4-41为补铸其他部位的成分，归一化后，Cu：35.22%，Sn：44.14%，Pb：20.64%。

连接处内层锈和补铸其他部位的锈层在金相显微镜、电镜下，形态特征和成分分析两方面都极为相似。

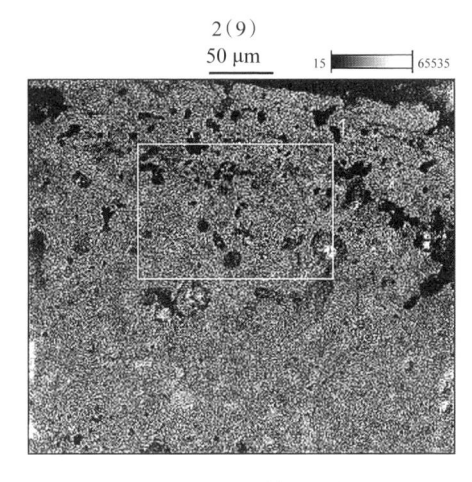

图4-94 a样品补铸部分锈蚀处

表4-41 补铸其他部位元素成分

元 素	C-K	O-K	Si-K	P-K	Fe-K	Cu-K	As-L	Sn-L	Pb-M
2(9)_pt1	17.08	22.30	1.10	0.88	2.06	19.78	0.43	24.79	11.59

对b样品锈蚀部分进行成分分析，见图4-95。

表4-42为补铸锈蚀成分，归一化后，Cu：31.68%，Sn：37.55%，Pb：30.77%。连接处内层锈和基体部分的锈层在金相显微镜、电镜下，形态特征和成分分析两方面都极为相似。

图4-95 b样品锈蚀处

表4-42 补铸锈蚀处元素成分

元 素	C-K	O-K	Mg-K	Si-K	P-K	Fe-K	Cu-K	Sn-L	Pb-M
2(13)_pt1	19.80	20.29	0.21	1.29	1.24	2.62	17.28	20.48	16.78

4. 讨论

本实验研究对象是徐楼村出土的铜鼎（M1∶26），主要研究内容是基体和补铸腐蚀情况及两者连接处锈蚀层的不同。实验结果如下。

① 补铸和基体所用原料成分分析

根据扫描电镜成分分析结果，a、b样品原料成分非常相似，可认为基体和补铸部分用的是同种原料和配比。

② 腐蚀过程及产物

主要存在三种腐蚀相。在金相显微镜暗场观察下，一种呈现为蓝色，为蓝铜矿。第二种呈现为黄色，为锈蚀最初产生的氧化亚铜。第三种是补铸（鼎外壁）最上层的透明薄膜，可能为某种氧化物。同时发现，α铜相较于（α+β）铜锡共析组织，腐蚀严重，并且可能优先腐蚀。

③ 腐蚀特征及原因分析

a. 补铸（鼎外壁）腐蚀的特异性

笔者认为补铸部分表面（鼎外壁）覆盖的是灰黑色地子。造成这种现象的原因可能是补铸的鼎外壁形成了一层致密的在金相显微镜下观察为透明色的氧化物层，使得鼎外壁的颜色改变为近黑色。

这里便有一个疑问，为何补铸和基体原料成分非常相近、埋葬环境相同，补铸部分（鼎外壁）会出现与众不同的灰黑色地子的锈蚀产物？该现象有待深入研究。

b. 补铸与基体连接处腐蚀的特性

补铸与基体连接处锈层较厚，为基体、补铸其他部分锈层厚度的两倍，并且补铸与基体连接部分存在双层锈层。内层锈层为氧化亚铜，外层锈层为蓝铜矿。双层锈蚀的成分分析结果差异也较大。外层锈碳、硅、铜含量显著高于内层锈，锡含量（外层锈没有）显著低于内层锈，说明在锈蚀过程中铜元素优先腐蚀，向外迁移、沉积、流失，造成外层锡富集、内层锡含量也较高的情况。同时根据文献，锡元素在腐蚀过程中可能也有向内迁移的过程[71]。外层锈蚀中较高的硅含量应当是土壤中的硅元素向内迁移，和外层锈相结合的产物[72][74]。

我们知道铜器的腐蚀和埋藏过程中电化学腐蚀关系很大。铜器表面的腐蚀取决于很多因素，包括金属本身的成分、化学活性介质、浓度、酸碱度、温度等，甚至包括腐蚀产物本身的物理性质。在本次研究中，补铸和基体原料成分非常相近，埋葬环境相同，笔者推测补铸和基体连接部位锈层较厚且分层，可能是因为补铸和基体原料做不到完全一样，因此两者之间仍然存在电势差,导致连接部位腐蚀更加严重。

5. 结论

本研究发现,基体和补铸部分所用原料成分极为相似,同时埋藏环境又相同。在这两个条件下,基体和补铸部分仍有不同。第一,补铸部分表面(鼎外壁)形成了一层致密的在金相显微镜下观察为透明色的氧化物层,使得鼎外壁的颜色改变为近黑色。具体原因不能给出。第二,补铸和基体连接部位锈层较厚且分层,可能是因为基体和补铸部分存在电势差,导致连接部位腐蚀更加严重[75]。

[1] 韩汝玢. 电子显微技术在冶金考古中的应用[J]. 电子显微学报,1997(03):66-74.

[2] 孙淑云,李秀辉,潜伟. 中国古代铜器的显微组织[J]. 北京科技大学学报,2002(02):219-230

[3] 中国腐蚀与防护学会《金属腐蚀手册》编辑委员会编. 金属腐蚀手册[M]. 上海:上海科学技术出版社,1987.

[4] 周剑虹. 青铜腐蚀与埋藏环境关系的初步研究[D]. 西北大学硕士学位论文,2006.

[5] 王成兴,尹慧道主编. 文物保护技术[M]. 合肥:安徽大学出版社,2005.

[6] 黄宗玉,潘春旭,倪婉,陈官涛. 长江中游地区楚墓中出土的青铜箭镞的锈蚀现象及锈蚀机理研究[J]. 文物保护与考古科学,2008(04):16-25+73-74.

[7] 魏珍. 不同地区埋藏环境土壤特征与出土青铜器锈蚀之间的关系[D]. 西北大学硕士学位论文,2008.

[8] 曹楚南编著. 腐蚀电化学原理(第3版)[M]. 北京:化学工业出版社,2008.03.

[9] 王菊琳,许淳淳. 青铜在土壤中局部腐蚀过程的化学行为[J]. 化工学报,2004(07):1135-1139.

[10] 许淳淳. 青铜环境界面上化学、电化学行为的研究[A]. 文物保护与修复纪实——第八届全国考古与文物保护(化学)学术会议论文集

[C].中国化学会应用化学会学科委员会,2004:19.

[11] 王菊琳,许淳淳.腐蚀过程中青铜析出还原铜晶粒的机理[J].中国有色金属学报,2004(11):1869-1874.

[12] 谭德睿.中国古代铜器表面装饰技艺概览[J].文物鉴定与鉴赏,2010(3):72-74.

[13] 汤琪,王菊琳,马菁毓.土壤腐蚀过程中高锡青铜的形貌变化和元素迁移[J].中国有色金属学报,2011(12):3175-3181.

[14] Lowell I. McCann, K. Trentelman, T. Possley, B. Golding. Corrosion of Ancient Chinese Bronze Money Trees Studied by Raman Microscopy [J]. Journal of Raman Spectroscopy (1999):121-132.

[15] 李涛,秦颖,罗武干,滕建英,赵鹏,刘斌,王晓妮.古代青铜器锈蚀产物的拉曼和红外光谱分析[J].有色金属,2008(05).

[16] 杨群,王怡林,张鹏翔,李朝真.拉曼光谱对古青铜矛腐蚀情形的无损研究[J].光散射学报,2001(04).

[17] 王宁,何积铨,孙淑云,肖璘.模拟青铜器样品在典型电解质溶液中的电化学行为研究[J].文物保护与考古科学,2007,19(4):45-48.

[18] 汤琪,王菊琳,马菁毓.土壤腐蚀过程中高锡青铜的形貌变化和元素迁移[J].中国有色金属学报,2011(12):3175-3181.

[19] 孙淑云,韩汝玢,李秀辉编.中国古代金属材料显微组织图谱(有色金属卷)[M].北京:科学出版社,2011.

[20] 韩汝玢,孙淑云,李秀辉编著.中国古代金属材料显微组织图谱(总论)[M].北京:科学出版社,2015.

[21] 魏珍.不同地区埋葬环境土壤特征与出土青铜器锈蚀之间的关系[D].西北大学硕士学位论文,2008.

[22] 张展适、陈少华、陈障茹、刘月妙.青铜文物腐蚀过程的模拟研究[J].中国腐蚀与防护学报,2007(4).

[23] 尹秀娇、石敬东、苏昭秀、郝建华、刘爱民.山东枣庄徐楼东周墓发掘简报[J].文物,2014(01).

[24] 胡东波.文物的X射线成像[M].北京:科学出版社,2012.

[25] 武干,秦颖,黄风春,胡雅丽,王昌遂.湖北省出土的若干青铜器锈蚀产物研究[J].腐蚀科学与防护技术,2007,19(3):157-161.

[26] 祝鸿范、周浩.青铜器文物腐蚀受损原因的研究[J].电化学,1999(08).

第5章 其他研究

一、不知名器（M1∶4）

1. 基本情况

徐楼村东周墓M1中出土了一件不知名器（M1∶4）。这件器物造型独特、纹饰精美、工艺精湛，从一开始就受到了极大的关注。

据M1平面图（图5-1）可知，不知名器（M1∶4）同盒（M1∶1）、盒（M1∶2）、提链罐（M1∶3）一起，被置于盘（M1∶5）之中，形成器物组合。但是，由于M1在考古发掘之前曾遭到破坏，并有部分器物流失，因此

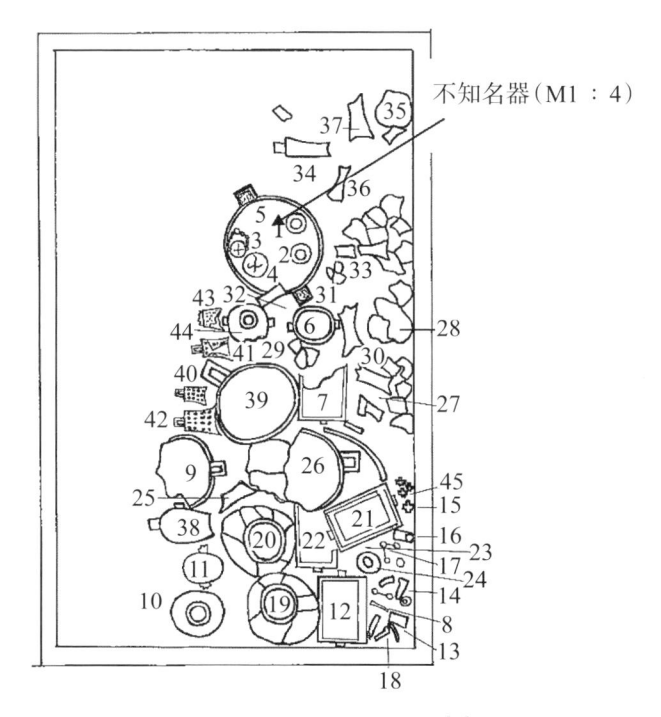

图5-1　M1平面图（局部）[1]

器物位置很有可能受到扰动。

此外，根据考古发掘简报，M1的墓主人为春秋中期从宋国嫁来的公主。不知名器（M1：4）便是这位公主的随葬品之一。M1的年代在春秋中晚期，根据铭文推断，应不晚于公元前576年[1]。

2. 形制纹饰

不知名器器身状如罍形，中空。器顶正中铸有一鸟，鸟尾上敛，鸟嘴下勾，双翅平伸，似展翅欲飞，又似从容滑翔，形象生动。器物上肩弧度较缓，中腹微鼓，下腹弧度稍大，底部收平，大方自然。器物顶部鸟身与器底正中各有一圆孔，两孔垂直相对。器物肩部及下腹部各饰一圈涡纹，两圈涡纹方向恰好相反（图5-2）。器物通高12.8厘米，最大直径12.8、底面直径5.8、上孔径0.7、下孔径0.8厘米，小巧精致[1]。

同不知名器位置相近的盒（M1：1）、盒（M1：2）、提链罐（M1：3）（图5-4）也都有制作精美、小巧精致的特点。许多学者认为，这些小件青铜器主要具有审美和把玩的功用，属于弄器或者玩具。

图5-2 不知名器不同角度照片

不知名器造型独特，制作精美，在历史文献和出土文物中均属少见（图5-3）。要想探明其确切用途，需要进行深入研究。

图5-3 不知名器纹饰线图[1]

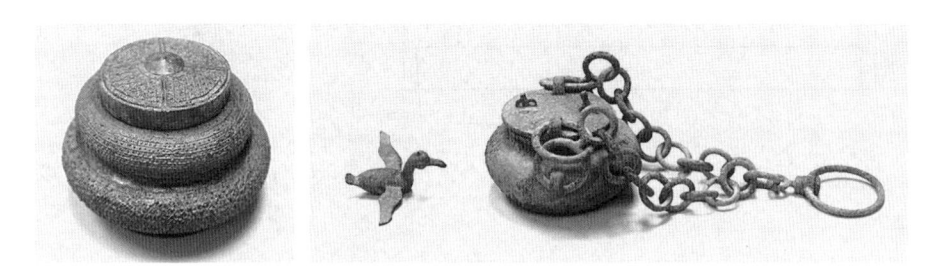

图5-4 在不知名器(M1∶4)旁边出土的盒(M1∶2)和提链罐(M1∶3)

3. 用途分析

刘绪老师认为，这件不知名器可能是一件汲酒器。在刘绪老师的提示下，我们对形制明显相似的两件汲酒器，即山东临淄商王墓出土汲酒器和南京博物院藏错金银鸟首汲酒器，进行了文献调研。

（1）临淄商王墓出土汲酒器

1992年，山东临淄商王村战国墓M1出土了一件铜汲酒器(M1∶9)（图5-5、图5-6）。这件器物上部为中空的管状长柄，外表为四节竹节形，上下各饰一箍，上端饰龙首衔环，龙首之下第二竹节处有一方孔。器物下部为平底、中空、形如荷蕾的球型器，器底部中央有一圆孔，同柄相对。该器物通长65.4厘米，器柄外径1.4、内径0.8厘米，球形器腹径7.2、底径3.6、孔径0.4厘米[2]。

这件器物出土之初也并未被定名为"汲酒器"。经过专家们反复考证，最终确认其为战国时代的汲酒器[3]。理由主要有以下几个方面：a. 该

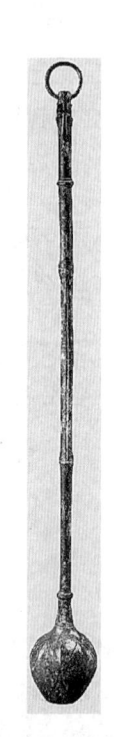

图 5-5　山东临淄商王村 M1 平面图[2]　　图 5-6　山东临淄商王村出土汲酒器[7]

器物出土位置周边的器物，如银盘、银勺、银耳杯和铜钵、铜匕、滑石耳杯等均为饮食器，因此该器物应该和饮食有关；b. 临淄商王村墓中同时出土了大量酒器，其中铜罍、铜壶中还有疑似酒的液体；c. 经过模拟实验[3,4]，可以发现该器物确实可以用于汲酒，且相较其他取酒器具，有取酒更完全、彻底的特点；d. 取水位达到荷蕾上方箍状纹饰处为标准，可测得该器物容积恰在 200 毫升，而同墓葬出土的银耳杯、铜耳杯的容量为此容量的一倍或两倍[4]。对照战国时期山东地区的量制，200 毫升大概就是当时的 1 升[5,6]。

这件铜汲酒器已被定为国家一级文物，并曾被 2012 年 10 月 5 日中央电视台《国宝档案》节目所介绍，因此颇为人们所熟知。

根据考古发掘简报，商王村 M1 的年代应在公元前 266～前 221 年之间，因此这件汲酒器的年代约比徐楼村出土不知名器晚 300 年。

（2）南京博物院藏错金银鸟首汲酒器

南京博物院藏错金银鸟首汲酒器（图 5-7），出土于江苏盱眙大云山汉墓 M1。大云山汉墓于 2009 年 9 月至 2011 年 12 月发掘[6]，是近年来十分重要的考古发现之一。

这件错金银鸟首汲酒器分为两个部分，上部是竹节式长柄，长柄上端

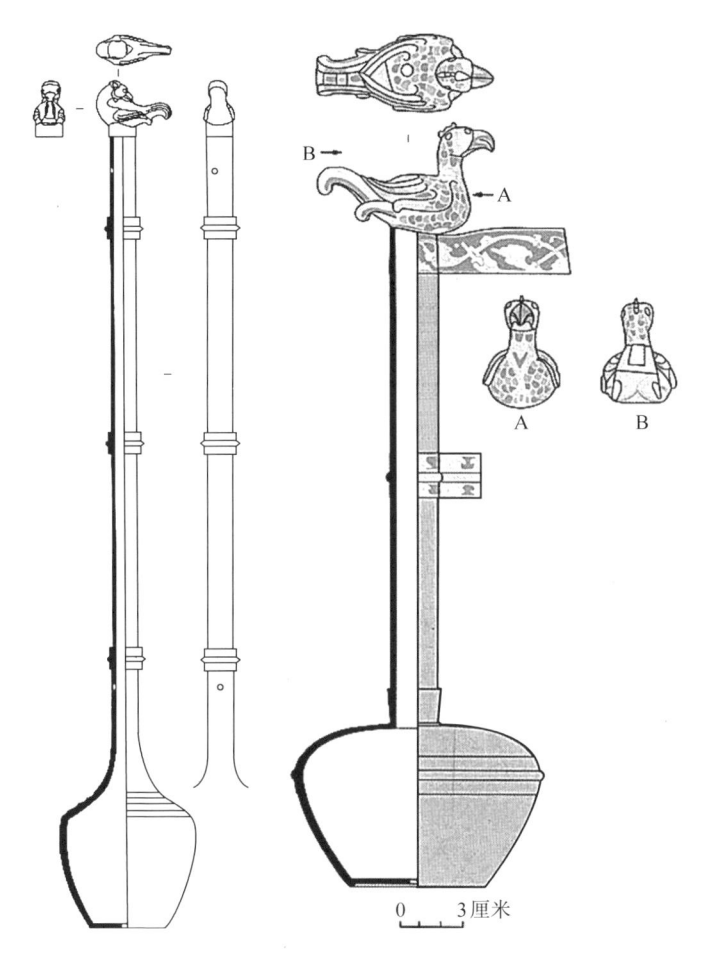

图 5-7 大云山 M1 出土汲酒器（M1∶3967、M1∶3968）[8]

坐一鸟形饰，下部是器体，上下两部分内部中空贯通[8]。鸟背上和器底各有一孔。

（3）小结

将这两件汲酒器和徐楼村出土不知名器对比，可以发现，三件器物的设计是相似的。三件器物的主体部分均空心、鼓腹、平底，形似容器，且均采用了上下开孔的设计。南京博物院藏汲酒器更是采用了鸟首的设计，和徐楼村出土不知名器非常类似。因此可以合理推想，枣庄出土不知名器的功能可能同这两件汲酒器相似。

4. 模拟实验

在文献调研的基础上，在刘绪老师和胡东波老师的具体指导下，我们设计实施了模拟实验（图 5-8），对不知名器的用途进行进一步的探究。

如图5-8所示，首先，将不知名器的器身浸入水中，使不知名器内部灌满水；此时，不知名器顶部鸟身上的圆孔起到了排气的作用。然后，用拇指按住不知名器顶部鸟身上面的圆孔，将食指和中指分别置于鸟的双翅之下，将不知名器缓缓抬出水面。可以观察到，灌进不知名器内部的水一滴不漏，这是由于此时外部大气压强抵消了底部圆孔出水的压强。最后，将不知名器移至量筒上方，将拇指从器物顶部的圆孔处拿开。可以观察到，水从不知名器底部中间的孔中缓缓流出，这是由于空气从顶部圆孔进入了器身，内外气压相互抵消。待水放完后，可从量筒读出，不知名器的容积为402毫升[82]，约为临淄商王墓出土汲酒器容积的两倍。

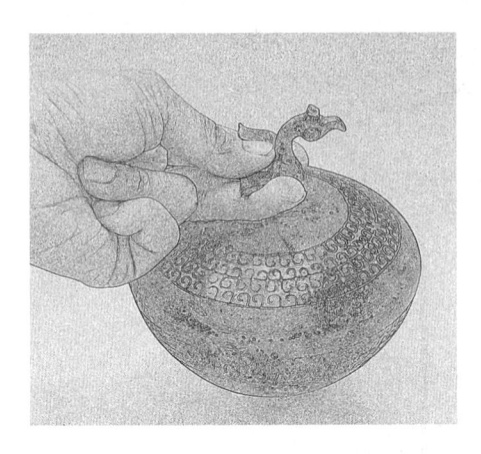

图5-8 模拟实验示意图

5. 讨论与结论

（1）讨论

经过文献调研和模拟实验，结合不知名器的实际情况，可以初步推定，徐楼村出土的不知名器的用途同汲酒器类似，应为一件"汲酒量酒器"，理由如下：

a. 不知名器的使用原理和临淄商王村汲酒器、南京博物院藏汲酒器一致，形制、设计也同后两件汲酒器有类似之处，应该和汲酒器有相似的功能。

b. 同临淄商王村汲酒器、南京博物院藏汲酒器不同，不知名器没有配备铜质长柄，虽能取酒，但是不能承担从小口、深腹的容器中汲酒的实际功用，因此不宜称为"汲酒器"。考虑到不知名器的年代最早，可以合理猜想，不知名器是汲酒器的一种早期形态。设计制造这种精美复杂、实用性差的器物，可能体现了我国古代顶级工匠的一种"炫技"心态，而经过后辈工匠的改造，一些"炫技"的成果也开始具有了实用的价值。

c. 考虑到不知名器准确的容量，似乎可以大胆称之为"量酒器"。一般认为，铜量最早出现在战国，而传世和出土的战国量器也相对较多，著名的如齐国的子禾子釜、陈纯釜，秦国的商鞅方升、始皇方升、始皇斗等，都是官方标准量器。因此，这件器物的出土有可能作为我国春秋时期铜制量器的实物例证而填补了一项空白。

（2）结论

通过以上讨论，我们可以初步得到如下结论：

a. 徐楼村出土铜不知名器可能是一件"汲酒量酒器"，其容积恰好为当时的2升。考虑到目前出土的铜量器多属战国时期，这件器物的出土有可能填补了一项空白。

b. 这件铜"汲酒量酒器"是古人利用大气压原理的实物例证，比欧洲雷根斯堡实验早了近两千年，比同一地区出土的临淄商王村战国铜汲酒器也早了至少300年。

c. 考虑到制作铜量器所需要的苛刻的技术条件，这件"汲酒量酒器"足以体现我国古代劳动人民的智慧及其精湛的工艺水平。

二、舟（M1∶11）锻制、錾刻工艺与腐蚀

1. 基本情况

舟（M1∶11）出土于M1，出土时严重残损。椭圆形，口微敛，尖圆唇，浅腹，上腹近直，下腹弧曲内收，平底。腹部两长边的中间上部各铆有一兽首形环耳。器壁较薄，做工精细。腹壁内近底部及底面周围为四条龙和四条蛇相互盘绕，中间饰蟾蜍纹。长径16.8

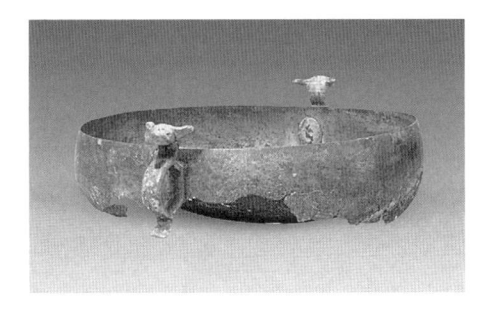

图5-9 青铜舟（M1∶11）实物图

厘米、短径14.4厘米、腹深6.6厘米、高8.4厘米[1]（参见图5-9、图5-10）。

该青铜舟通体轻薄，腹壁内图案复杂精美。然而该器物残损较为严重，底部与侧壁分离，各有部分缺失，残存部分腐蚀严重的区域有自然掉落的情况。器壁内部呈褐色，底部仍可见金属光泽，通体有较多绿色、蓝色锈蚀，亟待修复（图5-11）。

2. 实验部分

在尽量不影响外观的前提下，从舟上不同区域取3个样品，其中有錾刻痕迹的记为550091，由于腐蚀过多而自然脱落的记为550092，腐蚀较少的记为550094。

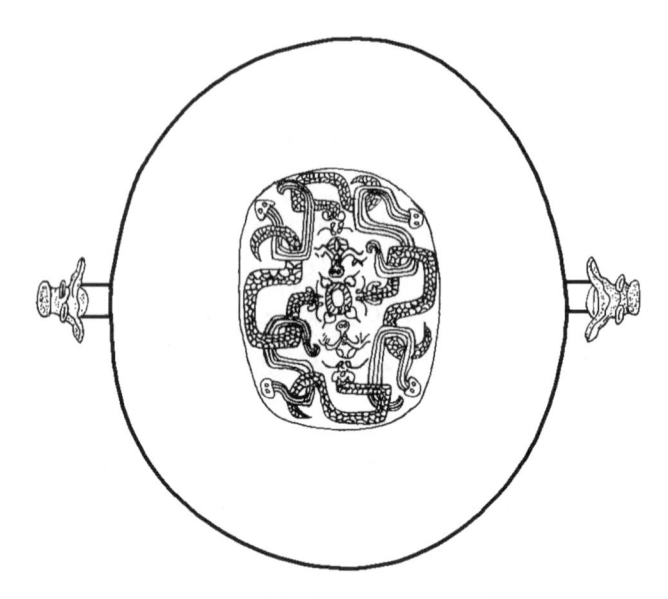

图5-10 青铜舟(M1∶11)线图[1]

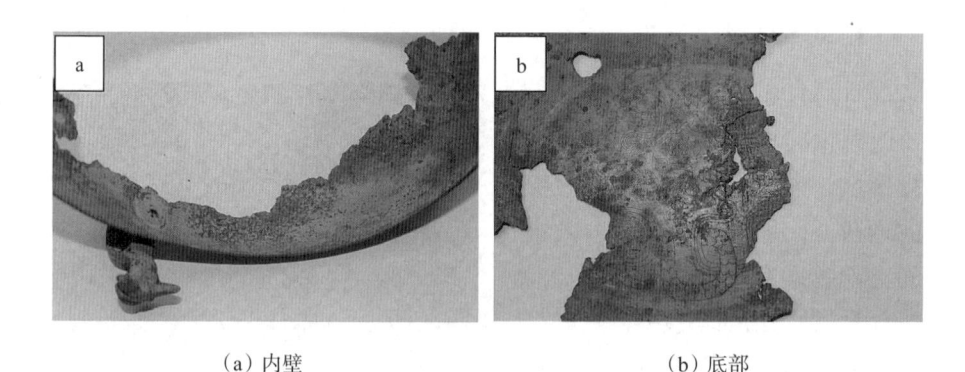

(a)内壁　　　　　　　　　　　(b)底部

图5-11 青铜舟(M1∶11)内壁和底部

(1) 体式显微镜

用体视显微镜(ShuttlePix p-400R)进行观察拍照,其腐蚀形貌如图5-12所示。

由图5-12可以看出,腐蚀产物种类丰富,表面以绿色和蓝色腐蚀产物为主,推测可能为蓝铜矿、孔雀石、氯铜矿等[9]。

由体视显微镜(型号同上)观察拍照錾刻痕迹,如图5-13所示。

如图5-13所见,錾刻线条深浅不一、粗细不等,线条弯曲处有纹路不连续的现象[10]。

选择錾刻痕迹,通过硅橡胶翻模,利用扫描电子显微镜对錾刻痕迹进

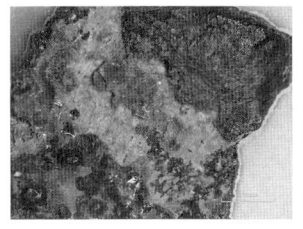

(a) 550092样品表面腐蚀形貌　　(b) 550091样品表面腐蚀形貌　　(c) 550091样品截面腐蚀形貌

图 5-12　样品腐蚀形貌

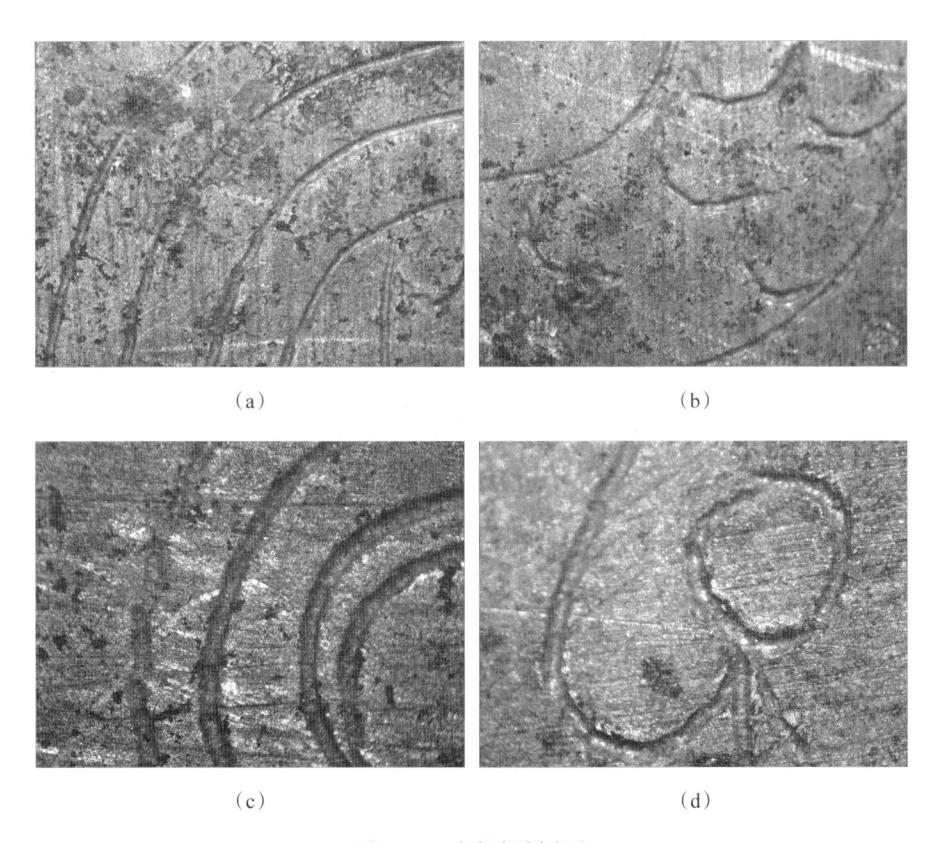

(a)　　　　　　　　　　　　　　　(b)

(c)　　　　　　　　　　　　　　　(d)

图 5-13　底部錾刻痕迹

行微痕分析[11]，结果如图5-14所示。微痕照片显示，该舟纹饰线条为锐利金属錾刻而成，錾刻技法精湛，每笔刻痕仅0.5毫米宽。沿着錾刻刀痕推进方向，刻痕稍稍变浅，但刻纹的交叉线路清晰，交错有序。

（2）金相观察

用抛光机（型号P-2）对三个样品进行抛光，直至观察到表面平滑无痕，再用$FeCl_3$侵蚀液进行腐蚀，使之显现出金相组织，用金相显微镜（LEICA DM 4000M）和IAS 8金相图像分析软件对样品进行观察拍照[12-14]。

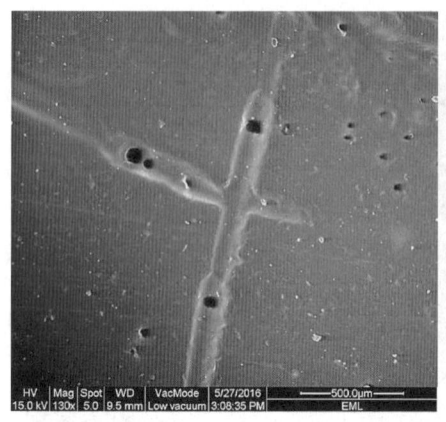

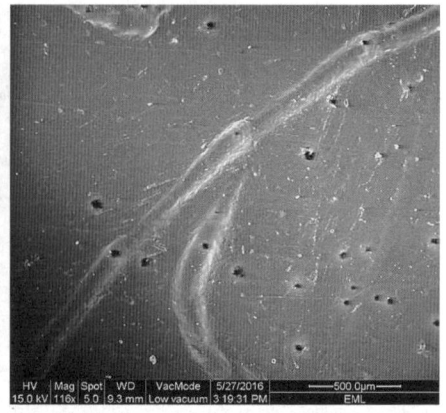

图 5-14　錾刻痕迹微痕分析

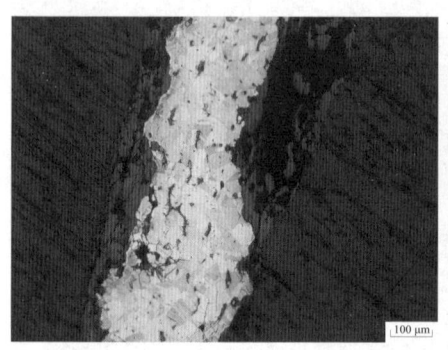

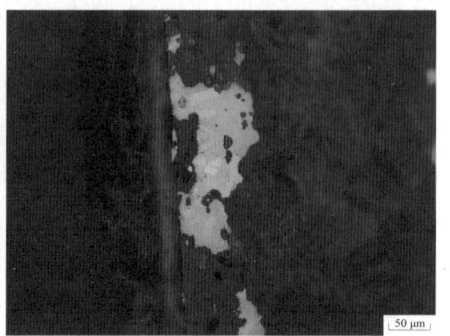

（a）100 倍下 550091 样品局部　　　　　　（b）100 倍下 550092 样品局部

图 5-15　明场下金相照片

图 5-16　暗场下 550091 样品截面

明场中观察到的现象如图 5-15 所示。

样品均显示出 α 等轴晶和孪晶组织，没有明显滑移线和变形孪晶，说明该舟应由热加工制成。样品中未见明显的铸造缩孔或晶间腐蚀。

暗场中观察到的腐蚀现象，如图 5-16 所示。腐蚀主要为蓝绿色，覆盖在基体表面。

(3) 扫描电镜观察

用扫描电镜观察550091样品的基体部分,结果如图5-17所示。

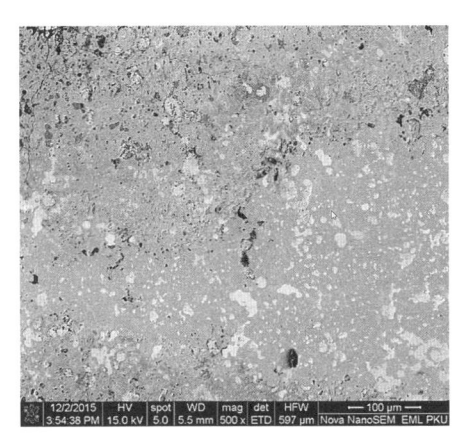

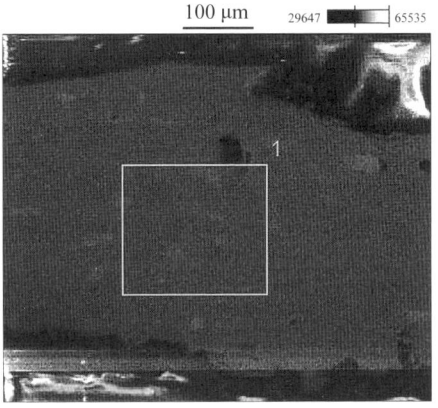

图5-17 扫描电镜下局部基体照片及成分分析区域

如图5-17所示,铅元素分布均匀,未出现沿某一方向的变形,说明该舟基体未经过冷加工。

用扫描电镜的附带能谱对550091样品进行检测,结果如表5-1所示。

表 5-1 检测区域能谱分析结果

(Wt%)

C-K	O-K	Cu-K	Sn-L	Pb-M
5.46	1.55	79.78	9.40	3.82

检测结果表明该舟为铅锡青铜,铜约86%,锡约10%,铅约4%。

用扫描电镜的附带能谱对550091样品的腐蚀进行检测,如图5-18和表5-3所示。结果表明,腐蚀产物较为疏松,其中有C、O、Si、P、Cl、Cu、Sn、Pb等元素。

(4) 拉曼光谱

从舟上再取3小粒腐蚀产物作为样品,进行激光拉曼光谱分析[15],得到如下两张图谱(图5-

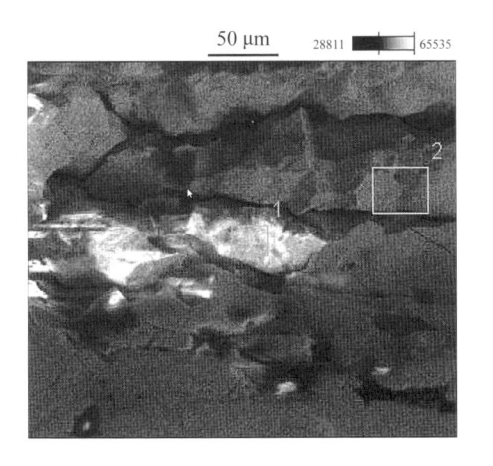

图5-18 扫描电镜下腐蚀产物分析

表 5-2　归一化后合金成分

（Wt %）

Cu-K	Sn-L	Pb-M
85.78	10.11	4.11

表 5-3　腐蚀产物元素检测结果

（Wt %）

元素	C-K	O-K	Si-K	P-K	Cl-K	Cu-K	Sn-L	Pb-M
pt1	10.38	27.99	1.49	0.40	0.87	13.24	37.17	8.45
pt2	5.46	22.79	0.99	0.29	—	28.03	36.15	6.30

19、图 5-20）。

其中，146 cm^{-1}、217 cm^{-1}、266 cm^{-1}、509 cm^{-1}与氯铜矿特征峰基本相符[15]；217 cm^{-1}、266 cm^{-1}、430 cm^{-1}、1489 cm^{-1}与孔雀石特征峰基本相符[15]。其余较强的峰中，1084 cm^{-1}可能是 Si-O-Si 反对称振动产生，2942 cm^{-1}可能是水单元中 OH^{-1}拉伸震动产生，这些可能都来自掺杂在腐蚀产物中的泥土[16]。故该样品表明，腐蚀产物主要成分为氯铜矿和孔雀石。

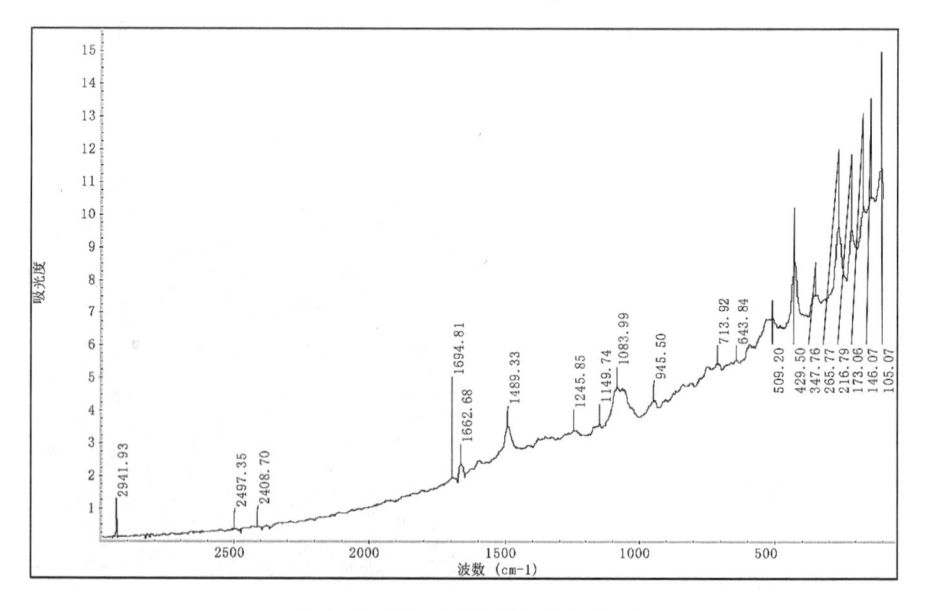

图 5-19　腐蚀产物的拉曼谱图（1）

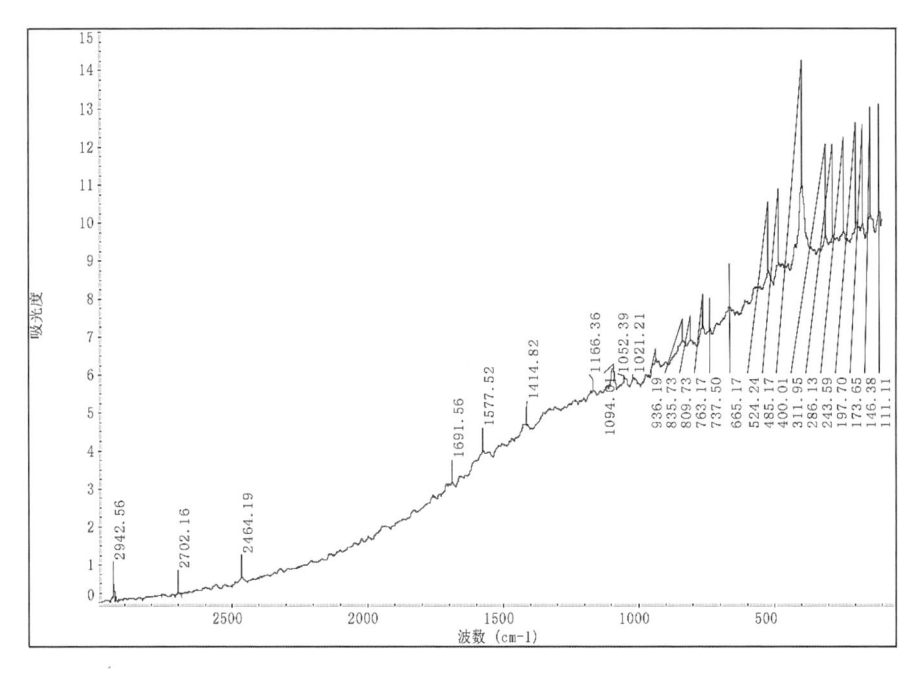

图5-20 腐蚀产物的拉曼谱图(2)

其中,174 cm^{-1}、400 cm^{-1}、738 cm^{-1}、763 cm^{-1}、836 cm^{-1}、936 cm^{-1}、1094 cm^{-1}、1578 cm^{-1}与蓝铜矿特征峰基本相符[15],146 cm^{-1}、174 cm^{-1}、244 cm^{-1}、1052 cm^{-1}与白铅矿的特征峰相近[15],198 cm^{-1}、1021 cm^{-1}、1052 cm^{-1}与磷铜矿特征峰相近[15],由于100 cm^{-1}至1100 cm^{-1}之间峰较多,间距较近,可能有重叠情况,再考虑到扫描电镜附带能谱的结果中确实有少量氯、磷成分,故不能排除含有白铅矿和磷铜矿的可能[15]。

3. 讨论

(1) 制作工艺

该舟基体的金相组织为α等轴晶和孪晶组织,没有明显滑移线和变形孪晶,铅元素分布均匀,未出现沿某一方向的变形。这表明该青铜基体应为热加工而成,即在再结晶温度以上加工成所需的形状。根据韩汝玢[12]等人的研究结果,这种金相组织可能是铸件先在铸模中成型,然后加热至红热状态锻打加工而成;早期小件器物可能是铸坯冷加工成型后经过退火处理,两个过程联合形成热加工。考虑到东周时期青铜铸造工艺已经成熟,且该舟器壁极为轻薄,而且非常平滑,若用冷加工成型则难度极大,很容易捶打不平,故该青铜器应为铸件先在铸模中铸成大致形状,然后加热至红热状态后锻打加工而成。

(2) 錾刻工艺

由于纹饰线条中深浅不一、粗细不等，线条弯曲处有纹路不连续的现象，表明应为錾刻所致，即錾刻者用一个比青铜硬度更高的利器，在其他工具的打凿之下，一下一下地錾凿出纹路，而非划刻而成。根据Xiuzhen Janice Li等人的观点[11]，这样的利器是石头的可能性较小，因为石头虽然坚硬，做成如此尖锐的工具进行打凿时却易碎。高锡青铜和铸铁、淬火钢则更适合做錾刻工具，但是并没有办法直接证明。

(3) 腐蚀行为

① 腐蚀产物

尽管扫描电镜附带能谱中显示锡含量较多，腐蚀产物中极可能有SnO_2，但是激光拉曼光谱未能检测到。Lowell I. McCann等人[15]认为这是由于SnO_2的特征峰较弱，在与大量可以给电子的杂质掺杂在一起的时候会具有一定的金属性质，其表面可以反射激光，进而不能被激光拉曼光谱有效地检测到。

因此，结合显微镜、扫描电镜附带能谱和激光拉曼光谱分析结果，该青铜器的腐蚀产物以蓝铜矿、氯铜矿、孔雀石、二氧化锡为主，有少量磷铜矿和白铅矿，还可能混有少量泥土等杂质。

② 腐蚀与环境的关系

该舟上的腐蚀产物一般存在于中性和碱性环境中，其中很多腐蚀产物都含有碳酸根，蓝铜矿的存在也表明该舟的埋藏环境中，$CO_2-HCO_3^-$浓度较高。这不仅需要土壤中有机物持续降解以提供碳源，同时也需要有充足的氧气将碳氧化至高价态[18]。腐蚀产物中没有检测到硫元素和一价铜的产物，也说明埋藏环境的氧化性较强。腐蚀产物较为疏松，也有利于腐蚀进一步进行。该舟本出土于墓葬之中，如果墓葬密封性较好，则环境还原性较强，而从本件器物的腐蚀情况来看，该墓的密封性并不完好。

③ 腐蚀与工艺的关系

青铜器加工工艺对腐蚀的影响非常明显，加工能够显著改变青铜的宏观性能（如强度、塑性）和微观组织。通常热处理能够去除青铜的成分偏析和铸造缩孔，使青铜基体均匀化、耐蚀性增强，腐蚀过程从相界面转移到晶间[18]。从该青铜基体的金相组织来看，没有明显的孔洞，可见热处理减缓了其腐蚀。基体中未见明显的晶间腐蚀，说明基体腐蚀较弱。

4. 结论

a. 该舟为铅锡青铜，合金成分为铜约86%，锡约10%，铅约4%。通体轻薄,制作过程为先在铸模中铸成大致形状,然后加热至红热状态锻打加工。

b. 该舟腹壁内近底部图案精美,纹饰线条为锐利金属錾刻而成,錾刻技法精湛,每笔刻痕仅有0.5毫米。沿着錾刻刀痕推进方向,刻痕稍稍变浅,但刻纹的交叉线路清晰,交错有序。

c. 该舟残损较为严重,表面腐蚀产物以蓝铜矿、氯铜矿、孔雀石、二氧化锡为主,有少量磷铜矿和白铅矿,埋藏环境为中性或碱性,氧化性较强。由于制作时为热加工,其基体中没有明显的铸造缩孔。基体中未见明显的晶间腐蚀,说明基体保存较好。

三、铸镶法与嵌镶法工艺比较

红铜镶嵌青铜器是中国古代青铜器中非常有代表性的一类器物。它是在青铜器表面镶嵌红铜材料,制作出特定的装饰图案,依靠红铜与青铜色彩不同,形成强烈的色彩对比,从而达到装饰的效果。红铜镶嵌青铜器自商代便已出现,到东周时期有较多的器物出土,春秋战国时期这类器物占有重要地位。关于红铜镶嵌青铜器的制作方法,从出土的器物来看,可归纳为两类,一类是铸镶法,另一类是嵌镶法。华觉明先生指出"铸镶法"和"嵌镶法"是我国红铜镶嵌技术两类主要技法,他认为两种制作方法同时并存[19]。史树青先生对河南汲县山彪镇出土的一对铜错水陆攻战纹铜鉴的研究认为,铜错铜器的纹饰皆预铸凹槽,再以紫色金属(紫铜)镶嵌之,这种制作方法即为"嵌镶法"[20]。贾云福等通过对曾侯乙墓出土红铜镶嵌青铜器的研究认为,红铜纹饰是铸造成形,而不是锻打成形的。事先铸就红铜纹饰,然后镶嵌在铸范上,于浇铸时和器体铸接在一起,这种制作方法即为"铸镶法"[21]。但是,史籍中没有相关制作技术的记述,对这两类技法的认知仍有较多学术争议,有很多学术问题有待深入探讨。

科学解析青铜器红铜镶嵌技法,对分辨认知上述两种青铜器红铜修饰工艺具有重要的作用。本文以两件青铜器为例,围绕纹饰特征、红铜纹饰与青铜基体的固定结合方式、材质显微组织特征展开讨论,对两种红铜修饰技法进行比较解读。

1. 器物基本情况

铸镶法制作的红铜纹饰青铜器以山东省枣庄市徐楼村出土的青铜敦(M1∶6)为例,该敦现藏于山东省枣庄市博物馆,其出土时与保护修复后的照片如图1中所示。这件器物制作年代约为中国春秋中晚期,出土时锈蚀矿化严重,且有较大面积的残缺[见图5-21(a)]。器盖与器身相合近椭圆形,盖为弧形,顶置喇叭形捉手,口沿有3个小纽与器沿相扣。器侈口,略束颈,斜弧腹,平底。盖、器两侧各有对称的三菱形环钮[1]。该敦器盖和器身均饰有红铜纹饰,但红铜纹饰或已严重锈蚀,或因锈蚀脱落留下纹饰凹槽[见图5-21(b)]。

(a) 保护修复前    (b) 保护修复后

图5-21 青铜敦(M1∶6)

嵌镶法代表性器物以北京市怀柔区博物馆藏的一件红铜纹饰四虎青铜豆为例,其出土时与保护修复后的形貌如图5-22中所示。出土时也严重残损开裂,有一定程度的变形。该青铜豆柄较长,柄两端较粗,呈束腰状,器身与器盖合成椭圆形,捉手为圈足状,器身两侧有对称的双环耳。这些外形特点,为一类典型战国时期燕式铜豆,属标准的燕器。这件四虎青铜豆的红铜纹饰主要在豆柄上部和圈足部位。

(a) 豆保护修复前    (b) 豆保护修复后

图5-22 四虎青铜豆照片

2. 红铜纹饰特征

图5-23(a)(b)分别展现了敦(M1：6)盖和腹部红铜纹饰的细节特征，图5-23(a)中敦盖的喇叭形捉手内饰有镶嵌红铜齿状纹和涡纹，盖面饰一周镶嵌红铜齿状纹，近沿处饰一周镶嵌红铜瑞兽纹；图5-23(b)中敦腹部饰镶嵌红铜瑞兽纹和齿状纹。敦(M1：6)的纹饰均由一块完整片状红铜材质制成，红铜纹饰厚度大约为器身青铜基体的一半。相对于青铜基体，红铜纹饰腐蚀更为严重，有的甚至矿化脱落。

(a) 捉手内的齿状纹和涡纹　　　　　(b) 腹部的瑞兽纹和齿状纹

图5-23　敦(M1：6)的红铜纹饰

图5-24(a)(b)分别展现了四虎青铜豆圈足和柄部的红铜纹饰细节，其中图5-24(a)中圈足一周饰有四个回首虎纹，图5-24(b)中柄部饰云纹、三角垂叶纹。与敦(M1：6)红铜纹饰特征不同，四虎青铜豆红铜纹饰是在构成纹饰线条的凹槽内填入镶嵌的红铜丝来形成纹饰图案的，回首虎

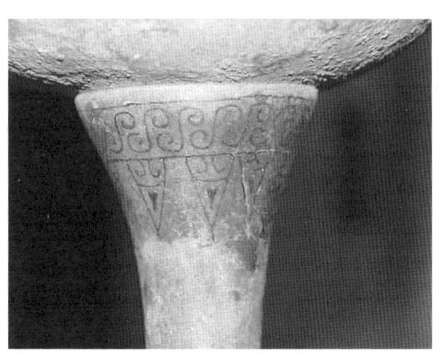

(a) 圈足的回首虎纹　　　　　(b) 柄部饰云纹、三角垂叶纹

图5-24　四虎青铜豆红铜纹饰局部

纹为红铜丝首尾相接形成。这件铜豆上的红铜丝保存相对较好，只是圈足变形开裂处的红铜丝有从凹槽中脱离出来的现象。

3. 红铜纹饰与器体结合的方式

通过直观观察可以看到：徐楼青铜敦和怀柔青铜豆的红铜纹饰均将红铜纹饰嵌入器物青铜基体凹槽内固定，但它们却分别属于两类完全不同的工艺制作模式，即铸镶法和嵌镶法。因两件器物出土时均有严重残损，红铜纹饰与器体结合的细节清晰暴露出来，且有许多剥落的碎片，为深入观察与检测分析提供了实物条件。

图5-25为徐楼青铜敦（M1∶6）盖内侧照片及其对应的X光片。其中图5-25（a）显示了敦（M1∶6）盖内侧的形貌，在捉手中心有一个三角形图案和周边分散的"1"字形图案，与图5-24（a）敦盖外侧照片显示的捉手内齿状纹和涡纹存在明显的位置对应关系。结合图5-25（b）敦盖X光片不同区域灰度的差异，可以看到三角形图案和"1"字形图案，恰是由在红铜纹饰特定部位设计的"支钉"形成的，这些"支钉"是在铸镶法中用于固定红铜纹饰的一种特殊结构设计，在文献[22]中进行了仔细的讨论。图5-25（b）也清晰地显示了龙纹和齿状纹在特定部位也设计有固定红铜纹饰的"支钉"形式。

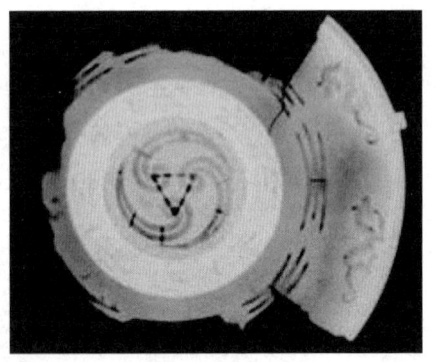

（a）敦盖残块内侧　　　　　　　　　（b）敦盖残块X光片

图5-25　敦（M1∶6）盖残片内侧及对应的X光片

图5-26为青铜敦（M1∶6）器身局部红铜纹饰外侧与内侧对应位置照片，可以看到因红铜已基本腐蚀矿化，部分从器身剥落，在青铜器身上留下了纹饰凹槽。凹槽口沿平整，底部平滑，有几处腐蚀穿孔现象，这也正是红铜纹饰上"支钉"腐蚀后的痕迹[21]，图5-26（a）和（b）中，龙纹支钉腐蚀

(a) 敦腹部外侧纹饰　　　　　　(b) 敦腹部内侧

图5-26　敦(M1∶6)的红铜纹饰与器身结合方式

穿孔也存在明显的位置对应关系。

以铸镶法制作红铜纹饰青铜器,红铜纹饰通过与红铜片一体的"支钉"先固定在内范上,器身浇铸后,纹饰与青铜器壁形成良好的结合。由于时间久远,红铜较青铜腐蚀更为严重,红铜纹饰及纹饰上的"支钉"腐蚀剥落留下凹槽或形成穿孔现象。

与铸镶法相比,以嵌镶法制作的红铜纹饰的固定方式相对容易解析,图5-27较清晰地呈现了怀柔四虎青铜豆的红铜纹饰与器身结合方式。该青铜豆出土时也有严重的破损,(a)(b)中可以看到圈足开裂处暴露的红铜丝,有的部位也出现了严重的变形,甚至红铜纹饰与青铜基体剥离。从(c)四虎青铜豆残片样品上红铜嵌入青铜凹槽的情况可以看到,红铜丝表面有明显的捶打痕迹,表明红铜丝是通过捶打嵌入青铜器身的预留凹槽的。且不同部位捶打用力轻重不均,有的区域红铜丝捶打用力较大,红铜丝边缘覆盖了凹槽口沿,而且宽度比凹槽略宽;有的地方可能施力较小,红铜纹饰还有较多部分凸出于青铜表面。从中还反映出,镶嵌红铜纹饰后,器物没有经过严格的打磨处理。另外从(d)可以看到,红铜丝并未与凹槽底部完全紧密结合,这可能是因为红铜丝的截面尺寸未能与青铜器身凹槽完全吻合造成的。

4. 金相组织特征

通过采集器物上剥落的细小碎片为分析样本,对两件器物材质组织形态进行金相分析,下文进一步诠释红铜纹饰青铜器制作的铸镶法和嵌镶法工艺差别。

图5-28为敦(M1∶6)红铜纹饰和青铜基体的金相组织形貌。(a)显示红铜纹饰与青铜基体结合部位的显微形态,图中上半部分为红铜,下半部分为青铜,在红铜与青铜交界的地方有一条明显的过渡带,色泽与青

(a) 圈足纹饰暴露的红铜丝 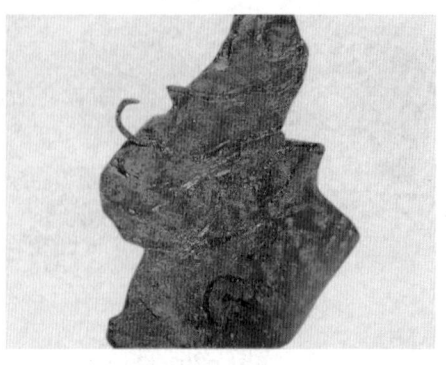　　　　　　(b) 圈足纹饰红铜丝图案

(c) 四虎青铜豆残片 　　　　　　　　(d) 红铜丝嵌口局部

图5-27　四虎青铜豆的红铜纹饰与器身结合方式

铜基体接近。该过渡带的存在，是浇注青铜水时，由于红铜片散热快，溶液急速冷却而形成，是铸镶结合的一个较有力证明。交界部位，青铜相对腐蚀较为严重，有许多红铜颗粒沉积的现象。红铜靠近交界处，有大量微小空洞存在。(b)为青铜基体的组织形貌，其组织中α固溶体和(α+δ)共析体共存，为典型的铸造组织形态。图(c)为红铜纹饰侵蚀后低倍放大下的金相形貌，总体仍呈现为树枝晶的特征，进一步反映了铸镶工艺的材质特征。(d)中对红铜金相形貌进一步放大观察，可以看到有受热的大颗粒再结晶晶粒，晶界清晰。但由于受热不充分，晶粒尚未形成标准的等轴晶，亦存在因少量锡溶于铜形成的α固溶体枝晶状偏析，枝晶深色部分为枝晶富铜部分，浅色部分为枝晶状富锡部分。另外，红铜中的部分铸造缩孔也清晰可见。

徐楼青铜敦（M1∶6）的金相组织形态进一步证实了铸镶法工艺逻辑，即先铸造出带支钉的红铜纹饰，将红铜纹饰固定于铸造的内芯外范间，再浇铸青铜基体。由于浇注青铜水时，红铜纹饰有受热过程，呈现了退火

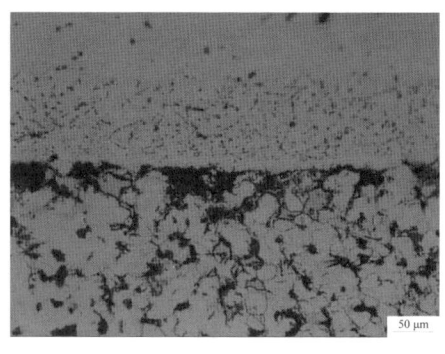

(a) 红铜纹饰与青铜基体结合处金相组织 (b) 青铜基体金相组织

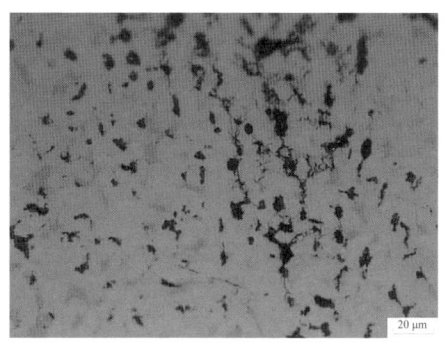

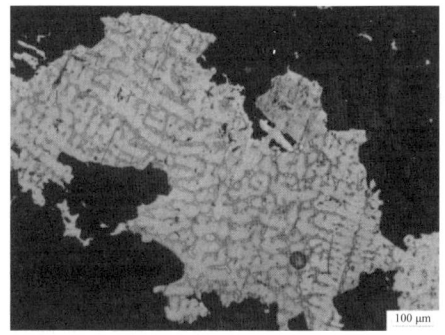

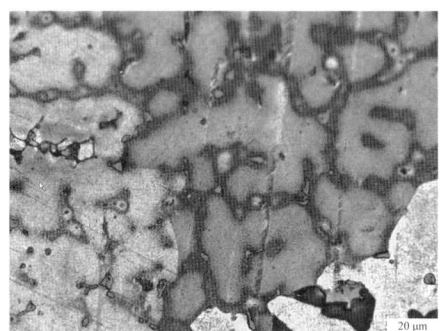

(c) 剥落红铜纹饰残片低倍金相组织 (d) 剥落红铜纹饰残片高倍金相组织

图 5-28　敦(M1∶6)红铜与青铜基体金相组织

形态,但退火不完全。

图 5-29 为四虎青铜豆的红铜纹饰与青铜结合部位残片的金相组织形貌。(a)中可以看到,红铜纹饰截面形状与青铜凹槽形状大致吻合,但未能紧密地贴合,其中凹槽底部和一侧约有 10 微米的间隙,另一侧有 100 微米的间隙。这主要是因为红铜丝具有较高的强度,在捶打嵌入青铜凹槽的过程中,不能保证所有界面的贴合,而且不同界面所余留的间隙也不相同。(b)中豆青铜材质呈现出典型的铸造组织,而从红铜纹饰的金相照片可以看到,红铜丝的材质呈现出退火等轴晶组织,且大部分晶粒内有滑移线存在。可见,为使纹饰与凹槽吻合,在嵌入凹槽前,红铜纹饰经过了热锻退火处理,使其形状尺寸能符合凹槽要求,最后再经过捶打嵌入青铜凹槽。

从图 5-30 四虎青铜豆剥落的红铜丝上也可以看到,嵌入凹槽内的铜丝侧壁有明显的捶打痕迹,这是通过热锻方式来调整红铜纹饰的形状留下的加工痕迹。图 5-31 显示出高倍镜下红铜丝金相组织形态,可以看到其组织形态为退火等轴晶,且有大量的退火孪晶,部分晶粒内有滑移

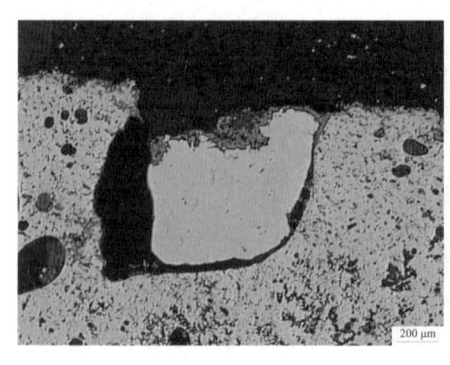

(a) 侵蚀前　　　　　　　　(b) 侵蚀后

图5-29　四虎青铜豆的红铜与青铜结合部位残片的金相组织

线[23]。而且一侧可看到大量晶粒破碎现象，这是因为该侧最后嵌入青铜凹槽而捶打形成。

图5-30　四虎青铜豆红铜丝形貌 　　图5-31　四虎青铜豆青铜丝金相组织

可见，嵌镶法制作红铜纹饰青铜器的工艺流程是：先铸造制作青铜器身，在需要修饰部位预留凹槽，根据凹槽尺寸形状，对红铜纹饰进行热锻加工，最后通过捶打嵌入青铜凹槽固定成型。

5. 结语

红铜纹饰青铜器采用了一种高超的青铜修饰工艺，通过比较上述两件红铜纹饰青铜器，可以发现有两种红铜纹饰修饰技法，即铸镶法和嵌镶法。铸镶法先制作红铜纹饰，固定于内外范之间，再浇注青铜水，待铜水凝固后与红铜纹饰形成有效的结合。嵌镶法先制作青铜器体，留下凹槽，捶打嵌入红铜纹饰。在嵌入青铜凹槽前，红铜纹饰进行了热锻处理，使先基本吻合青铜凹槽形状，然后再直接捶打嵌入青铜器体。

四、青铜器红铜镶嵌工艺起源与发展

1. 引言

红铜镶嵌青铜器是中国古代青铜器中非常有代表性的一类器物,自商代便已出现,曾经在东周时期盛行一时[24]。红铜镶嵌青铜器是在青铜器表面镶嵌红铜材料,制作出特定的装饰图案,依靠红铜与青铜色彩不同,形成强烈的色彩对比,从而达到装饰的效果。

关于青铜器红铜镶嵌工艺制作技术,史籍中没有相关记述。由于出土的红铜镶嵌青铜器数量较少,相关的研究报道也较少。红铜镶嵌青铜器的起源与发展、制作工艺技术,红铜镶嵌青铜器兴起的社会文化因素等等,都是学术界有待解决的问题。通过对红铜镶嵌青铜器制作技术展开研究,对其起源与发展过程及起源的社会文化因素进行探讨,既有助于进一步了解中国古代青铜器制作技术的伟大成就,还有助于理解社会文化因素在中国古代青铜器的设计和制作中的重大作用,研究成果也将弥补青铜器镶嵌技术领域的研究不足[25]。

2. 红铜镶嵌技术:嵌镶和铸镶

华觉明先生提出,红铜镶嵌青铜器的制作有两种同时并存的方法,即"嵌镶法"和"铸镶法"[21]。"嵌镶法"是先铸出器物,然后选择镶嵌材料,将镶嵌材料先嵌入铜器表面的嵌槽内,再经过捶打,使其与铜器牢固结合,最后用磨错的方法进行表面修整。史树青先生对河南汲县山彪镇出土的一对铜错水陆攻战纹铜鉴进行研究后认为,铜错铜器的纹饰皆预铸凹槽,再以紫色金属(紫铜)镶嵌之,这种制作方法即为"嵌镶法"。"铸镶法"是事先铸就红铜纹饰,然后镶嵌在铸范上,浇铸时将红铜和青铜基体铸接在一起。贾云福等对曾侯乙墓出土的红铜镶嵌青铜器的研究发现,红铜纹饰是铸造成形的,而不是锻打成形的,为此提出了"铸镶法"的制作技术[26]。

上述研究虽能初步回答这类器物的制作方法,但两种方法的具体工艺过程却还需要系统的研究。贾峨提出制作红铜镶嵌青铜器的方法有三种工艺:一种为预铸凹槽,然后再以金属或金属薄片镶嵌。一种为先铸出器形,然后在器表錾刻凹槽,再以捶打的方式将金属丝嵌入槽内。这两种工艺过程都属于"嵌镶法"。第三种工艺为先制出带有花纹腔型的范块,范块曲度适合所需制作铜器的需要,然后用铜汁浇铸成纯铜的花纹薄片。薄片向内的一面铸出若干个棱状或钉状突起，然后制作铜器外范和范芯，把上述铸好的纯铜纹饰薄片排列在范芯上。最后是设置浇口和冒口，浇入铜汁，冷却之后取出铜器。

　　Weber C. D.研究认为，锤嵌方法仅适用于一些简单的青铜器的制作，而对于纹饰复杂的青铜器，可能是先将纹饰铸好，然后将纹饰黏接到外范上，再浇注青铜水。黏接剂在高温下消失，在浇注青铜水时温度要比红铜纹饰的熔点低，所以红铜纹饰不至于熔化。

　　关于红铜固定的问题，也是解析红铜镶嵌技术的重要环节。李京华通过对固始侯古堆青铜镶嵌红铜花纹工艺进行分析，认为红铜纹饰夹固在模范之间的方法可能有四种[27]：a. 钉固外范法，即在红铜花纹表面铸出一二枚小钉，将红铜花纹按需要钉在外范铸面上，然后扣合范芯和范盖，将花纹扣合在内外范中。b. 钉固内范法，将钉铸在花纹背面芯撑和芯垫上，在范芯表面钉固花纹，最后合上外范和范盖。c. 在青铜器铸造时，在花纹处铸出花纹槽，在槽中补浇红铜水而成为花纹的方法。d. 蜡液固纹法。李京华认为最可能的是蜡液固纹法。台湾学者张临生通过X光检测，指出红铜纹饰的固定应该采用了一种相当简单易用的方法[28]。他还发现有的器物红铜纹饰本身与器物器壁等厚，有的器物纹饰及纹饰上垫片的厚度与器物器壁等厚。

　　关于红铜镶嵌工艺的起源与发展，华觉明认为铸镶工艺的最初使用可能来自铜质芯撑。张临生认为红铜镶嵌技术经历了几个发展阶段[28]，纹饰上垫片的使用是最后一阶段，相对于前一阶段，技术上更加成熟，更加利于铸造。孟祥伟探讨了红铜镶嵌工艺的社会文化因素，他认为该技术能在东周时期快速发展，得益于东周时期冶金技术的发展，而当时人们审美观念的变化则是推动这类青铜器盛行的主导因素。

　　青铜器红铜镶嵌工艺的起源与发展，则更需要通过探讨不同工艺的技术方法、与其他工艺技术进行比较，以及分析社会发展的历史文化背景进行深入探讨。

3. "嵌镶法"

　　早期学术界一般认为青铜器上的红铜纹饰使用"嵌镶法"制成。朱凤瀚先生指出，其工艺流程是在青铜器表面铸出浅凹槽，对于精细的纹饰还需要待铸成之后在青铜器表面用炭笔描出图形，再使用硬度较大的钢刀等工具在纹饰处錾刻出镶槽；将红铜做成薄片或者细丝，镂切成纹样，嵌入镶槽中，并使用厝石等进行磨错，用炭加上清水在青铜器表面进行打磨，使其增光发亮[25]。

王海文先生对"嵌镶法"制作红铜纹饰进行了非常细致的描述,阐释了"嵌镶法"红铜工艺中的关键工序,大致有如下程序:

a. 铸器:根据青铜器形以及纹饰的设计,先制作出青铜器的模型,再刻上纹样,进行翻模,冶铸成器。铸成以后,对纹样不清楚的部位进行加工处理,若所镶嵌纹饰很细,可以先铸成素面器,再进行錾花。

b. 选料:根据青铜器纹饰设计的要求,准备相应的、宽窄粗细合适的红铜嵌件,方便下一步镶嵌。

c. 镶嵌:将准备好的嵌件,按照纹饰图样,逐一嵌入青铜器表面镶槽内,通过捶打使嵌件与青铜器牢固地结合、不至于脱落。

d. 磨错:使用质地较为粗糙的厝石打磨平整光滑,然后再用质地较细的木炭或皮革来回摩擦,直至彻底打磨光亮为止[29]。

"嵌镶法"工艺早有其渊源,原始社会已掌握了在石器、骨器上镶嵌颜色不同的绿松石、骨珠的工艺,例如山东大汶口文化墓葬中出土镶嵌绿松石的骨器指环[30],甘肃永昌鸳鸯池墓地中出土用骨珠镶嵌装饰目、鼻、口的人头雕像[31]。镶嵌工艺与青铜冶铸工艺的结合最早产生了装饰绿松石的青铜器[32],如河南偃师二里头遗址出土的嵌有61块绿松石的青铜器[33]。商代开始,绿松石镶嵌工艺主要应用于小型青铜器和武器,如妇好墓出土曲内戈和一些饰物上镶嵌有绿松石[34]。石璋如先生指出:商代的绿松石镶嵌青铜器,应当是先在青铜器上铸出阴纹纹饰,即镶槽,再根据纹饰规格制作出绿松石片,使用黏着剂将绿松石黏着于器物上[35]。

绿松石镶嵌青铜器在西周春秋时期较少发现,仅在个别武器或车马器上有所发现[36]。战国时期,绿松石镶嵌工艺开始得到迅速发展。这是由于春秋至战国早期已出现了生铁冶铸技术、锻钢和铸铁柔化术等钢铁工艺,如春秋末期吴、楚等地相继出土铁器遗物,1976年湖南长沙出土春秋末期的钢剑,洛阳水泥厂战国早期灰坑出土铁锛和铁䦆[37]。另外青铜器錾刻技术也已非常成熟,人们逐渐使用钢刀[38]在青铜器表面錾刻出镶槽的方式镶嵌绿松石。而这种宝石镶嵌工艺也逐渐被应用到大型青铜容器中,例如陈璋圆壶[39]、陕西铜川旬邑出土蒜头壶[40]等。

"嵌镶法"镶嵌红铜的工艺在商代已产生,贾云福先生提到故宫博物院藏有一件据传出土自安阳的镶有红铜纹饰的商代戈,李学勤先生称美国旧金山亚洲艺术博物馆藏有一件嵌红铜兽面纹商代青铜钺。"嵌镶法"红铜工艺流程与嵌绿松石工艺流程大体一致,钢刀等冶铁技术的发展对该工艺的发展起到了极其重要的推动作用,除此之外,贵族阶层对美的追求也是必不可少的。

战国时期随着铁器大量出现，青铜器在实用方面逐渐被铁器取代，但这并不代表青铜器的消亡，直到西汉时期仍有青铜礼器出土。这些逐渐脱离实际用途的青铜器，更注重装饰性，镶嵌工艺发达鼎盛[41]。"嵌镶法"镶嵌红铜工艺也得到了存续，逐渐与错金银、镶嵌宝石等多种装饰工艺相结合共同应用于青铜器。例如重庆涪陵小田溪出土镶嵌银丝与红铜丝，并用绿松石点缀的青铜壶[42]。"嵌镶法"镶嵌红铜工艺随着更加华丽的错金银工艺的流行逐渐被取代，最终随着青铜器淡出人们视野以及漆木器、瓷器、金银器等具有更高艺术价值的器物的出现和盛行而衰落。但金银以及宝石装饰的工艺，如掐丝技术，由于其卓越的装饰效果，在其他器物上得到了继承和发展。尤其是在极具东方特色的漆器上，金髹、描金和百宝嵌等工艺中都能看到错金银以及宝石镶嵌工艺的影子。总体而言，"嵌镶法"镶嵌红铜技术源自宝石镶嵌技术，可以看作是"嵌镶"工艺的一个分支，随着钢铁工具的出现而流行，在相当长的时间中与错金银和宝石镶嵌两大分支并行发展，最终随着青铜器和红铜材质器物不再流行而消失，但其技法终究在错金银和宝石镶嵌工艺上得到了存续。

4. "液态浇灌法"

"液态浇灌法"为何堂坤先生所总结，但未发现相关出土资料。何先生也仅根据现代浙江地区使用该工艺装饰青铜剑，不排除古代也曾使用该工艺的可能性[43]，这是一种可能存在的红铜装饰工艺。

"液态浇铸法"即先铸器，预留出镶槽，再于镶槽位置浇铸出红铜纹饰，磨错而成器。从本质上讲，这属于补铸技术。补铸技术，即在器物铸造缺陷的位置设置局部的泥范，补浇铜水弥补缺陷，早在殷墟司母戊鼎上便有所体现[44]。司母戊鼎一耳右方下侧的鼎腹有长约40、宽约25厘米的不规则三角形补铸痕迹，该部位腹内壁也有类似痕迹，并且据推测泥范未烘透，质量较差；除此之外，其三条鼎足也存在补铸痕迹。

值得注意的是，此时分铸工艺也逐渐形成。商代前期屡屡出土的大型青铜方鼎，鼎耳与鼎足应用了明显的分铸技术的应用，如1982年郑州商城出土一大一小的一对方鼎[45]，鼎底、鼎壁和鼎足有明显的叠压关系，三者为分铸；1989年新干大洋洲出土的新干大方鼎，耳顶部饰虎形青铜附饰，叠压鼎耳，为分铸；鼎底、足与四壁亦为分铸[46]，也与郑州商城方鼎类似。在中国，早期分铸法出现于早商时期，盛行于春秋战国时期[47]。澳大利亚学者巴纳（N. Barnard）指出，分铸法起源于器件的补铸[48]。而何堂坤先生称分铸法工艺源于陶器分制工艺：即陶器主体先作，后作附件并黏结到主体之上[49]；韩贤云先生则认为，分铸法最早先铸附件后铸器体，与补铸以及陶器分制工艺存在重大区别，因此可能起源于垫片的使用。早期分铸法是先铸还是后铸仍存疑，但巴纳的观点毫无疑问颇有见地。分铸法和补铸都需要使用局部的块范，并且两种技术出现时间相近，从工艺角度而言，分铸的难度和技术要求显然高于补铸，相对而言，补铸显得粗糙，应当为分铸技术的起源。

而"液态浇灌法"，更类似于补铸的一种衍生技术。在补铸的基础上，使用液态红铜而不是青铜作为原料，只需精细地制范和磨错即可。在补铸技术成熟之后，古代匠师很有可能尝试过这种装饰方式。但这种方法存在最大的问题是纯铜的熔点高达1083℃，而青铜的熔点随着锡含量的提高显著地下降，若使用红铜水浇铸，将使青铜镶槽局部熔化，最终破坏红铜纹饰的形态。另外，即使该困难被克服，在这种制作方式中红铜纹饰不能批量化制作，只能每一处镶槽浇铸一次，这对于纹饰较多的器物而言效率尤其低下。由于上述缺陷，"液态浇灌法"未能在古代青铜器上发现证据，这种方法可能曾被尝试，但最终并没有得到发展。

5. "铸镶法"

"铸镶法"指在铸造青铜器之前已备好红铜纹饰件，将红铜纹饰件事先固定在铸器的型腔中，然后浇铸青铜器的工艺。这一工艺流程目前也得到了普遍认可。

何堂坤先生指出"铸镶法"是先把作装饰用的红铜纹饰事先单独铸出，之后将其镶到浇铸青铜器的范的相应的位置，并浇铸在一起的工艺。贾峨较为详细地总结了"铸镶法"工艺：用铜汁浇铸成纯铜的花纹薄片，厚度约为欲铸的铜器壁厚的五分之二，在向内的一面铸出若干个梭状或钉状突起，然后制作铜器的外范和范芯，并把上述铸好的纯铜纹饰薄片排列在范芯上，使这些薄片内面的梭状或钉状的突起贴附在范芯的外壁，并且使上述的纯铜薄片与范芯保持铜器器壁厚度的五分之三的空腔，再设置浇口和冒口，浇入铜汁，最后错磨抛光即得成品[43]。

最早发现"铸镶法"工艺的时间难以考证，20世纪80年代初，贾云福先生提出了"铸镶"的概念。贾云福在《对古代青铜器红铜嵌镶的研究》一文中，特别关注了红铜纹饰的制作问题。他指出"过去一般认为这类纹饰是将红铜锤成薄片和长条然后压入预先铸好的纹饰槽中形成，这种观点实际上并没有经过科学的鉴别与论证"，红铜纹饰究竟是锻打成型还是铸态,是进一步研究其工艺的关键。在该文中,贾先生对曾侯乙青铜盥缶以及甬钟的残损红铜花纹取样并进行了金相分析,发现红铜纹饰金相为铸态;再通过模拟实验,将模拟的铸态红铜金相与样品比对,证明了两器红铜纹饰为铸造而成,并进一步指出曾侯乙盥缶等青铜器工艺流程是"将红铜花纹置于事先造好的型内的一定部位,然后浇入青铜水",即后来在学界被广泛接受的"铸镶法"工艺[50]。

贾先生对红铜纹饰制作工艺的判断无疑是准确的,但仅据此得出"铸镶法"的结论值得商榷。孟祥伟先生即指出,虽然用铸造的方法制作红铜纹饰,是青铜器上制作红铜纹饰的主流方法,但这只是红铜纹饰的制作方法,并不能据此认定采用铸造技术制作的红铜纹饰就必然采用了"铸镶法"工艺。然贾先生在证明曾侯乙盥缶采用"铸镶法"的过程中,关注点着重于"红铜纹饰是铸造还是锻制",研究方法限于红铜纹饰的金相显微组织,以及模拟实验铸造出类似的红铜金相组织。实际上可以非常明显地看到,"嵌镶法"与"铸镶法"的关键区别在于是先铸器再镶嵌,还是在铸器的同时即完成镶嵌。而至于红铜纹饰是锻制还是铸造而成,只是"铸镶法"工艺之下的研究范畴,是证明了"铸镶法"以后的研究内容。

金锐等的《湖北郧县乔家院墓地出土战国及东汉铜器的成分与金相分析》一文,也采用了类似的金相研究手段,他们将乔家院墓地出土的一件壶上的红铜丝取了样,金相分析显示其为 α 固溶体等轴晶及孪晶,说明红铜丝为热锻制成,并进一步推论该壶使用了"嵌镶法"而不是"铸镶法"[51]。这与贾云福先生的研究方法类似,其结论仍然值得商榷。

李京华先生细致地考察了固始侯古堆镶嵌红铜青铜罍,通过细致地观察罍内壁,发现罍上天禄纹背面铸有两端类似锥形的三枚"自带芯撑",其他形状的纹饰上也有类似的"自带芯撑"。这是红铜铸镶工艺中"支钉"的首次发现,并按照"自带芯撑"的形状分为"芯撑"和"芯垫";在研究红铜纹饰合范时与内芯外范的关系方面,为"自带芯撑"的情况绘制了丰富的结构示意图[52]。

除此之外,李京华先生详细地提出了红铜纹饰的固定问题,并归纳了四种可能的红铜纹饰固定方法:

a. 钉固外范法:即在铸造红铜纹饰的同时,在纹饰表面铸出一到两枚小钉,按照需要利用小钉将红铜纹饰固定在外范铸面上,然后扣合好范芯与范盖,将纹饰固定在内外范之间。铸成之后在清理时打磨掉钉子与断茬,使青铜器表面光亮;

b. 钉固内范法：即与"钉固外范法"相反，将钉铸在纹饰背面，钉固在内范表面，最后合范浇铸，清理时同样打磨掉钉子和断茬；

c. 铸造青铜器时，在纹饰处铸出花纹槽，在槽中补浇红铜水，待凝固之后形成纹饰；

d. 蜡液固定法：利用失蜡铸造的技术，使用蜡模铸出红铜纹饰和青铜器[28]。

李京华先生对固始侯古堆墓的细致观察、手绘图以及工艺方面的推断和研究非常值得肯定。然而，李先生的研究中有两个地方值得探讨：首先是"红铜铸镶"的证明问题，仅凭借"未发现磨错痕迹"便判断使用"铸镶法"，值得商榷。孟祥伟先生敏锐地指出需要科学地证明铸镶法[53]。而证明铸镶法恰恰是文章后续所有研究的前提条件，若不能证明使用"红铜铸镶"工艺，后续的研究无从说起。其次，在李先生提到红铜纹饰的固定方面，其中c、d两种固定方法显然超出了"红铜铸镶"的范畴。c种固定方法显然即何堂坤先生总结的区别于"铸镶法"的"液态浇灌法"，红铜纹饰为后铸；而d种固定方法实则只是利用失蜡法完成了红铜装饰，与c一样，都不是"铸镶红铜"的固定话题范畴。

上述有关"铸镶法"的研究中，除了对"铸镶法"的归纳总结欠缺证明以外，由于使用"铸镶法"与"嵌镶法"这两种不同工艺制得的青铜器在外观上相似度很高，在过去的研究之中，往往将两者混为一谈，且多见使用"镶嵌红铜"这个概念涵盖了这两种不同的工艺。通常认为，镶嵌红铜纹饰出现在商代，最早出现于商代的戈和钺，直至西周时期，该工艺一直不发达，发现的镶嵌红铜青铜器也较少；大约春秋晚期到战国早期，镶嵌红铜达到了鼎盛，而战国中晚期出土的镶嵌红铜青铜器数量已大不如前。郑利平先生在《中国古代青铜器表面镶嵌工艺技术》一文中指出，春秋晚期到战国早期，镶嵌红铜工艺广泛见于各国，并指出山东滕县峯叔三器、寿县蔡侯墓方鉴和豆皆属于镶嵌红铜工艺范畴[54]。该文实际上也指出了红铜镶嵌实则分为"镶嵌法"与"铸镶法"两种，然将两者归结为"镶嵌红铜"的分支工艺，并不加区别地列举器物。

孟祥伟先生在《东周镶嵌红铜青铜器初步研究》一文中，大量收集并整理了镶嵌红铜青铜器，为研究红铜纹饰青铜器提供了丰富的材料，具有一定的参考价值[53]。然而孟祥伟先生通过较多篇幅阐述"铸镶法"在操作上的困难而否定曾侯乙墓出土的盥缶以及固始侯古堆墓采用了铸镶法；其行文以镶嵌红铜为主题，尤其是在列举器物方面混杂了"铸镶法"与"嵌镶法"，这两点有待商榷。但孟先生指出以往的"铸镶法"研究和判断缺乏足够的科学证据，这一点值得高度肯定以及重视。

苏荣誉先生在《枣庄徐楼出土铸镶红铜青铜器探论》一文中，严格界定了"铸镶法"和"嵌镶法"，通过对徐楼出土7件红铜铸镶青铜器的细致观察，将铸镶红铜纹饰分为"透壁铸镶"与"半壁铸镶"两大类，并对这7件红铜纹饰青铜器的工艺特征进行了一定程度的归纳。他还广泛援引了其他相关红铜纹饰青铜器，主要从纹饰演变的考古学研究角度，对"铸镶法"红铜工艺的起源以及发展进行了合理的推断[55]。苏先生在对7件红铜铸镶青铜器的观察和研究的基础上，扩展到整个红铜铸镶工艺演变的研究方法，非常值得借鉴。

6. 小结

虽然目前的研究认知中尚存在较多的问题：如在判断"铸镶法"或者"嵌镶法"工艺方面缺乏充分的、科学的、有说服力的证明；从工艺研究与器物列举方面对"铸镶法"与"嵌镶法"往往混为一谈，对"铸镶法"工艺缺乏细致的、系统的研究，等等。但是可以看到，青铜器红铜镶嵌工艺起源与发展与社会技术水平、审美观念等紧密相关。铸镶法红铜纹饰工艺的发展有一定的演化脉络，它起源于垫片工艺，最初发展为透壁铸镶，随后透壁铸镶工艺得到进一步改进；与此同时，从透壁铸镶发展到半壁铸镶。匠师们会根据技法控制的合理性，灵活选择红铜固定技法，实现对青铜器的修饰与艺术表达。

五、红铜纹饰青铜器保护修复的几点思考

青铜器的红铜修饰工艺，即使用红铜作为青铜器表面装饰材料的工艺，与错金银、宝石镶嵌等工艺一样，同属于青铜器的表面装饰工艺。青铜为铜锡铅合金，其色金，而红铜即所谓的"纯铜"，其色呈紫红或淡红，用红铜丝或红铜片制作纹样并装饰在青铜表面，两者颜色对比鲜明，视觉上富有美感，具有极高的艺术价值。

根据对现已发现的红铜纹饰青铜器的分析，目前出土的器物几乎都集中在东周时期。红铜纹饰的纹样、数量、装饰风格中蕴藏着大量历史文化信息，其制造工艺、与青铜基体结合方式等则反映出古代冶金、镶嵌等科学技术信息，是不可多得的重要研究资料。由于涉及多种材质，出土的红铜纹饰青铜器往往受到腐蚀，保存状况较差，对其保护修复工作的关键点在

于对红铜纹饰信息的提取、保存。

2009年，枣庄市峄城徐楼墓葬出土青铜器中有7件使用了红铜铸镶工艺作为表面装饰。这7件红铜纹饰青铜器纹样精美，制作工艺高超，非常珍贵。由于其锈蚀严重，红铜纹饰大多脱落、矿化，我们对其展开了一系列保护修复工作。在科学的保护理念指导下，重点保护红铜纹饰与其中所蕴含的各类信息，其保护理念、保护方法与传统的青铜器保护修复有一定区别。

本文以敦（M1∶6）、敦（M1∶44）为例，针对红铜纹饰青铜器的保护理念、保护方法的特殊之处展开讨论，希望所得结论对同类青铜器的保护修复有所帮助。

1. 文物基本情况

（1）保存现状

两敦器型、大小完全相同，器物严重破损、残缺，表面覆盖锈蚀。敦分为盖与器身两部分，为大致的椭圆形，盖中心处有喇叭形捉手，口沿处通过3个钮与器身相连，器身两侧各有1枚三菱形环钮。敦表面装饰有大量红铜纹饰，分布在喇叭形捉手内、盖面和腹部外表面，纹样包括齿状纹、涡纹和瑞兽纹。

（2）病害分析

两敦整体锈蚀严重，表面覆盖硬结物，局部存在瘤状物、点腐蚀和粉状锈。

敦（M1∶6）器身一面口沿及部分腹壁残缺，有两处裂隙从残缺边缘延伸至底部，局部腹壁有孔洞；另一面口沿可见两处断裂错位变形。敦盖大面积残缺，局部有裂隙和变形，多处有粉状锈。其保护修复前如图5-32所示。

敦（M1∶44）器身残碎为6块，腹部有较大面积的残缺。一环钮随器壁一同脱落，另一环钮与器壁一起开裂变形，有一形状不规则的裂隙。敦盖残损为8块，部分可以拼对，但有较多裂隙和未能找到残块的区域。

器物局部镶嵌的红铜纹饰腐蚀严重，大多脱落，未脱落部分已基本矿化、酥粉，强度低，与青铜基体结合脆弱。两敦表面纹饰锈蚀脱落后，在基体表面留下了清晰可见的凹槽，空槽中覆盖有锈蚀。敦（M1∶44）腹部外表面瑞兽纹饰脱落后遗留的凹槽如图5-33所示。

2. 红铜纹饰青铜器保护理念

保护理念及原则以其科学性和指导意义，一直以来都是文物保护修

图5-32　敦(M1∶6)保护修复前　　图5-33　敦(M1∶44)侧壁瑞兽纹凹槽

复工作进行的依据。1963年布兰迪《文物修复理论》提出最小介入、可逆性、可再处理性、可识别性等文物保护的基本原则，成为西方文物保护的主流观点。1994年《奈良真实性文件》针对东西方文化与文物背景差异，对"真实性"进行了重新讨论与界定。无论如何，青铜器作为古代生产生活、冶金铸造、文化政治等方面的真实历史资料，对其所承载的历史文化信息的提取与保护是文物保护工作的重中之重[56,57]。

红铜纹饰青铜器采用红铜作为表面装饰材料，利用红铜纹饰与青铜基体的颜色差异达到装饰效果，这种工艺是特殊的、价值巨大的，其红铜纹饰的特征、制造工艺以及红铜纹饰与青铜基体的结合方式，都是我们研究青铜器表面装饰文化及工艺的重点。在埋藏过程中，红铜纹饰与青铜基体都遭到不同程度的腐蚀，其所承载的信息也遭到一定破坏。

保护修复过程中，我们贯彻科学的保护理念，针对红铜纹饰与青铜基体的保存现状、病害情况展开独特的保护修复，通过X射线照相、加固、除锈等手段，对红铜纹饰腐蚀后的信息进行还原、保护，对红铜纹饰与青铜基体连接处的信息进行原真性保护，为红铜纹饰青铜器的历史文化信息提取及工艺研究提供保障。

（1）红铜纹饰腐蚀后信息的原则性保护

两件红铜纹饰青铜敦盖及腹部表面都装饰有红铜纹饰，且纹饰形态各不相同。敦盖表面喇叭形捉手内部镶有三组涡纹，捉手上及盖面中各装饰一周"王"字齿状纹，盖面靠近边缘处镶有一周瑞兽纹，呈回首状。敦腹部外表面靠近口沿处饰有一周回首瑞兽纹，其纹样与盖面上的瑞兽纹相同；腹部下方镶有两周"王"字齿状纹，位置交错。敦(M1∶6)盖及腹部部分纹饰情况如图5-34所示。

观察纹饰，发现红铜纹饰腐蚀严重，大多已全部矿化，部分脱落，在器物表面青铜基体上留下凹槽。这些凹槽处壁薄，内部堆积蓝绿色铜锈，许多位置已锈蚀穿孔。部分红铜纹饰，如敦(M1∶44)盖表面喇叭形捉手内

图 5-34　敦（M1∶6）纹饰情况

部的红铜涡纹并未脱落，但表面覆盖有锈蚀，与周围青铜基体锈成一片，仅凭外观难以辨认，如图 5-35 所示。

青铜敦单体上红铜纹饰的众多数量、特殊样式及其排列组合的方式特点等，是反映该青铜敦表面装饰历史文化信息的真实材料。在此次保护修复过程中，我们对红铜纹饰部分进

图 5-35　敦（M1∶44）盖表面红铜涡纹

行了重点保护，使其蕴含的信息得到最大程度的保留和还原。

（2）红铜纹饰与青铜基体连接口处信息的原真性保护

徐楼村出土的 7 件红铜纹饰青铜器所采用的纹饰铸镶工艺均有所差异，如两件盘与两件匜，其红铜纹饰与器壁的青铜基体厚度相等。而本节讨论的两件青铜敦，根据纹饰脱落后的凹槽，可判断出其纹饰厚度大约为器壁青铜基体的 1/2。探讨红铜纹饰青铜器的工艺，主要涉及红铜纹饰的制造、与青铜基体连接的方式等，其中红铜纹饰与青铜基体连接口处，为工艺研究的重要材料。

观察敦（M1∶6）盖内表面，在盖中央、涡纹对应位置可见三角形、短条状腐蚀区域，其上有大量锈蚀穿孔，如图 5-36 所示。其器壁比周围更薄，因此锈蚀严重，与周围青铜基体区别明显。对敦（M1∶6）进行 X 光成像分析，发现盖上红铜涡纹处及侧壁瑞兽纹饰肢体间，有跨越纹饰起连接作用的支钉，在 X 光片上显示为最深的阴影，如图 5-37 所示。这些位置的纹饰支钉腐蚀后已脱落，在青铜基体上留下支钉空洞，是红铜纹饰在青铜基体上使用支钉固定的工艺证据。

在保护修复过程中，我们对支钉空洞予以保留，不进行修补，保存其真实状态，作为红铜纹饰铸镶工艺的研究证据。

图5-36 敦(M1：6)盖内侧　　　　图5-37 敦(M1：6)X光片

3. 针对红铜纹饰的保护

考虑到红铜纹饰本身的保存状况、重要意义，根据保护理念，我们把对红铜纹饰的保护作为红铜纹饰青铜敦保护修复的关键环节。

红铜纹饰锈蚀矿化严重，强度较低，非常脆弱。由于其表面覆盖锈蚀，如果采用一般青铜器表面锈蚀的处理方法，直接利用手术刀、塑料刷等工具机械除锈，将可能导致红铜纹饰进一步脱落、粉碎。因此对其表面锈蚀不能直接机械清除，需要预先对红铜纹饰部分进行加固。考虑到红铜纹饰的结构强度，采取B72作为加固剂，使用滴加渗透的方式，将加固剂滴在红铜纹饰表面，等待其自行渗透，对红铜纹饰进行加固[58]。

使用3% B72的丙酮溶液，在红铜纹饰表面进行滴加渗透加固。丙酮挥发后，B72固化，增加了红铜纹饰强度，可避免机械除锈过程对其的破坏。加固完成后，使用手术刀等小心剔除表面硬结物。

经过加固后，除锈过程中红铜纹饰得到了最大程度的保存，基本未被破坏。敦(M1：6)盖加固、除锈后如图5-38所示。

图5-38 敦(M1：6)盖加固、除锈后

4. 红铜纹饰对保护修复过程的影响

红铜纹饰与青铜基体铸镶连接，通过支钉加以固定，受力时容易造成应力集中，导致红铜纹饰脱落，周围的青铜基体也容易遭到破坏。因此，在

青铜器矫形、补配阶段,需要尽量减少对器物施加应力的操作[59]。

同时,为模仿、还原红铜纹饰在青铜基体上的纹样、排列状况等,对于进行补配的残缺部位,需要在相应位置外表面对纹饰进行刻画。

(1) 矫形

两敦的矫形过程,采用缓慢矫形、逐步矫形的方式。使用不同型号的G形矫形器对矫形部位进行固定,矫形操作不宜过于用力,避免对红铜纹饰产生伤害。

对于青铜敦残块的连接、器壁裂隙以及补配部位与器物本体间缝隙的填补,尽量采取施胶粘接的方法,胶黏剂采用AAA胶、914胶和AB胶。施胶时,参照基体表面颜色,将胶与矿物颜料调匀,将缝隙填平。胶黏剂固化后,强度与腐蚀后相对脆弱的红铜纹饰和青铜基体相当,不会对器物本体产生多余的应力作用。敦(M1∶44)盖补配部位与器物本体间缝隙填补如图5-39所示。

图5-39 敦(M1∶44)盖施胶粘接

(2) 补配

两敦的补配采取树脂翻模的方式,速成铜树脂强度与器物本体相当,不会在连接处产生多余的应力。

以敦(M1∶6)器壁的补配为例,翻模时将器壁上的红铜纹饰拓下,补配时可在补配部位直接得到相应纹样。选择器壁完整、红铜纹饰凹槽较为清晰的部位,作为翻模的模板。用速成铜贴紧模板部位制作外范,待其固化后,将外范贴合到敦腹部残缺处。在外范内部用速成铜进行补配,翻制腹部器壁。由于残缺部分面积较大,需分段翻制成型。该敦口沿残缺部位同样采取速成铜翻模补配的方法进行分段翻制。敦器壁红铜纹饰部位的速成铜外范与使用速成铜补配好的部分器壁如图5-40所示。

(3) 纹饰刻画

对于翻模模板纹饰不清晰、不完整的,如敦(M1∶44)盖上的瑞兽纹及"王"字纹,无法在翻模时直接打下纹样,需要进行纹饰修补。待补配部位速成铜固化并打磨平整后,将透明塑料纸分别贴在敦身完整纹饰处,再用记号笔沿其边缘画出图案,剪下做成模具。将塑料纸模具铺在补配部位

图5-40　敦(M1∶6)腹部分段翻模补配过程

相应纹饰位置处,用记号笔沿塑料纸模具在速成铜表面画出图案,用打磨机与金刚砂磨头依据画出的图案刻画出纹饰凹槽,以仿照红铜纹饰腐蚀脱落的状态。

5. 总结

经过一系列保护修复步骤,原本腐蚀矿化严重、粉碎的敦(M1∶6)、敦(M1∶44)状态相对稳定,外观已达到博物馆修复要求,敦(M1∶6)保护修复后如图5-41所示。同时,通过以上对红铜纹饰的特殊保护处理,红铜纹饰强度得到有效提升,其腐蚀后纹饰信息、与青铜基体连接口处信息的原真性,也得到了最大限度的保存、还原。

图5-41　敦(M1∶6)保护修复后

通过以上红铜纹饰青铜器的保护修复实例,我们得出以下几点思考:

a. 红铜纹饰青铜器的文物保护,需要重点关注对红铜纹饰腐蚀后信息的原真性保护、红铜纹饰与青铜基体连接口处信息的原真性保护,以便对红铜纹饰历史文化信息、工艺科技信息进行提取、研究。

b. 红铜纹饰青铜器保护修复的关键环节,是红铜纹饰的保护。由于红铜纹饰腐蚀矿化严重、强度低、与青铜基体连接脆弱,需要预先对其进行加固。

c. 红铜纹饰与青铜基体铸镶连接,受力时容易造成应力集中。保护修复过程中,尽量减少对器物施力的操作,矫形采用缓慢矫形、逐步矫形,补配采用树脂翻模,避免对器物本体、红铜纹饰、连接处产生多余的应力。

d. 红铜纹饰遍布器身,对于残缺面积较大者,需通过翻模、透明塑料纸拓画等方式,在补配部分相应位置刻画出红铜纹饰,使青铜器外观纹饰一致。

以上是红铜纹饰青铜器保护修复独有的技术要求,与传统的青铜器保护修复有一定差异,可为同类文物的保护修复提供思路。

红铜纹饰青铜器以其重要的历史价值、艺术价值与科学价值和相对稀有的数量,成为一类独特且重要的文物,其保护修复具有重要意义。希望我们对保护修复理念、方法、过程的探索,能够帮助文物作为历史信息载体的文物更好地传承下去。

六、提梁罐与车盖的工艺分析与保护建议

1. 引言

对文物的保护不仅仅是对文物结构、装饰、载体材料本身的保护,也包含了对文物所蕴含的珍贵历史文化信息的保护[60]。这一原则得到世界各国文物保护研究者的普遍认同。科学的文物保护工作,不仅仅要注重修复过程,更要对文物本身所蕴含的铸造工艺等信息和体现的历史文化价值进行发掘和研究[61]。要做好文物保护工作,需要深刻地把握文物本身蕴含的历史信息,需要对文物进行"再认识",尤其是对体现古代科学技术水平的铸造工艺的再认识。这也是科学进行文物保护工作的起点和依据[62,63]。

下面以徐楼村出土的青铜提梁罐(M1∶31)和车盖(M2∶14)工艺特征的研究为例,尤其是通过探讨这两件器物的环扣工艺,谈谈保护修复前对出土文物的制作工艺进行再认识。出土这两件青铜器的墓葬的年代应为春秋晚期[1]。

2. 工艺分析

(1)提梁罐

提梁罐(M1∶3)是一件制作十分精致的器物(图5-42)。该罐为素面,平盖,盖顶中部有一展翅欲飞的鸟,鸟与盖面的支撑断残,已脱离主体

部分。罐腹两侧各有一半圆形钮,钮内各衔一环,提链单侧数环穿于其中,上部有一环穿入,顶部环上有一可转动的钮,衔接提梁上部的环。盖沿内凹,与器口相扣,器口微侈,短束颈,鼓腹,平底,素面。口径5.2、腹径7.6、径4.8、器高8、提链高20厘米。

该提梁罐十分显著的一个工艺表现,在于它有大量的环扣连接,制作精细。该提梁罐的铸造工艺,尤其是金属环如何连接,是耐人寻味的问题之一。

就提梁罐的结构而言,它可以分为四部分:罐体、提梁、罐盖、锁环(图5-43)。提梁和罐盖各自独立,与罐体上腹两半圆形环耳相套合。罐腹半圆形环耳内侧和外侧,都有垂直方向的范缝,罐体采用两分范浇铸。罐体较小,底部未发现芯撑存在。

提梁罐衔环有明显的铸接痕迹,可以断定提梁不可能先于罐体铸造。同时在罐体耳部垂直面有一个三角形凿口(图5-43),用于确保罐盖耳部与罐体上下重合。为保证凿口能够紧密扣合,罐盖和罐体模应当为同时配合做出,否则将出现凿口与罐盖无法正确咬合。所以可以断定其制作过程是:塑罐体和罐盖模—翻制罐体和罐盖范—组成铸型—进行浇铸。该罐未发现浇铸口,浇铸方式尚未确定(图5-44)。

图5-42 提梁罐(M1∶3)主体部分　　　图5-43 提梁罐示意图

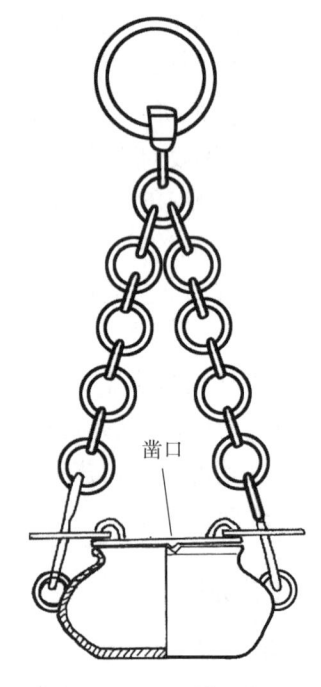

(图片源:《山东枣庄徐楼东周墓发掘简报》)

X光片(图5-44与图5-45)显示,整个提梁链环明暗度均一,表面未发现铸接痕迹,可以推断提梁链采用了浑铸法,一次浇铸而成。部分环外发现明显的打磨痕迹,推测使用的是四分范,制作成金属链状浇道,浇铸后打磨铜梗的痕迹。链环铸造工艺要求高,因为链环较长,范内型腔较浅,如果熔铜、烘范、浇铸三者配合不顺畅,就容易出现铸环过铜不足,产生废品。

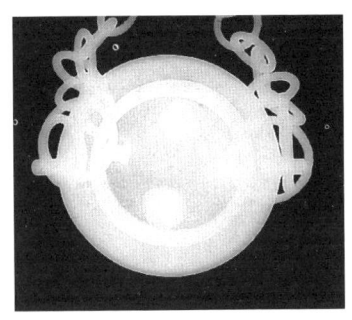

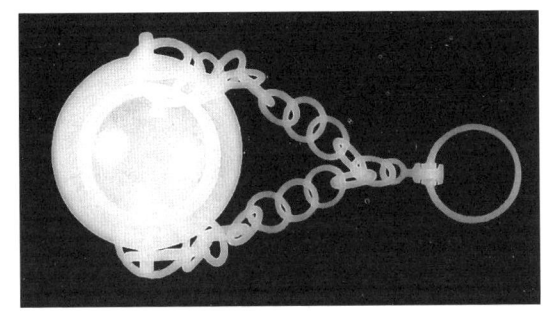

图5-44 提梁罐罐体X光片

图5-45 提梁罐X光片

同时,铸造成型的链环,往往带着浇道之中的铜梗,需要将其折下,并且对环进行打磨,稍有不慎将导致链环断裂。在提梁罐链环上发现部分环上存在一个断裂口,推测是处理铜梗过程导致的结果。

提梁顶部的锁环是一个活动部件,制作相当精巧。X光探伤检测发现锁芯部分结构完好,并没有榫卯的捶打痕迹(图5-46)。为保证锁芯部分转动,推测使用分铸法铸造锁环。因此可以断定锁扣部分先浇铸锁芯,再于锁芯外制一层泥范,最后浇铸锁环结构。类似锁环的精细活动件,在同时期出土的青铜器中罕见,该提梁罐的铸造可谓困难重重,具有一定的研究价值,也体现了当时青铜浇铸工艺达到了相当的水平。

图5-46 提梁罐锁环部分局部X光片

(2) 车盖

车盖(M2:14)为圆顶单柄,观其形,顶圆,有如雨伞。究其作用,显见有避雨、遮阳之功用。"盖"是屡见不鲜的。如《史记·晏婴传》:"拥大盖,策驷马。"又《商鞅传》:"劳不坐乘,暑不张盖。"

该车盖制作工艺精细，直径7.6厘米、柄径3厘米、通高8.6厘米，呈伞形，圆形盖斗，置有十二个盖弓，盖弓下面各有一个三角形凹槽，圆柄，内空，沿部有一周凸起的半圆形棱，近沿处有对穿圆孔。车盖的十二个盖弓与圆环相连，而圆环通过对称四个扣环支在盖斗上（图5-47）。

图5-47　车盖（M2∶14）俯视图及侧视图

车盖外观完整，未发现范缝和铜质芯撑存在。盖斗是浑铸而成的，浇铸痕迹不明显，浇铸方式尚不能确定。盖弓与盖斗配合严密，是分别铸作的。中央圆环的四个扣环上有明显铸接痕迹，其中一个扣环明显宽于其他（图5-48）。

可以推断，首先盖斗主体部分铸作时，铸出四个凸榫（图5-49）；然后铸作盖弓和圆环，圆环留一开口；再将盖弓套于圆环，整体固定在凸榫上，圆环开口置于一凸榫端；最后通过铸接与盖斗固定。通过铸接的方式，一方面将盖弓固定在圆环上，另一方面使圆环连接处封闭，可谓一举两得。

该车盖包含环结构活动部件，为铸造而成，兼具美观和实用性能，出土后仍能保持稳固。由此说明，分铸法和铸接技术在当时已非常成熟。这些技术的运用，改变了过去复杂的器型一次浑铸成形，在组拼、合范时困难重重，延误工时，稍有不慎就会出现废品、前功尽弃的生产模式。分铸技术无疑是铸造技术的改进和提高[4]。

3. 保护修复建议

《威尼斯宪章》第九条明确指出，修复过程是一个高度专业性的工作，要有充分依据，不能臆测，以保存和展示其美学和历史价值。对上述两件

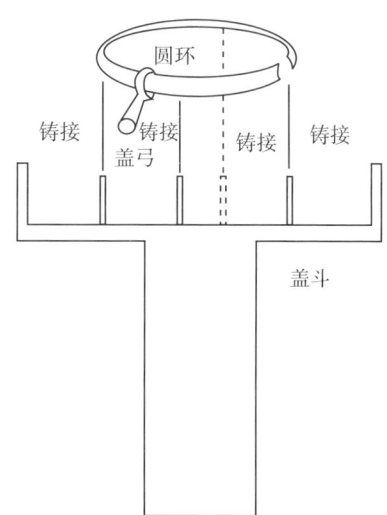

图 5-48　车盖(M2∶14)X光片　　图 5-49　车盖(M2∶14)铸接示意图

青铜器的修复遵循《宪章》精神,在修复过程中需要:a.保留两件青铜器铸造工艺的痕迹和证据,以保存其铸造工艺的历史价值;b.恢复这两件青铜器上零部件原本的活动能力,以体现其铸造结构的美学价值[63,64]。

就提梁罐(M1∶3)而言,在进行修复工作时需要做到:a.保护好链环打磨痕迹;b.保护好提梁罐衔环的铸接痕迹;c.针对性地修复好提梁顶部锁环活动部件,使其恢复活动能力。而在车盖(M2∶14)的修复过程中,则需要做到:a.保护好凸榫与圆环的铸接痕迹;b.尽可能实现盖弓的活动性,恢复其原状。

4. 结语

通过对提梁罐(M1∶3)和车盖(M2∶14)铸造工艺的分析,可以发现,当时青铜铸造工艺已经从原始的浑铸工艺,发展出成熟的分铸工艺,衍生出铸接技术。尤其是在对金属环结构和活动部件的铸造上,铸器精巧程度堪称一绝,具有相当的历史文化价值。

科学的文物保护和修复,包含了对文物本体历史文化信息的"再认识",尤其是对文物制作工艺的再认识。文物保护工作者需要深刻地把握文物本体具有的历史文化信息和价值。在文物保护过程中,要尊重文物原始制作工艺,以科学严谨的态度进行文物保护工作,避免在修复过程中导致文物信息和价值的丧失[65,66]。

[1] 尹秀娇,石敬东,苏昭秀,郝建华,刘爱民.山东枣庄徐楼东周墓发掘简报[J].文物,2014(01):4-27+1.

[2] 徐龙国、贾振国、王滨.山东临淄商王村一号战国墓发掘简报[J].文物,1997(6).

[3] 王焕文.荷竹清华润琼浆——山东临淄商王墓出土铜汲酒器考[J].收藏家,2015(9):58-60.

[4] 淄博市博物馆、齐故城博物馆.临淄商王墓地[M].济南:齐鲁书社,1997.

[5] 丘光明.中国古代计量史[M].合肥:安徽科学技术出版社,2012.

[6] 裘锡圭.齐量制补说[J].中国史研究,2019(1):5-38.

[7] 徐龙国,贾振国,王滨.山东临淄商王村一号战国墓发掘简报[J].文物,1997(6).

[8] 李则斌,陈刚.江苏盱眙县大云山西汉江都王陵一号墓[J].考古,2013(10):3-68.

[9] 李艳萍,杨小林.新干商墓青铜器锈蚀结构分析研究[J].中国文物科学研究,2006(03):81-84.

[10] 蒋廷瑜.汉代錾刻花纹铜器研究[J].考古学报,2002(07).

[11] Xiuzhen Janice Li, Marcos Martinón-Torres, Nigel D. Meeks, Yin Xia, Kun Zhao. Inscriptions, Filing, Grinding and Polishing Marks on the Bronze Weapons from the Qin Terracotta Army in China[J]. *Journal of Archaeological Science* 38 (2011): 492-501.

[12] 韩汝玢,孙淑云,李秀辉,潜伟.中国古代铜器的显微组织[J].北京科技大学学报,2002(04).

[13] 姚智辉,孙淑云,邹后曦,方刚,黄伟,白彬,张建华.峡江地区部分青铜器的成分与金相研究[J].自然科学史研究,2005.

[14] 孙淑云.中国古代金属材料显微组织图谱(有色金属卷)[M].2011.

[15] Lowell I. McCann, K. Trentelman, T. Possley, B. Golding. Corrosion of Ancient Chinese Bronze Money Trees Studied by Raman Microscopy [J]. *Journal of Raman Spectroscopy*, 1999: 121-132.

[16] 李涛,秦颖,罗武干,滕建英,赵鹏,刘斌,王晓妮.古代青铜器锈蚀产物的拉曼和红外光谱分析[J].有色金属,2008(05).

[17] 杨群,王怡林,张鹏翔,李朝真.拉曼光谱对古青铜矛腐蚀情形的无损

研究[J].光散射学报,2001(04).

[18] 张吉.随州文峰塔墓地青铜器工艺与腐蚀研究[D].北京大学硕士学位论文,2015:50-67.

[19] 贾云福,胡才彬,华觉明.曾侯乙青铜器红铜纹饰铸镶法的研究[J].江汉考古,1981(S1):57-66.

[20] 史树青.我国古代的金错工艺[J].文物,1973(6):66-72.

[21] 贾云福,胡才彬,华觉明.曾侯乙青铜器红铜纹饰铸镶法的研究[J].江汉考古,1981(S1):57-66.

[22] 胡钢,刘百舸,张夏,王丽华.枣庄市徐楼村红铜铸镶青铜器纹饰镶铸特征[J].文物保护与考古科学,2017,29(1):51-56.

[23] 韩汝玢,孙淑云,李秀辉编著.中国古代金属材料显微组织图谱(总论)[M].北京:科学出版社,2015.

[24] 孟祥伟.东周镶嵌红铜青铜器初步研究[D].北京科技大学硕士学位论文,2009.

[25] 朱凤瀚.古代中国青铜器[M].天津:南开大学出版社,1995:547.

[26] 贾云福,胡才彬,华觉明.曾侯乙红铜纹铸镶法的研究[J].江汉考古,1981(S1):65.

[27] 李京华.固始侯古堆青铜铸镶红铜花纹工艺探讨[A].固始侯古堆一号墓[M].郑州:大象出版社,2004.

[28] 张临生.院藏东周镶嵌铜器(二)[J].故宫文物月刊,1990(3):53.

[29] 王海文.青铜镶嵌工艺概述[J].故宫博物院院刊,1983(1):67-68.

[30] 山东省文物管理处,济南市博物馆.大汶口[M].北京:文物出版社,1974:101-102.

[31] 贠安志,甘肃省博物馆文物工作队,武威地区文物普查队.永昌鸳鸯池新石器时代墓地的发掘[J].考古,1974(5):308.

[32] 吴来明.中国古代金属着色技术概论[A].上海博物馆文物保护科学论文集[C].1996:161-167.

[33] 刘洪涛.中国古代科技史[M].天津:南开大学出版社,1991:42.

[34] 中国社会科学院考古研究所.殷墟妇好墓[M].北京:文物出版社,1980:107-111.

[35] 石璋如.殷代的铸铜工艺[J]."中研院"历史语言研究所集刊,1955:216.

[36] 杨远.夏商周青铜容器的装饰艺术研究[D].郑州大学博士学位论文,2007.

[37] 杜石然.中国科学技术史稿[M].北京：北京大学出版社,2012：54-55.
[38] 郭礼典.谈谈战国青铜器的镶嵌技术[J].东南文化,1996(2)：136-137.
[39] 容庚,张维持.殷周青铜器通论[M].北京：文物出版社,1984：320.
[40] 卢建国.陕西铜川发现战国铜器[J].文物,1985(5)：44-45.
[41] 叶小燕.我国古代青铜器上的装饰工艺[J].考古与文物,1983(4)：84-94.
[42] 重庆市文化遗产研究院.重庆涪陵小田溪墓群M12发掘简报[J].文物,2016(9)：14-15.
[43] 何堂坤.中国古代金属冶炼和加工工程技术史[M].山西：山西教育出版社,2009：213.
[44] 冯富根,王振江,白荣金,等.司母戊鼎铸造工艺的再研究[J].考古,1981(2)：182.
[45] 河南省文物研究所.郑州新发现商代窖藏青铜器[J].文物,1983(2)：52-53.
[46] 苏荣誉,华觉明,李克敏,等.中国上古金属技术[M].山东：山东科学技术出版社,1995.
[47] 韩贤云.浅谈青铜器分铸法及其起源[J].江汉考古,1999(3)：79.
[48] N. Barnard, Origins of Bronze Casting in Ancient China[A]. *Metallurgical Remains of Ancient China*[M]. Nichiosha, Tokyo, 1975: 78.
[49] 何堂坤.关于分铸法的问题[N].中国文物报,1996-1-21.
[50] 贾云福,胡才彬.对古代青铜器红铜嵌镶的研究[J].武汉工学院学报,1980(1)：30-34.
[51] 金锐,罗武干,王昌燧.湖北郧县乔家院墓地出土战国及东汉铜器的成分与金相分析[J].文物保护与考古科学,2013(2)：8-12.
[52] 李京华.固始侯古堆青铜铸镶红铜花纹工艺探讨[A].固始侯古堆一号墓[M].河南：大象出版社,2004.
[53] 孟祥伟.东周镶嵌红铜青铜器初步研究[D].北京科技大学硕士学位论文,2009：37.
[54] 郑利平.中国古代青铜器表面镶嵌工艺技术[J].金属世界,2007(1)：48-51.
[55] 苏荣誉,王丽华.枣庄徐楼出土铸镶红铜青铜器探论[A].青铜器与山东古国学术研讨会论文集[C].2016：323-337.

[56] 陈仲陶.红铜镶嵌鸟兽纹铜壶的修复——兼谈文物保护修复原则的灵活运用[J].中国文物科学研究,2007(3):72-75.
[57] 陈仲陶.对青铜器保护修复理念—原则的探讨[J].文物保护与考古科学,2010,22(3):87-91.
[58] 中国文化遗产研究院.中国文物保护与修复技术[M].北京:科学出版社,2009:365-385.
[59] 陈仲陶.古青铜器修复整形工艺探究[J].中国文物科学研究,2009(3):41-44.
[60] 康忠镕主编.文物保护学基础[M].成都:四川大学出版社,1995.
[61] 王蕙贞著.文物保护学[M].北京:文物出版社,2009.
[62] 杨璐,黄建华.保护、修复、研究领域中文物的价值[J].文物保护与考古科学,2006(04):49-54.
[63] 胡继高.文物保护科学的规律性[J].科技导报,2001(04):52-55.
[64] 奚三彩.文物保护技术与材料[M].台南艺术学院,1999.
[65] 中国文化遗产研究院编.中国文物保护与修复技术[M].北京:科学出版社,2009.
[66] 国家文物局博物馆与社会文物司主编.博物馆青铜文物保护技术手册[M].北京:文物出版社,2014.

结　　语

　　枣庄徐楼青铜器的出土，其精美的造型、精湛的工艺、大量的铭文、独特的铸造，尤其是其中7件铸镶红铜纹饰青铜器，激发了学界众多学者的研究兴趣。这批青铜器蕴含着丰富的文史科技信息，具有极高的文物价值，为东周礼乐制度、铜器制造工艺技术的研究提供了重要参考，同时对研究该地区的历史和春秋时期的政治、经济、文化以及工艺技术、墓葬制度等都具有重要的历史、艺术和科学价值。

　　本书运用现代科技手段，围绕徐楼青铜器的材质—工艺—腐蚀—保护等问题展开科学研究。对徐楼青铜器的铸造特征、范铸工艺、垫片使用、合金成分、金相组织、修饰技法等进行了全面细致的测试分析，尤其是对徐楼青铜器红铜铸镶修饰工艺、錾刻工艺技法、"不知名器"的功能与命名等进行了系统探讨，揭示了徐楼青铜器所具有的极高文物价值，为研究春秋中晚期鲁南地区的青铜工艺技术提供了新的证据。本书还研究了徐楼青铜器的腐蚀与保存状态，为更好地保护这批青铜器提供了科学依据。

　　从学术认知上，枣庄徐楼青铜器科技研究有着许多重要创新：

　　首先，系统论证了"铸镶"概念和红铜铸镶青铜器的制作工艺技术。徐楼村出土的7件红铜纹饰青铜器，直接代表了春秋时期青铜铸造工艺最高技术水平，也十分完整地展现了红铜铸镶工艺的技术逻辑。经科学分析，验证了徐楼村出土的7件红铜纹饰青铜器使用了"红铜铸镶"的修饰方法，其中有4件器物为红铜纹饰有与器身基体等壁厚型透镶型铸造，有3件为红铜纹饰有与器身基体非等壁厚型半透镶铸造。为保证红铜纹饰与青铜基体铸镶结合及对浇铸条件的有效控制，在青铜基体铜锡铅合金配比上，两种铸镶方式均通过增加铅元素含量，提高青铜水体熔点和流动性来保证铸镶的有效结合。

　　在半透镶的青铜舟（M2∶21）盖上，发现1枚红铜纹饰蝙蝠纹，该纹饰特征及制作工艺均为首次发现。通过金相分析、扫描电子显微镜、X光成像和CT技术对该纹饰进行了系统的工艺解析，发现舟盖的红铜纹饰是依靠铜质芯撑支撑固定于范土的型腔中，来确保在浇铸中红铜纹饰的固定。

徐楼村青铜器铸造中，通过灵活运用金属芯撑、泥芯撑、红铜纹饰替代芯撑、红铜纹饰与金属芯撑结合等多种方式，既保证了文物尺寸形状的精确稳定，又合理安排了垫片与纹饰铭文的位置关系。尤其是红铜纹饰替代芯撑技术，充分利用了红铜与青铜材质差异，既控制好了器物型腔，又实现了红铜纹饰的装饰效果。徐楼青铜器是我国春秋晚期青铜文明的杰出代表，体现了高超的铸造艺术。

舟(M1∶11)是一件经过锻制得到的薄壁青铜舟，腹部和底部有錾刻技法绘制的精美图案。对这件舟的材质分析、金相分析表明，在制作这件器物时，锻制成型与器体材质成分已有了明确的关系。运用微痕研究方法对这件舟的錾刻纹饰也进行了深入探讨，纹饰线条为锐利金属錾刻而成，每笔刻痕仅0.5毫米，刻纹的交叉线路清晰。从材质成分、锻打工艺到錾刻方法，都代表了春秋末期我国刻纹青铜器的高超制作技艺。

对徐楼村出土的一件"不知名器"的功能进行了科学解析，证明这是一件定量的汲酒器，应该是目前我国出土最早的依靠大气压原理进行汲酒的青铜器具，同时该汲酒器内部容积正好为400毫升，相当于当时2升的度量衡。这一数据进一步证明这是一件能精确度量的汲酒器。

将科技分析方法综合运用于古代青铜器的研究中，也是本书学术价值的一个重要体现。通过科技检测手段，获取更全面、更完整的科学数据，还原古代青铜制作工艺技术水平，是本书努力的方向。如运用CT扫描技术，解析半透镶红铜纹饰与基体的结合方式，垫片与红铜纹饰的位置关系等，为准确解读红铜铸镶工艺提供了充分的信息。又如运用微痕分析方法，对刻纹青铜器的錾刻工艺进行了系统研究，进而可以解读早期錾刻技法。

枣庄徐楼青铜器蕴含的信息十分丰富，有太多内容仍需我们深入研究，本书稿也只是从科技视角整理探讨徐楼青铜器，深度挖掘了徐楼青铜器的价值，通过科技方法系统诠释这批青铜器的工艺特征，为学界研究认知这批青铜器提供科学数据。我们期望以后能用更多视角研究探索徐楼青铜器，更好地诠释这批青铜器的科技与文化，弘扬中华文明。

参考文献

中文文献

曹楚南编著. 腐蚀电化学原理(第3版)[M]. 北京:化学工业出版社, 2008.

陈仲陶. 古青铜器修复整形工艺探究[J]. 中国文物科学研究, 2009(3): 41-44.

陈仲陶. 对青铜器保护修复理念——原则的探讨[J]. 文物保护与考古科学, 2010.22(3): 87-91.

陈仲陶. 红铜镶嵌鸟兽纹铜壶的修复——兼谈文物保护修复原则的灵活运用[J]. 中国文物科学研究, 2007(3): 72-75.

重庆市文化遗产研究院. 重庆涪陵小田溪墓群M12发掘简报[J]. 文物, 2016(9): 14-15.

杜石然. 中国科学技术史稿[M]. 北京:北京大学出版社, 2012: 54-55.

冯富根, 王振江, 白荣金, 等. 司母戊鼎铸造工艺的再研究[J]. 考古, 1981(2): 182.

郭礼典. 谈谈战国青铜器的镶嵌技术[J]. 东南文化, 1996(2): 136-137.

国家文物局博物馆与社会文物司主编. 博物馆青铜文物保护技术手册[M]. 北京:文物出版社, 2014.

韩汝玢, 孙淑云, 李秀辉, 潜伟. 中国古代铜器的显微组织[J]. 北京科技大学学报, 2002(02): 219-230.

韩汝玢, 孙淑云, 李秀辉编著. 中国古代金属材料显微组织图谱(总论)[M]. 北京:科学出版社, 2015.01.

韩汝玢. 电子显微技术在冶金考古中的应用[J]. 电子显微学报, 1997, (03): 66-74.

韩贤云. 浅谈青铜器分铸法及其起源[J]. 江汉考古, 1999(3): 79.

何堂坤. 关于分铸法的问题[N]. 中国文物报, 1996-1-21.

何堂坤. 中国古代金属冶炼和加工工程技术史[M]. 山西:山西教育出版

社,2009:213.

河南省文物研究所.郑州新发现商代窖藏青铜器[J].文物,1983(2):52-53.

胡东波,吕淑贤.应用X射线成像对晋侯墓地出土青铜器铸造工艺的研究[J].古代文明(第13卷),上海:上海古籍出版社,2013:55-81.

胡东波.文物的X射线成像[M].科学出版社,北京:2012.2.

胡钢,刘百舸,张夏,王丽华.枣庄市徐楼村红铜铸镶青铜器纹饰镶铸特征[J].文物保护与考古科学,2017,29(1):51-56.

胡钢,王丽华.春秋时期红铜纹饰青铜器透镶铸造工艺探讨[J].铸造技术,2018.10.

胡继高.文物保护科学的规律性[J].科技导报,2001(04):52-55.

胡家喜.盘龙城遗址青铜器铸造工艺探讨[A].盘龙城一九六三~一九九四年考古发掘报告[M].北京:文物出版社,2001:576-598.

黄宗玉,潘春旭,倪婉,陈官涛.长江中游地区楚墓中出土的青铜箭镞的锈蚀现象及锈蚀机理研究[J].文物保护与考古科学,2008(04):16-25+73-74.

贾峨.关于东周错金镶嵌铜器的几个问题的探讨[J].江汉考古,1986(4):34-48.

贾莹,苏荣誉,华觉明,铃木稔,黄允兰,肖梦龙.腐蚀青铜器中纯铜晶粒形成机理的初步研究[J].文物保护与考古科学,1999(02):31-40.

贾云福,胡才彬,华觉明.曾侯乙红铜纹铸镶法的研究[J].江汉考古,1981(S1):65.

贾云福,胡才彬,华觉明.曾侯乙青铜器红铜纹饰铸镶法的研究[J].江汉考古,1981(S1):57-66.

贾云福,胡才彬.对古代青铜器红铜嵌镶的研究[J].武汉工学院学报,1980(1):30-34.

贾云福,胡才彬.对古代青铜器红铜镶嵌的研究[J].武汉工学院学报,1980(1):27-34.

蒋廷瑜.汉代錾刻花纹铜器研究[J].考古学报,2002(07).

金锐,罗武干,王昌燧.湖北郧县乔家院墓地出土战国及东汉铜器的成分与金相分析[J].文物保护与考古科学,2013(2):8-12.

康忠镕主编.文物保护学基础[M].成都:四川大学出版社,1995.

李京华.固始侯古堆青铜铸镶红铜花纹工艺探讨[A].固始侯古堆一号墓[M].郑州:大象出版社,2004.

李涛,秦颖,罗武干,滕建英,赵鹏,刘斌,王晓妮.古代青铜器锈蚀产物的拉曼和红外光谱分析[J].有色金属,2008.

李学勤.枣庄徐楼村宋公鼎与费国[J].史学月刊,2012(1): 128-129.

李艳萍,杨小林.新干商墓青铜器锈蚀结构分析研究[J].中国文物科学研究,2006(03): 81-84.

李则斌,陈刚.江苏盱眙县大云山西汉江都王陵一号墓[J].考古,2013(10): 3-68.

李子勋、古晓泉.CT图像的三维重建[J].CT理论与应用研究,1992(4): 1-4.

刘百舸.胡钢徐楼出土青铜舟红铜铸镶蝠形纹饰CT成像解析[A].考古学研究(十二)[M].北京: 科学出版社,2020: 120-128.

刘洪涛.中国古代科技史[M].天津: 南开大学出版社,1991: 42.

刘煜,岳占伟,何毓灵.殷墟青铜器金属芯撑技术研究[J].南方文物,2015(4): 97-108.

刘煜.圈足上的镂孔——试论商代青铜器的泥芯撑技术[J].南方文物,2014.3: 110-116.

卢建国.陕西铜川发现战国铜器[J].文物,1985(5): 44-45.

罗斌、黄端旭、汪炳权.从CT断面图象重建人体器官的三维形状[J].CT理论与应用研究,1992(1): 31-35.

孟祥伟.东周镶嵌红铜青铜器初步研究[D].北京科技大学硕士学位论文,2009.12.

丘光明.中国古代计量史[M].合肥: 安徽科学技术出版社,2012.

裘锡圭.齐量制补说[J].中国史研究,2019(1): 5-38.

泉屋博古馆、九州国立博物馆,黄荣光译.泉屋透赏——泉屋博古馆青铜器透射扫描解析[M].北京: 科学出版社,2015.

容庚,张维持.殷周青铜器通论[M].北京: 文物出版社,1984: 320.

山东博物馆,枣庄市博物馆.大君有命,开国承家[M].北京: 北京时代华文书局,2018.

山东省文物管理处,济南市博物馆.大汶口[M].北京: 文物出版社,1974: 101-102.

石敬东,尹秀娇,杨晶.枣庄徐楼墓葬及相关问题[J].海岱考古(第七辑),2014(12): 405-410.

石璋如.殷代的铸铜工艺[J]."中研院"历史语言研究所集刊,1955: 216.

史树青.我国古代的金错工艺[J].文物,1973(6): 66-72.

苏荣誉,胡东波.商周铸吉金中垫片的使用和滥用[J].饶宗颐国学院院刊,2014(1): 101-134.

苏荣誉,华觉明,李克敏,等.中国上古金属技术[M].山东:山东科学技术出版社,1995.

苏荣誉,王丽华.枣庄徐楼出土铸镶红铜青铜器探论[A].青铜器与山东古国学术研讨会论文集[C].2016: 323-337.

孙淑云,韩汝玢,李秀辉编.中国古代金属材料显微组织图谱(有色金属卷)[M].北京:科学出版社,2011.04.

谭德睿.中国古代铜器表面装饰技艺概览[J].文物鉴定与鉴赏,2010(3): 72-74.

汤琪,王菊琳,马菁毓.土壤腐蚀过程中高锡青铜的形貌变化和元素迁移[J].中国有色金属学报,2011,12: 3175-3181.

王成兴,尹慧道主编.文物保护技术[M].合肥:安徽大学出版社,2005.

王海文.青铜镶嵌工艺概述[J].故宫博物院院刊,1983(1): 67-68.

王焕文.荷竹清华润琼浆——山东临淄商王墓出土铜汲酒器考[J].收藏家,2015(9): 58-60.

王蕙贞著.文物保护学[M].北京:文物出版社,2009.

王菊琳,许淳淳.腐蚀过程中青铜析出还原铜晶粒的机理[J].中国有色金属学报,2004(11): 1869-1874.

王菊琳,许淳淳.青铜在土壤中局部腐蚀过程的化学行为[J].化工学报,2004(07): 1135-1139.

王丽华.徐楼青铜器图形文字信息的保护研究[J].文物修复与研究,2016,: 198-202.

王宁,何积铨,孙淑云,肖璘.模拟青铜器样品在典型电解质溶液中的电化学行为研究[J].文物保护与考古科学,2007,19(4): 45-48.

魏珍.不同地区埋藏环境土壤特征与出土青铜器锈蚀之间的关系[D].西北大学硕士学位论文,2008.

魏珍.不同地区埋葬环境土壤特征与出土青铜器锈蚀之间的关系[D].西北大学硕士学位论文,2008.

吴来明.中国古代金属着色技术概论[A].上海博物馆文物保护科学论文集[C],1996: 161-167.

武干,秦颖,黄风春,胡雅丽,王昌遂.湖北省出土的若干青铜器锈蚀产物研究[J].腐蚀科学与防护技术,2007,19(3): 157-161.

奚三彩.文物保护技术与材料[M].台南艺术学院,1999.

徐龙国、贾振国、王滨.山东临淄商王村一号战国墓发掘简报[J].文物,

1997(6).

许淳淳.青铜环境界面上化学、电化学行为的研究[A].文物保护与修复纪实——第八届全国考古与文物保护(化学)学术会议论文集[C].中国化学会应用化学会学科委员会,2004: 19.

杨璐,黄建华.保护、修复、研究领域中文物的价值[J].文物保护与考古科学,2006(04): 49-54.

杨群,王怡林,张鹏翔,李朝真.拉曼光谱对古青铜矛腐蚀情形的无损研究[J].光散射学报,2001(04).

杨树达.积微居金文说[M].北京:中华书局,1977: 13-14.

杨远.夏商周青铜容器的装饰艺术研究[D].郑州大学博士学位论文,2007: 25.

姚智辉,孙淑云,邹后曦,方刚,黄伟,白彬,张建华.三峡江地区部分青铜器的成分与金相研究[J].自然科学史研究,2005.

叶小燕.我国古代青铜器上的装饰工艺[J].考古与文物,1983(4): 84-94.

尹秀娇,石敬东,苏昭秀,郝建华,刘爱民.山东枣庄徐楼东周墓发掘简报[J].文物,2014(01): 4-27+1.

负安志,甘肃省博物馆文物工作队,武威地区文物普查队.永昌鸳鸯池新石器时代墓地的发掘[J].考古,1974(5): 308.

枣庄市博物馆,枣庄市文物管理委员会办公室,峄城区文广新局.枣庄市峄城徐楼东周墓葬发掘报告[A].海岱考古(第七辑)[M].北京:科学出版社,2014,12: 59-127.

张吉.随州文峰塔墓地青铜器工艺与腐蚀研究[D].北京大学硕士学位论文,2015(6): 50-67.

张临生.院藏东周镶嵌铜器(二)[J].故宫文物月刊,1990(3): 53.

张夏,胡钢,胡东波,刘绪,王丽华.山东枣庄徐楼东周墓出土不知名器初探[A].考古学研究,北京:科学出版社,2020.

张展适、陈少华、陈障茹、刘月妙.青铜文物腐蚀过程的模拟研究[J].中国腐蚀与防护学报,2007(4).

郑利平.中国古代青铜器表面镶嵌工艺技术[J].金属世界,2007(1): 48-51.

中国腐蚀与防护学会《金属腐蚀手册》编辑委员会编.金属腐蚀手册[M].上海:上海科学技术出版社,1987.

中国社会科学院考古研究所.殷墟妇好墓[M].北京:文物出版社,1980: 107-111.

中国文化遗产研究院.中国文物保护与修复技术[M].北京:科学出版社,

2009: 365—385.

中国文化遗产研究院编. 中国文物保护与修复技术[M]. 北京: 科学出版社, 2009.

周剑虹. 青铜腐蚀与埋藏环境关系的初步研究[D]. 西北大学硕士学位论文, 2006.

朱凤瀚. 古代中国青铜器[M]. 天津: 南开大学出版社, 1995: 547.

祝鸿范, 周浩. 青铜器文物腐蚀受损原因的研究[J]. 电化学, 1999(08).

淄博市博物馆、齐故城博物馆. 临淄商王墓地[M]. 济南: 齐鲁书社, 1997.

西文文献

A. P. Roberts. Statistical Reconstruction of Three-dimensional Porous Media from Two-dimensional Images[J]. Physical Review E 56 (1997): 3203—3212.

D. T. Fullwooda, S. R. Niezgodab, S. R. Kalidindi. Microstructure Reconstructions from 2—point Statistics Using Phase-recovery Algorithms[J]. Acta Materialia 56 (2008): 942—948.

David Scott. 古代和历史时期金属制品金相学与显微结构[M]. 北京: 科学出版社, 2012.

Lowell I. McCann, K. Trentelman, T. Possley, B. Golding. Corrosion of Ancient Chinese Bronze Money Trees Studied by Raman Microscopy [J]. Journal of Raman Spectroscopy, 1999: 121—132.

Lowell I. McCann, K. Trentelman, T. Possley, B. Golding. Corrosion of Ancient Chinese Bronze Money Trees Studied by Raman Microscopy [J]. Journal of Raman Spectroscopy, 1999: 121—132.

N. Barnard. Origins of Bronze Casting in Ancient China[A]. N. Barnard & Sato Tamotsu. Metallurgical Remains of Ancient China[M]. Nichiosha, Tokyo, 1975: 78.

P. Tahmasebi, M. Sahimi. Cross-correlation Function for Accurate Reconstruction of Heterogeneous Media", Physical Review Letters 110 (2013).

Xiuzhen Janice Li, Marcos Martinón-Torres, Nigel D. Meeks, Yin Xia, Kun Zhao. Inscriptions, Filing, Grinding and Polishing Marks on the Bronze Weapons from the Qin Terracotta Army in China[J]. Journal of Archaeological Science, 2011 (38): 492—501.

图表索引

图1-1　鼎（M2∶24）　9
图1-2　鼎（M2∶24）内壁铭文　9
图1-3　鼎（M2∶24）内壁铭文拓片　9
图1-4　鼎（M1∶39）内壁铭文及其拓片　10
图1-5　戈（M2∶61）铭文及其拓片　10
图1-6　铺（M1∶24）器盖对铭　10
图1-7　敦（M1∶44）镶嵌红铜纹饰　11
图1-8　镈（M1∶43）的纹饰及其拓片　12
图1-9　鼎（M2∶26）表面的纹饰　12
图1-10　杖首（M2∶23）表面的纹饰　12
图1-11　锁（M2∶4）　12
图1-12　提梁罐（M1∶3）　13
图1-13　舟（M1∶11）　13
图1-14　匜（M1∶38）红铜镶嵌的菱形纹　13
图2-1　不知名器（M1∶4）　17
图2-2　不知名器（M1∶4）俯视X光片　17
图2-3　不知名器（M1∶4）器身的金属芯撑　17
图2-4　鼎（M1∶39）保护修复前后　18
图2-5　鼎（M1∶39）器盖X光片　18
图2-6　鼎（M1∶39）器身X光片　19
图2-7　簠（M1∶7）保护修复前后　19
图2-8　簠（M1∶7）腹部残片及对应的X光片　19
图2-9　罍（M1∶19）足部泥芯撑　20
图2-10　罍（M1∶19）足底部泥芯撑　20
图2-11　盘（M1∶5）足部泥芯撑　20
图2-12　钟（M1∶41）泥芯撑镂孔　21
图2-13　盘（M2∶22）　21
图2-14　盘（M2∶22）X光片　21
图2-15　以红铜纹饰为垫片的铸造示意图　22
图2-16　铸造艺术效果还原图　22
图2-17　敦（M1∶44）保护修复前后照片　23
图2-18　敦（M1∶44）外侧面与内侧面对比　23
图2-19　敦（M1∶44）器盖捉手X光片　24
图2-20　支钉设计示意图　24
图2-21　敦（M1∶44）器身X光片　24
图2-22　铸造效果还原俯视图　24
图2-23　舟（M2∶21）保护修复前后　25
图2-24　舟（M2∶21）器盖　25
图2-25　舟（M2∶21）器盖残片X光片　25
图2-26　舟（M2∶21）器盖红铜纹饰与金属芯撑示意图　26
图2-27　鼎（M1∶9）　26
图2-28　鼎（M1∶9）器盖残片X光片　27
图2-29　鼎（M1∶9）鼎体局部及其X光片　28
图2-30　鼎（M1∶9）器盖残片及其X光片　29
图2-31　鼎（M1∶26）保存状态　29
图2-32　鼎（M1∶26）盖X光片　30
图2-33　鼎（M1∶26）底X光片　31
图2-34　鼎（M1∶26）耳X光片　31
图2-35　鼎（M1∶39）底　32
图2-36　鼎（M1∶39）盖　32
图2-37　鼎（M1∶39）盖X光片　34
图2-38　鼎（M1∶39）体X光片　34
图2-39　范线特征　36
图2-40　鼎耳与鼎体连接方式　36

图表索引

图2-41	鼎盖保存状态及其X光片	36
图2-42	鼎身X光片	37
图2-43	簠(M1:7)	38
图2-44	簠(M1:7)残片形貌及X光片 39	
图2-45	簠(M1:7)器底X光片	40
图2-46	铺保存状态	43
图2-47	铺盖X光片	44
图2-48	铺(M1:24)盖纹饰断裂处与披缝痕迹 44	
图2-49	铺(M1:24)披缝局部	45
图2-50	铺(M1:10)圈足局部	45
图2-51	铺(M1:24)圈足局部	46
图2-52	罍(M1:19)修复前后整体外观 47	
图2-53	罍(M1:19)披缝痕迹	48
图2-54	罍(M1:19)耳局部与X光片	48
图2-55	罍(M1:19)耳局部的插销结构 48	
图2-56	罍(M1:19)耳局部的错位与披缝 49	
图2-57	罍(M1:19)耳兽首局部	49
图2-58	罍(M1:20)蹄足局部	49
图2-59	罍(M1:19)不同蟠螭纹局部	50
图2-60	敦保存状态	51
图2-61	敦(M1:6)捉手与盖上披缝	51
图2-62	敦(M1:44)捉手与盖钮细部	51
图2-63	敦(M1:6)X光片	52
图2-64	敦(M1:44)盖X光片	52
图2-65	盘(M1:5)整体外观	53
图2-66	盘(M1:5)耳细部	54
图2-67	盘(M1:5)足细部	54
图2-68	盘(M1:5)镶槽细部	55
图2-69	盘(M2:22)整体外观	55
图2-70	盘(M2:22)足	56
图2-71	盘(M2:22)耳	56
图2-72	盘(M2:22)镶槽局部	56
图2-73	盘(M2:22)底部和侧壁红铜纹饰 57	
图2-74	盘底菱形纹	57
图2-75	盘底菱形纹饰对比	58
图2-76	红铜纹饰镶嵌示意图	60
图2-77	足部冒口	60
图2-78	红铜纹饰移动示意图	60
图2-79	匜(M1:38)整体外观	61
图2-80	匜(M1:38)鋬手局部	61
图2-81	匜(M1:38)流局部	62
图2-82	匜(M1:38)鋬手补铸痕迹	62
图2-83	匜(M1:38)流处补铸痕迹	63
图2-84	匜(M1:38)红铜纹饰镶槽	63
图2-85	匜(M2:20)整体外观	64
图2-86	盘(M2:22)和匜(M2:20)红铜纹饰缺陷 64	
图2-87	匜(M2:20)鋬手局部	64
图2-88	匜(M2:20)流局部	65
图2-89	舟(M2:21)整体外观	65
图2-90	舟(M2:21)X光片	66
图2-91	舟(M2:21)盖红铜纹饰附近青铜金相 67	
图2-92	舟(M2:21)红铜与青铜金相	67
图3-1	盘(M2:22)	70
图3-2	盘(M2:22)红铜纹饰脱落处 71	
图3-3	盘(M2:22)X光片	71
图3-4	匜(M2:20)及局部红铜纹饰镶铸连接 71	
图3-5	盘(M1:5)和匜(M1:38)	71
图3-6	盘(M1:5)和匜(M1:38)纹饰铸接处 72	
图3-7	盘(M1:5)部分残片的X光片	72
图3-8	红铜纹饰锈蚀后在器身留下的纹饰凹槽 73	
图3-9	敦(M1:44)	74
图3-10	敦(M1:44)红铜纹饰与孔洞的对应关系 74	
图3-11	敦(M1:44)红铜纹饰X光片	75
图3-12	舟(M2:21)盖红铜纹饰下垫片使用的X光片 76	
图3-13	盘(M1:5)及其X光片	77
图3-14	匜(M1:38)及其X光片	78
图3-15	盘(M2:22)及其X光片	78
图3-16	匜(M2:20)及其X光片	78

图3-17	盘(M1:5)和匜(M1:38)纹饰铸接处 79	图3-40	敦盖纹饰支钉的X光片 95
图3-18	盘(M2:22)和匜(M2:20)纹饰铸接处 79	图3-41	青铜舟(M2:21) 97
		图3-42	青铜舟(M2:21)盖 97
图3-19	盘(M1:5)红铜纹饰金相组织 80	图3-43	青铜舟表面禽兽纹 97
		图3-44	青铜舟表面应力裂缝 97
图3-20	盘(M1:5)青铜基体金相组织 80	图3-45	青铜舟腹部红铜装饰(一) 97
		图3-46	青铜舟腹部红铜装饰(二) 97
图3-21	匜(M2:20)红铜纹饰表面"青铜皮"覆盖现象及其X光片 81	图3-47	青铜舟整体X光片 98
		图3-48	青铜舟盖面纹饰X光片 98
图3-22	M1出土盘(M1:5)和匜(M1:38) 83	图3-49	220091号样品基体面扫描 98
		图3-50	220091号样品面扫描成分 98
图3-23	M2出土盘(M2:22)和匜(M2:20) 83	图3-51	220091号样品1800倍电镜 99
		图3-52	220091号样品3000倍电镜 99
图3-24	盘(M2:22)内部红铜纹饰 85	图3-53	220091号样品共析体电镜 99
图3-25	盘(M2:22)外壁(底部)菱形红铜纹饰 85	图3-54	220091号样品共析体成分 99
		图3-55	220091号样品3000倍电镜下条状物 99
图3-26	盘(M2:22)外壁(侧壁)菱形红铜纹饰 85	图3-56	220091号样品条状物成分 99
		图3-57	220092样品侵蚀前基体 100
图3-27	盘(M2:22)底部红铜纹饰的空腔缺陷示意图 87	图3-58	220092样品侵蚀前基体 100
		图3-59	220092样品侵蚀前基体 101
图3-28	足部的浇(冒)口 88	图3-60	220092样品侵蚀后基体 101
图3-29	受重力和收缩作用红铜纹饰位移示意图 88	图3-61	红铜镶嵌方式示意图 103
		图3-62	青铜舟(M2:21)整体外观 106
图3-30	"铸镶法"红铜纹饰青铜器空腔缺陷的形成过程示意图 89	图3-63	青铜舟盖X光片 106
		图3-64	青铜舟横截面CT扫描 106
图3-31	M1出土盘(M1:5)、匜(M1:38)上不存在空腔缺陷 90	图3-65	XY维度分层照片 108
		图3-66	凸榫与垫片的比较 109
图3-32	M2出土盘(M2:22)、匜(M2:20)上存在大量空腔缺陷 90	图3-67	XZ、XY两种维度的扫描照片特征部位对照 110
图3-33	盘(M1:5)上红铜纹饰部分残留的凸槽 90	图3-68	扫描照片中垫片与凸榫的成像情况比较 110
图3-34	M2盘匜组合红铜纹饰工艺示意图 91	图3-69	YZ、XY两种维度的扫描照片特征部位对照 111
图3-35	M1盘匜组合带槽红铜纹饰工艺示意图 91	图3-70	凸榫与垫片成像情况比较 112
图3-36	敦(M1:6)保护修复前后 93	图4-1	样品100091的整体形貌 129
图3-37	敦(M1:44)保护修复前后 93	图4-2	样品100091不同区域Cu、Sn、Pb百分含量及Cu/Sn变化 130
图3-38	敦(M1:6)红铜纹饰锈蚀状态 94	图4-3	红铜、低锡青铜、高锡青铜有氧条件下在去离子水中的极化曲线 131
图3-39	敦(M1:6)X光片 94		

图4-4	红铜、低锡青铜、高锡青铜无氧条件下在去离子水中的极化曲线 131		拉曼谱图 156
图4-5	红铜和高锡青铜开路电位监测图 132	图4-35	070092号样品截面处红色锈蚀拉曼谱图 156
图4-6	盘(M1：5)和匜(M1：38)红铜嵌口的电子迁移示意图 133	图4-36	070092号样品截面处蓝色锈蚀拉曼谱图 157
图4-7	样品160093中部腐蚀区 134	图4-37	070093号样品截面处蓝色锈蚀拉曼谱图 157
图4-8	样品520091边缘腐蚀区 134	图4-38	070093号样品截面处蓝色锈蚀拉曼谱图 158
图4-9	匜(M1：38) 138	图4-39	100092号样品截面处绿色锈蚀拉曼谱图 158
图4-10	敦(M1：6) 138		
图4-11	070093号体视镜照片 140	图4-40	150095号样品截面处蓝色锈蚀拉曼谱图 159
图4-12	100092号体视镜照片 141		
图4-13	150094号体视镜照片 142	图4-41	150095号样品凹槽处绿色锈蚀拉曼谱图 159
图4-14	190092号体视镜照片 143		
图4-15	070093号金相照片 144	图4-42	青铜舟(M2：21)出土位置示意图 160
图4-16	070094号金相照片 144		
图4-17	100091号金相照片 145	图4-43	青铜舟(M2：21)整体X光片 161
图4-18	100092号金相照片 146	图4-44	青铜舟盖面X光片 161
图4-19	150094号金相照片 147	图4-45	青铜舟取样位置示意 162
图4-20	160093号金相照片 148	图4-46	220091样品体视显微镜下锈蚀物形态 162
图4-21	160094号金相照片 148		
图4-22	190091号金相照片 149	图4-47	220092样品体视显微镜不同视野下锈蚀形态 163
图4-23	190094号金相照片 149		
图4-24	高锡低锡试样有氧条件下极化曲线 150	图4-48	220093样品体视显微镜下锈蚀形态 164
图4-25	高锡低锡试样无氧条件下极化曲线 151	图4-49	220091样品表层锈蚀SEM形貌 165
图4-26	低锡试样极化曲线 151	图4-50	220091样品截面金相形貌观察结果 165
图4-27	高锡试样极化曲线 152		
图4-28	150094样品腐蚀区电镜形貌 152	图4-51	样品220091基体处的显微形貌 166
图4-29	150094样品红铜区电镜形貌 153		
图4-30	150094样品红铜区氧化物电镜形貌 153	图4-52	220091样品过渡处1(8) 166
		图4-53	220091样品过渡处1(10) 166
图4-31	150094样品红铜析出处取样位置与金相照片 153	图4-54	220091样品：过渡处1(11) 167
		图4-55	220091样品过渡处1(12) 167
图4-32	150094样品中部取样位置与金相照片 154	图4-56	220091样品基体面扫描 168
		图4-57	220091样品残余红铜条 168
图4-33	150094样品下半部分灰色区域电镜形貌 155	图4-58	过渡处铅颗粒 169
		图4-59	针状结构 169
图4-34	070091号样品基体表面绿色锈蚀	图4-60	220091样品红铜嵌口(过渡处侵蚀

	前) 170	图4-90	b样品铜成分分析区域 182
图4-61	220091样品红铜嵌口(基体侵蚀后,200倍) 170	图4-91	a样品铜各特征形态成分处分析 183
图4-62	220091样品红铜嵌口(基体侵蚀后,1000倍) 171	图4-92	a样品铜(未锈蚀处)成分分析点 183
图4-63	220091样品红铜嵌口(下方侵蚀后,1000倍) 171	图4-93	a样品补铸与基体连接处两层锈蚀成分分析点 184
图4-64	220092A样品红铜残片(侵蚀前) 172	图4-94	a样品补铸部分锈蚀处 185
图4-65	220092A样品整体形态(侵蚀前) 172	图4-95	b样品锈蚀处 185
		图5-1	M1平面图(局部) 189
图4-66	220092A样品纯铜颗粒(侵蚀前) 173	图5-2	不知名器不同角度照片 190
		图5-3	不知名器纹饰线图 191
图4-67	220092A样品红铜纹饰金相(侵蚀后) 173	图5-4	在不知名器(M1:4)旁边出土的盒(M1:2)和提链罐(M1:3) 191
图4-68	220092A样品基体靠近红铜纹饰处(侵蚀后) 173	图5-5	山东临淄商王村M1平面图 192
		图5-6	山东临淄商王村出土汲酒器 192
图4-69	220092A样品基体远离红铜纹饰处(侵蚀后) 173	图5-7	大云山M1出土汲酒器(M1:3967、M1:3968) 193
图4-70	蚀孔及其腐蚀产物的样式 174	图5-8	模拟实验示意图 194
图4-71	鼎(M1:26)形制 176	图5-9	青铜舟(M1:11)实物图 195
图4-72	鼎(M1:26)完残状况 176	图5-10	青铜舟(M1:11)线图 196
图4-73	实验所用样品 177	图5-11	青铜舟(M1:11)内壁和底部 196
图4-74	基体部分显微观察(75倍) 177		
图4-75	补铸表面显微观察 177	图5-12	样品腐蚀形貌 197
图4-76	基体与补铸部分连接处显微观察 178	图5-13	底部錾刻痕迹 197
		图5-14	錾刻痕迹微痕分析 198
图4-77	基体与补铸部分连接处显微观察 178	图5-15	明场下金相照片 198
		图5-16	暗场下550091样品截面 198
图4-78	金相分析 178	图5-17	扫描电镜下局部基体照片及成分分析区域 199
图4-79	a样品锈层与铜交界处 179		
图4-80	b样品锈层与铜交界处 179	图5-18	扫描电镜下腐蚀产物分析 199
图4-81	a样品双层锈层情形1 179	图5-19	腐蚀产物的拉曼谱图(1) 200
图4-82	a样品双层锈层情形2 179	图5-20	腐蚀产物的拉曼谱图(2) 201
图4-83	a样品双层锈层情形3 180	图5-21	青铜敦(M1:6) 204
图4-84	b样品锈层情况 180	图5-22	四虎青铜豆照片 204
图4-85	a样品鼎内壁处显微观察 180	图5-23	敦(M1:6)的红铜纹饰 205
图4-86	a样品鼎外壁处显微观察 180	图5-24	四虎青铜豆红铜纹饰局部 205
图4-87	a样品扫描电镜观察图 182	图5-25	敦(M1:6)盖残片内侧及对应的X光片 206
图4-88	b样品扫描电镜观察图 182		
图4-89	a样品铜成分分析区域 182	图5-26	敦(M1:6)的红铜纹饰与器身结

图5-27 四虎青铜豆的红铜纹饰与器身结合方式 208

图5-28 敦(M1:6)红铜与青铜基体金相组织 209

图5-29 四虎青铜豆的红铜与青铜结合部位残片的金相组织 210

图5-30 四虎青铜豆红铜丝形貌 210

图5-31 四虎青铜豆青铜丝金相组织 210

图5-32 敦(M1:6)保护修复前 220

图5-33 敦(M1:44)侧壁瑞兽纹凹槽 220

图5-34 敦(M1:6)纹饰情况 221

图5-35 敦(M1:44)盖表面红铜涡纹 221

图5-36 敦(M1:6)盖内侧 222

图5-37 敦(M1:6)X光片 222

图5-38 敦(M1:6)盖加固、除锈后 222

图5-39 敦(M1:44)盖施胶粘接 223

图5-40 敦(M1:6)腹部分段翻模补配过程 224

图5-41 敦(M1:6)保护修复后 224

图5-42 提梁罐(M1:3)主体部分 226

图5-43 提梁罐示意图 226

图5-44 提梁罐罐体X光片 227

图5-45 提梁罐X光片 227

图5-46 提梁罐锁环部分局部X光片 227

图5-47 车盖(M2:14)俯视图及侧视图 228

图5-48 车盖(M2:14)X光片 229

图5-49 车盖(M2:14)铸接示意图 229

表1-1 文物基本信息表 3

表2-1 便携XRF对红铜纹饰内壁表面以及周围基体表面检测结果 58

表2-2 便携XRF检测结果 59

表3-1 青铜基体材质化学成分分析结果 80

表3-2 盘(M2:22)内部便携XRF成分分析 85

表3-3 盘(M2:22)外壁便携XRF成分分析 86

表3-4 M1、M2出土盘匜组合的工艺比较 92

表4-1 鼎(M1:26)基体样品SEM测试结果表 116

表4-2 各区域基体合金成分归一化后取平均值 117

表4-3 敦(M1:6)基体样品SEM测试结果表 118

表4-4 各区域基体合金成分归一化后取平均值 119

表4-5 敦(M1:44)基体样品SEM测试结果表 119

表4-6 各区域基体合金成分归一化后取平均值 119

表4-7 簠(M1:7)基体样品SEM测试结果表 120

表4-8 各区域基体合金成分归一化后取平均值 120

表4-9 铺(M1:10)基体样品SEM测试结果表 121

表4-10 各区域基体合金成分归一化后取平均值 122

表4-11 铺(M1:24)基体样品SEM测试结果表 122

表4-12 各区域基体合金成分归一化后取平均值 122

表4-13 罍(M1:20)基体样品SEM测试结果表 123

表4-14 各区域基体合金成分归一化后取平均值 123

表4-15 盘(M2:22)基体样品SEM测试结果表 124

表4-16 各区域基体合金成分归一化后取平均值 124

表4-17 舟(M2:21)基体样品SEM测试结果表 125

表4-18 各区域基体合金成分归一化后取平均值 125

表4-19 使用EDS测得的文物基体成分表 126

表 4-20　样品厚度测量表　127
表 4-21　盘（M2：22）元素组成测量表（样品 100091）　130
表 4-22　红铜铸镶取样记录表　135
表 4-23　拉曼光谱分析取样表　137
表 4-24　样品红铜区中腐蚀处电镜与 EDS 结果　153
表 4-25　150094 样品红铜析出处 EDS 分析结果　154
表 4-26　150094 样品中部 EDS 分析结果　155
表 4-27　150094 样品中部 EDS 分析结果　155
表 4-28　青铜舟取样情况　162
表 4-29　220091 样品过渡处 1（8）取样点成分分析结果　166
表 4-30　220091 样品过渡处 1（10）取样点成分分析结果　167
表 4-31　220091 样品过渡处 1（11）取样点成分分析结果　167
表 4-32　220091 样品过渡处 1（12）取样点成分分析结果　167
表 4-33　220091 样品基体截面扫描成分分析结果　168
表 4-34　220091 样品截面金相残余红铜条成分分析结果　168
表 4-35　220091 样品截面金相过渡处 Pb 颗粒成分分析结果　169
表 4-36　成分分析结果　182
表 4-37　归一化后的成分　182
表 4-38　不同部位成分　183
表 4-39　外层锈蚀成分　184
表 4-40　内层锈蚀成分　184
表 4-41　补铸其他部位元素成分　185
表 4-42　补铸锈蚀处元素成分　185
表 5-1　检测区域能谱分析结果　199
表 5-2　归一化后合金成分　200
表 5-3　腐蚀产物元素检测结果　200

彩 版

彩版分目录

不知名器（M1∶4） ……………………………………………253

盘（M1∶5） ………………………………………………254

敦（M1∶6） ………………………………………………256

敦（M1∶44） ……………………………………………259

簋（M1∶7） ………………………………………………262

簋（M1∶12） ……………………………………………264

鼎（M1∶9） ………………………………………………265

鼎（M1∶26） ……………………………………………267

鼎（M1∶39） ……………………………………………269

鼎（M2∶24） ……………………………………………271

鼎（M2∶25） ……………………………………………272

鼎（M2∶26） ……………………………………………273

铺（M1∶10） ……………………………………………275

铺（M1∶24） ……………………………………………278

舟（M1∶11） ……………………………………………281

舟（M2∶21） ……………………………………………284

罍（M1∶19） ……………………………………………287

罍（M1∶20） ……………………………………………290

簠（M1∶22） ……………………………………………293

钟（M1∶41） ……………………………………………294

钟（M1∶42） ……………………………………………295

勺（M2∶63） ……………………………………………296

戈（M2∶61） ……………………………………………297

伞盖（M2∶14） …………………………………………298

盒（M1∶1） ………………………………………………299

盒（M1∶2） ………………………………………………300

提梁罐（M1∶3） …………………………………………301

镦（M2∶1） ………………………………………………302

锁（M2∶4） ………………………………………………303

矛（M2∶62） ……………………………………………304

匜（M2∶20） ……………………………………………305

匜（M2∶21） ……………………………………………306

盘（M2∶22） ……………………………………………307

杖首（M2∶23） …………………………………………308

Y形器（M2∶85） ………………………………………309

不知名器（M1∶4）

不知名器（M1∶4）修复后

盘（M1∶5）

盘（M1∶5）修复前

盘（M1∶5）修复后

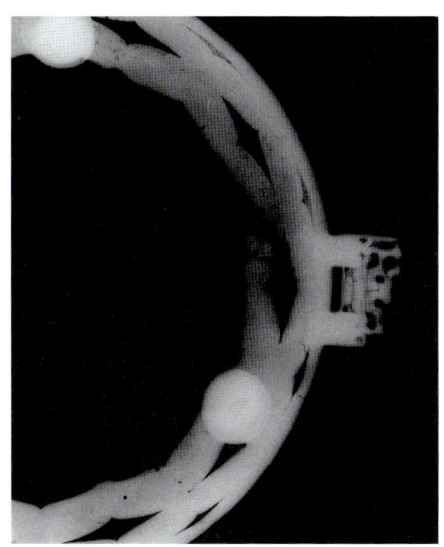

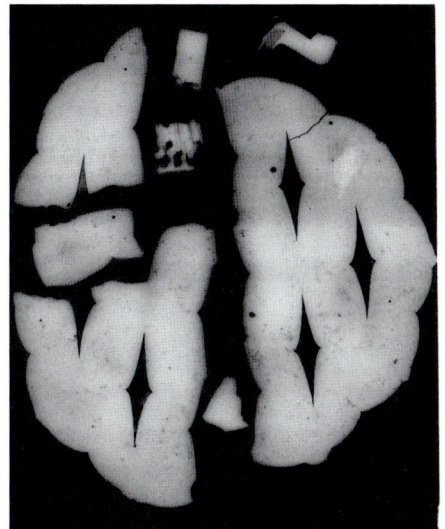

盘(M1∶5)X光片

盘(M1∶5)局部

盘(M1∶5)，残。口微敛，平折沿，方唇，微鼓腹，平底，三蹄形矮足。附耳曲折，耳上饰兽面纹。腹及底部饰红铜纹饰菱形纹。口径44、腹径43.2、高12.8厘米。

敦（M1∶6）

敦（M1∶6）修复前

敦（M1∶6）修复后

敦(M1∶6)X光片

敦(M1∶6)局部

敦（M1∶6）红铜支钉部分内外照片

敦（M1∶6），残。盖、器相合近椭圆形。弧形盖，器相合迂椭圆形。顶置喇叭形捉手，口沿有3个小钮与器沿相扣。器身口，略束颈，斜弧腹，平底。盖、器两侧各有对称的三菱形环钮。喇叭形捉手内饰红铜纹饰齿状纹和涡纹，盖面饰一周红铜纹饰齿状纹，近沿处饰一周红铜纹饰瑞兽纹。腹部饰红铜纹饰瑞兽纹和齿状纹。

敦（M1∶44）

敦（M1∶44）修复前

敦（M1∶44）修复后

敦（M1∶44）X光片

敦（M1∶44）局部

敦（M1∶44），残。盖、器相合近椭圆形。弧形盖，器相合近椭圆形。弧形盖，顶置喇叭形捉手，口沿有3个小钮与器沿相扣。器身口，略束颈，斜弧腹，平底。器两侧各有对称的三菱形环钮。喇叭形捉手内饰红铜纹饰齿状纹和涡纹，盖面饰一周红铜纹饰齿状纹，近沿处饰一周红铜纹饰瑞兽兽纹。腹部饰红铜纹饰瑞兽兽纹和齿状纹。

敦（M1∶44）红铜支钉部分内外照片

簠（M1∶7）

簠（M1∶7）修复前

簠（M1∶7）修复后

簠（M1∶7）X光片

簠（M1∶7），残。盖、器相扣，器身呈长方形，平折沿，斜折腹，平底，下有四钜尺形足，足间有缺口。盖、器两端各置一兽首耳。盖顶、下腹部饰交体龙纹，上腹部饰三角形纹，足饰蟠螭纹。口长29.2、宽22.8厘米，足长22.8、宽17.8厘米，通高21.4厘米。

簠（M1：12）

簠（M1：12）修复前

簠（M1：12）修复后

簠（M：12），残。盖、器相扣，器身呈长方形，平折沿，斜折腹，平底，下有四矩尺形足，足间有缺口。盖、器两端各置一兽首耳。盖顶、下腹部饰交体龙纹，上腹部饰三角形纹，足饰蟠螭纹。口长29.2、宽22.8厘米，足长22.8、宽17.8厘米，通高21.4厘米。

鼎（M1：9）

鼎（M1：9）修复前

鼎（M1：9）修复后

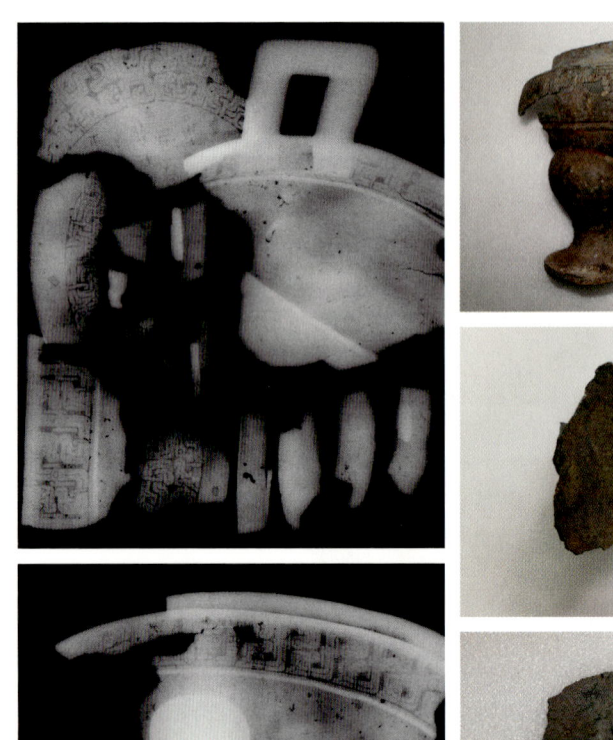

鼎(M1∶9)X光片

鼎(M1∶9),残。盖平顶,上有3个矩形钮,中间1个半环钮。器口微敛,厚唇,上有两个长方形中空附耳,浅弧腹微鼓,圜底近平,三蹄形足肥大。盖面饰两周蟠螭纹,耳外侧饰S形纹,腹上部饰一周蟠螭纹,中部饰一周绚纹。底部可见明显的铸造痕迹,器身系用3块范合铸。器底有烟炱。盖面及腹壁内均铸有相同铭文,5列28字,重文2字。

鼎（M1∶26）

鼎（M1∶26）修复前

鼎（M1∶26）修复后

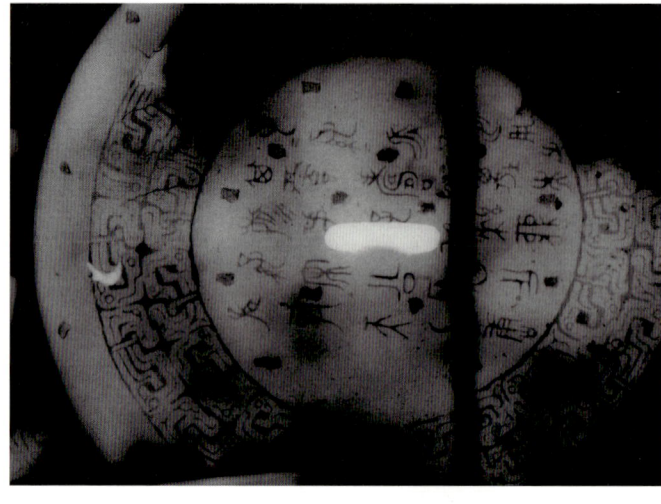

鼎（M1∶26）X光片

鼎（M1∶26），残。盖平顶，上有3个矩形钮，中间1个半环形钮。器口微敛，厚唇，上有两个长方形中空附耳，浅弧腹微鼓，圜底近平，三蹄形足肥大。盖面饰两周蟠螭纹，盖上部饰一周蟠螭纹，腹上部饰S形纹，耳外侧饰S形纹，中部饰一周绹纹。底部可见明显的铸造痕迹，器身系用3块范合铸。盖面及腹壁内均铸有相同铭文，5列28字，重文2字。器口微敛，厚唇，上有两个长方形中空附耳，浅弧腹微鼓，三蹄形足肥大。盖面饰两周蟠螭纹，盖上部饰一周蟠螭纹，腹上部饰S形纹，耳外侧饰S形纹，器底有烟炱。

鼎（M1∶39）

鼎（M1∶39）修复前

鼎（M1∶39）修复后

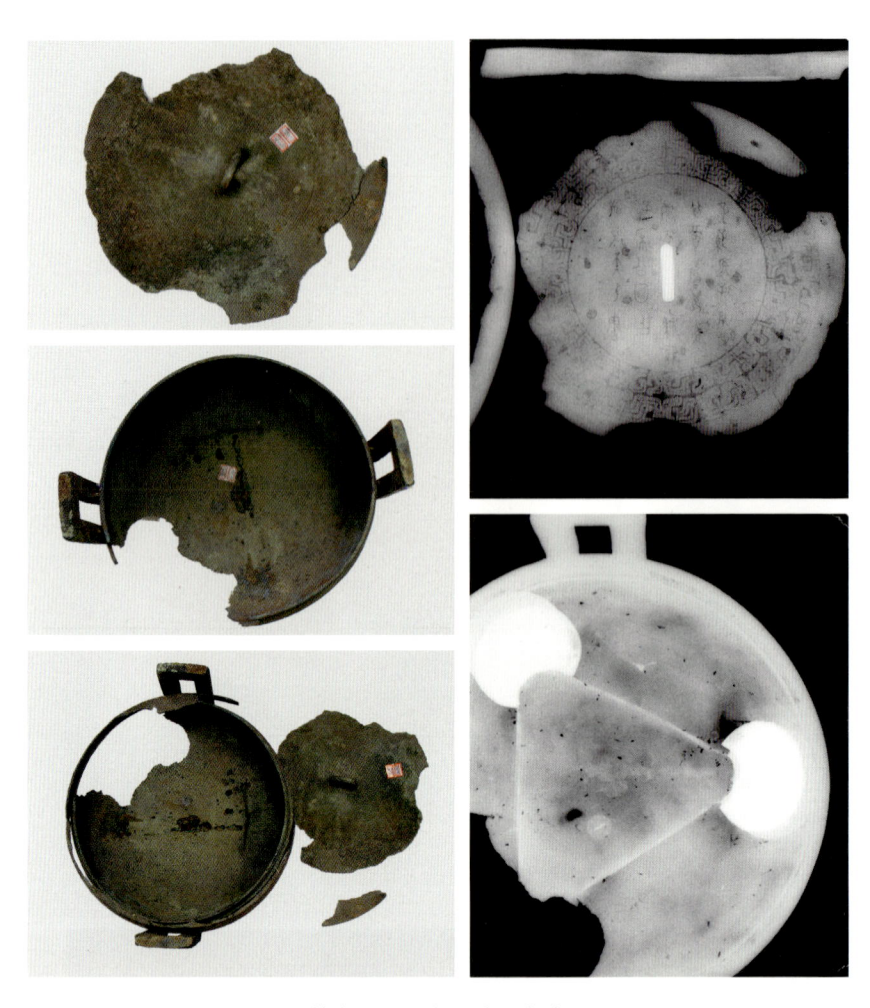

鼎（M1∶39）以及X光片

鼎（M1∶39），残。盖平顶，上有3个矩形钮，中间1个半环钮。器口微敛，厚唇，上有两个长方形中空附耳，浅弧腹微鼓，圜底近平，三蹄形足肥大。盖面饰两周蟠螭纹，耳外侧饰S形纹，腹上部饰一周蟠螭纹，中部饰一周绚纹。底部可见明显的铸造痕迹，器身系用3块范合铸。器底有烟炱。盖面及腹壁内均铸有相同铭文，5列28字，重文2字。

鼎（M2∶24）

鼎（M2∶24）修复后

鼎（M2∶24）铭文

　　鼎（M2∶24），口微敛，长方形立耳，鼓腹，圜底，三锥状蹄形足较高。一耳饰绹纹，一耳经修补无纹饰。上腹部饰云雷纹，下饰三角形纹，足根部饰兽面纹。口径20.8、腹径21.2、腹深8.7、高17.6厘米。器内壁铸铭文，8列35字，重文2字。

鼎（M2∶25）

鼎（M2∶25）修复后

鼎（M2∶25）铭文

鼎（M2∶25），口微敛，平折沿，方唇，立耳外侈，斜弧腹，圜底，三蹄形足。耳及上腹部饰云雷纹，下腹部饰三角形纹，足根部饰兽面纹。口径23.8、腹径23.2、腹深10.2、高20.7厘米。器内壁铸铭文，3列22字。

鼎（M2∶26）

鼎（M2∶26）修复前

鼎（M2∶26）修复后

鼎（M2∶26），残。盖平顶，沿下折，上有3个矩形钮，中间1个长方形环钮。器子口微敛，口沿下两侧长方形附耳直立内敛，深弧腹微鼓，圜底近平，中空三蹄形足较高，其中一足经修补。盖面外饰一周波曲纹带，内饰一周蟠螭纹带，中心钮两端饰兽面纹，耳外侧饰蟠螭纹，腹部绹纹上下饰蟠螭纹和三角形纹。器底可见明显的铸造痕迹，可以看出器身是用3块范合铸而成。口径22.4、腹径25.6、腹深15.4、通高25.8厘米。

铺（M1∶10）

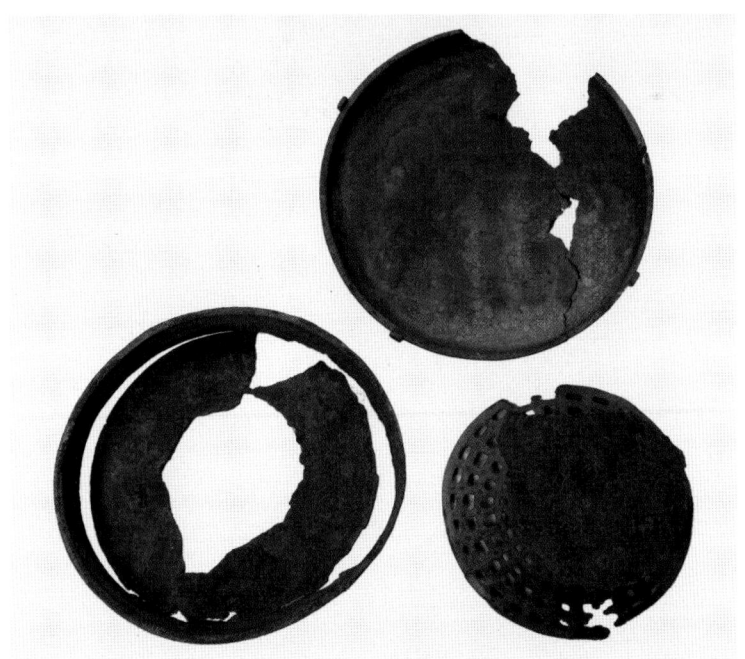

铺（M1∶10）修复前

铺（M1∶10）修复后

铺(M1∶10)X光片

铺(M1∶10)局部

铺(M1∶10),残。覆钵形盖,盖顶置有8个外卷的花瓣,盖沿部有4个对称小钮与器口相扣。器为浅盘,直口,平折沿,方唇,腹壁较直,平底,粗柄,喇叭形圈足。花瓣内为镂空蟠螭纹,盖顶中心、外围及腹部各饰一周交体龙纹,柄、圈足饰长方形镂孔。盖内及盘底部均铸有相同铭文,6列28字,重文2字。

铺（M1∶24）

铺（M1∶24）修复前

铺（M1∶24）修复后

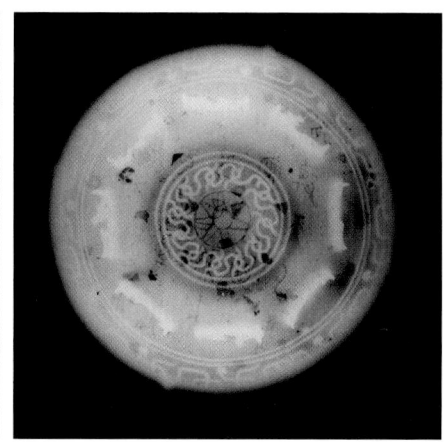

铺(M1∶24)X光片

铺(M1∶24)铭文

铺(M1∶24)，残。覆钵形盖，盖顶置有8个外卷的花瓣，盖沿部有4个对称小钮与器口相扣。器为浅盘，直口，平折沿，方唇，腹壁较直，平底，粗柄，喇叭形圈足。花瓣内为镂空蟠螭纹，盖顶中心、外围及腹部各饰一周交体龙纹，柄、圈足饰长方形镂孔。盖内及盘底部均铸有相同铭文，6列28字，重文2字。

铺（M1∶24）局部

舟（M1∶11）

舟（M1∶11）修复前

舟（M1∶11）修复后

舟（M1∶11）内錾刻纹饰

舟（M1∶11），残。器身椭圆形，口微侈，尖圆唇，浅腹微鼓，平底。腹部两长边各铆有一环形兽首耳。器壁较薄，为锻制而成，做工精细。腹壁内近底部及底面周围饰交体龙纹，中间饰蟠螭纹。长径16.8、短径14.6、腹深6.6、高8.4厘米。

舟（M1∶11）部分錾刻纹饰

舟（M1∶11）錾刻痕迹

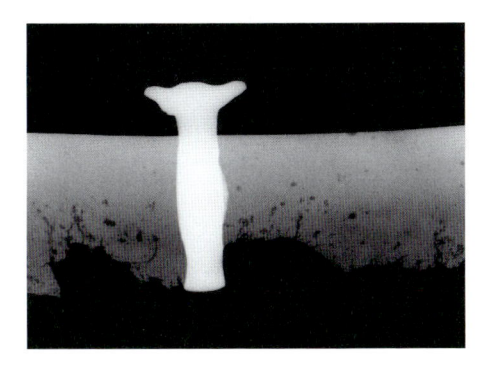

舟（M1∶11）X光片

舟（M1∶11）局部　　　　舟（M1∶11）金相照片

舟（M2∶21）

舟（M2∶21）修复前

舟(M2∶21)修复后

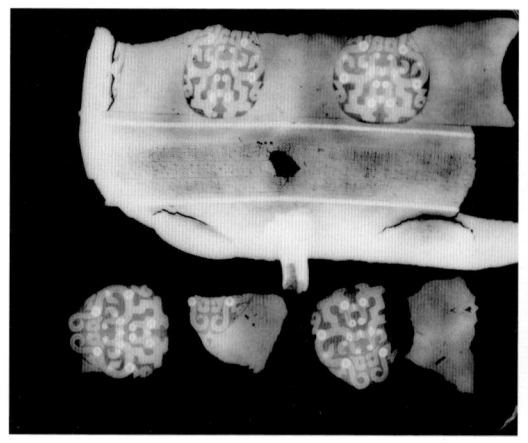

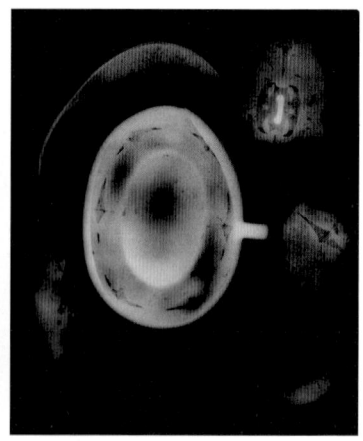

舟(M2∶21)X光片

　　舟(M2∶21)，残。椭圆形，子母口。盖面微鼓，中间有一环钮。器口微侈，圆唇，短束颈，弧鼓腹，一侧有一环形鋬手，平底微内凹。腹部饰红铜纹饰禽兽纹和菱形纹。口长19.2、宽14.3厘米，腹长20、宽15.4、深7厘米，通高9.6厘米。

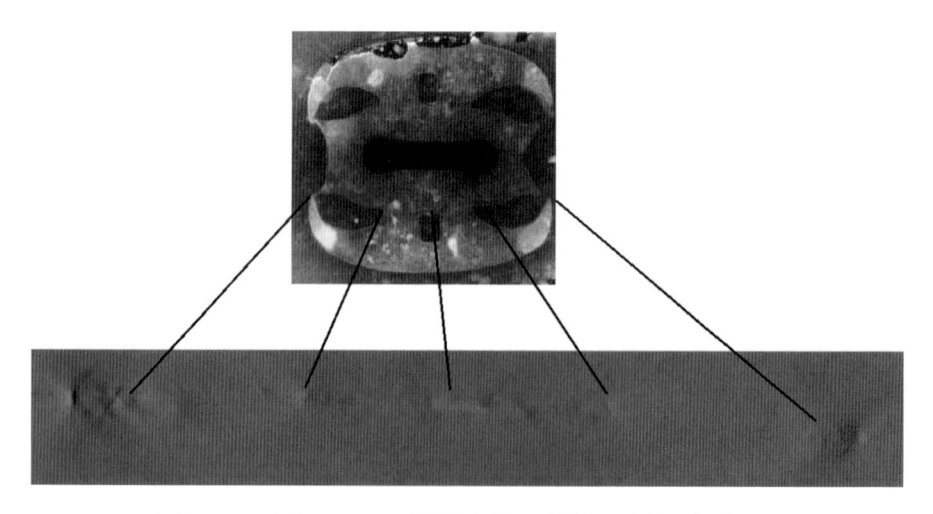

舟(M2∶21)盖XZ,XY两种维度的CT扫描照片特征部位对照

罍（M1∶19）

罍（M1∶19）修复前

罍（M1∶19）修复后

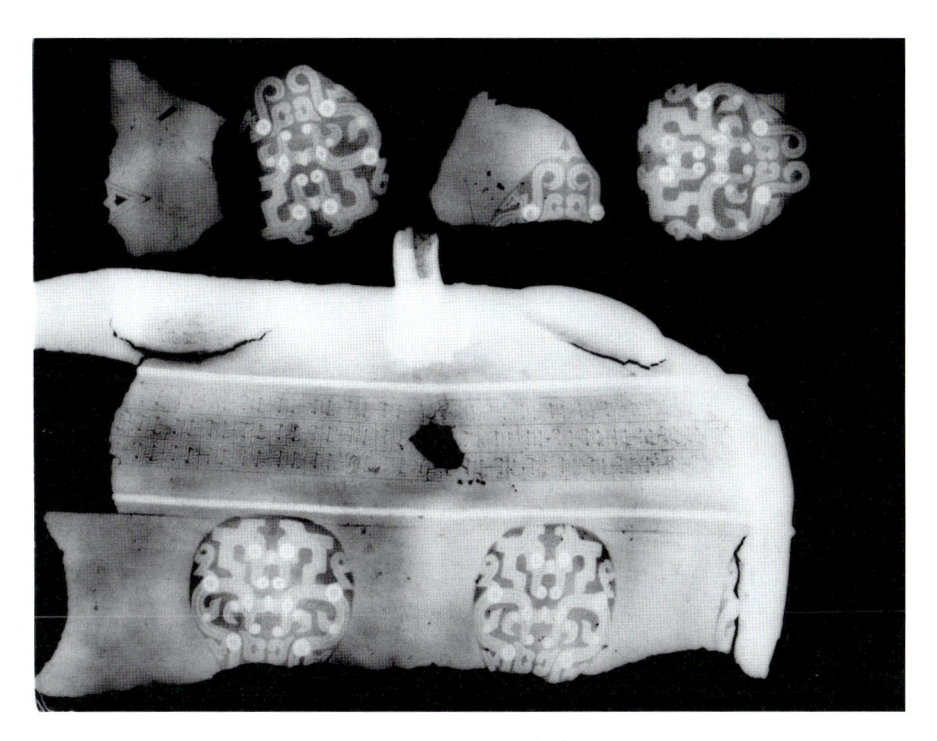

罍（M1∶19）X光片

罍（M1∶19）局部

罍（M1∶19），残。口微侈，斜折沿，方唇，直领，圆肩，腹内收，平底微内凹，三蹄形足。肩部有四个对称的兽首耳，耳间各有一隆起的圆形泡，上饰云雷纹、重环纹各两周。腹上部饰两周绚纹，间饰云雷纹，下部饰六组蟠螭纹。

罍（M1∶20）

罍（M1∶20）修复前

罍（M1 : 20）修复后

罍（M1∶20）X光片

罍（M1∶20），残。口微侈，斜折沿，方唇，直领，圆肩，腹内收，平底微内凹，三蹄形足。肩部有四个对称的兽首耳，耳间各有一隆起的圆形泡，上饰云雷纹、重环纹各两周。腹上部饰两周绹纹，间饰云雷纹，下部饰六组蟠螭纹。

簠（M1∶22）

簠（M1∶22）修复前

簠（M1∶22）修复后

簠（M1∶22），残。盖、器相扣，器身呈长方形，平折沿，斜折腹，平底，下有四矩尺形足，足间有缺口。盖、器两端各置一兽首耳。盖顶、下腹部饰交体龙纹，上腹部饰三角形纹，足饰蟠螭纹。口长29.2、宽22.8厘米，足长22.8、宽17.8厘米，通高21.4厘米。

钟（M1∶41）

钟（M1∶41）修复前

钟（M1∶41），残。梯形绳索状钮，平舞，合瓦形体，梯形钲，两侧篆间各有三排9个乳状枚，于部上弧，铣部下阔。舞部饰涡纹，篆、鼓部饰交体龙纹，鼓部正中饰圆形涡纹。舞长9.8、宽7.6厘米，于长12.6、宽9厘米，高19.6厘米。

钟（M1∶41）修复后

钟（M1∶42）

钟（M1∶42）修复前

钟（M1∶42），残。梯形绳索状钮，平舞，合瓦形体，梯形钲，两侧篆间各有三排9个乳状枚，于部上弧，铣部下阔。舞部饰涡纹，篆、鼓部饰交体龙纹，鼓部正中饰圆形涡纹。舞长11、宽8.6，于长13.4、宽9.6，高21.6厘米。

钟（M1∶42）修复后

勺（M2∶63）

勺（M2∶63）修复前

勺（M2∶63）修复后

勺（M2∶63），残。斗呈椭圆形，敞口，浅腹，圜底。一侧有一椭圆形曲柄至底，上部中空成銎，柄上有一对穿圆孔。素面。斗长径12、斗短径9.6、柄口直径2、深4厘米。

戈（M2：61）

戈（M2：61）修复后

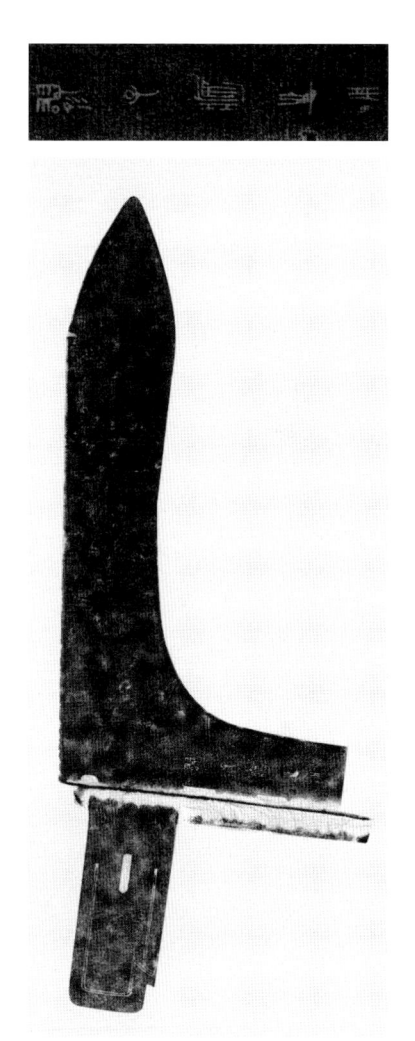

戈（M2：61）拓片

伞盖（M2∶14）

伞盖（M2∶14）修复后

盒（M1∶1）

盒（M1∶1）修复后

盒（M1∶2）

盒（M1∶2）修复后

提梁罐（M1∶3）

提梁罐（M1∶3）修复后

镦（M2∶1）

镦（M2∶1）修复后

锁（M2∶4）

锁（M2∶4）修复后

矛（M2∶62）

矛（M2∶62）修复后

匜（M2∶20）

匜（M2∶20）修复后

匜（M2∶21）

匜（M2∶21）修复后

盘（M2∶22）

盘（M2∶22）修复后

杖首（M2∶23）

杖首（M2∶23）修复后

Y形器（M2∶85）

Y形器（M2∶85）修复后

图书在版编目（CIP）数据

枣庄徐楼青铜器科技研究/胡钢著.—上海：上海古籍出版社,2024.3
ISBN 978-7-5732-1050-0

Ⅰ.①枣… Ⅱ.①胡… Ⅲ.①青铜器（考古）-研究-枣庄-春秋时代 Ⅳ.①K876.414

中国国家版本馆CIP数据核字（2024）第060626号

国家社科基金后期资助项目
枣庄徐楼青铜器科技研究
胡 钢 著
上海古籍出版社出版发行
（上海市闵行区号景路 159 弄 1-5 号 A 座 5F　邮政编码 201101）
　　（1）网址：www.guji.com.cn
　　（2）E-mail：guji1@guji.com.cn
　　（3）易文网网址：www.ewen.co
上海丽佳制版印刷有限公司印刷
开本 700×1000　1/16　印张 19.75　插页 2　字数 334,000
2024 年 3 月第 1 版　2024 年 3 月第 1 次印刷
ISBN 978-7-5732-1050-0
K·3550　定价：158.00 元
如有质量问题，请与承印公司联系